Las claves del esoterismo

M. Centini

LAS CLAVES DEL ESOTERISMO

A pesar de haber puesto el máximo cuidado en la redacción de esta obra, el autor o el editor no pueden en modo alguno responsabilizarse por las informaciones (fórmulas, recetas, técnicas, etc.) vertidas en el texto. Se aconseja, en el caso de problemas específicos —a menudo únicos— de cada lector en particular, que se consulte con una persona cualificada para obtener las informaciones más completas, más exactas y lo más actualizadas posible. EDITORIAL DE VECCHI, S. A. U.

Este libro está dedicado a Enrico Cardesi, sabio buscador de símbolos y de secretos ocultos.

Traducción de Sonia Afuera Fernández.
Diseño gráfico de la cubierta de Design 3.
Ilustraciones del autor.

© Editorial De Vecchi, S. A. 2019
© [2019] Confidential Concepts International Ltd., Ireland
Subsidiary company of Confidential Concepts Inc, USA
ISBN: 978-1-64461-920-9
Impreso bajo demanda gestionado por Bibliomanager

El Código Penal vigente dispone: «Será castigado con la pena de prisión de seis meses a dos años o de multa de seis a veinticuatro meses quien, con ánimo de lucro y en perjuicio de tercero, reproduzca, plagie, distribuya o comunique públicamente, en todo o en parte, una obra literaria, artística o científica, o su transformación, interpretación o ejecución artística fijada en cualquier tipo de soporte o comunicada a través de cualquier medio, sin la autorización de los titulares de los correspondientes derechos de propiedad intelectual o de sus cesionarios. La misma pena se impondrá a quien intencionadamente importe, exporte o almacene ejemplares de dichas obras o producciones o ejecuciones sin la referida autorización». (Artículo 270)

Prólogo

El esoterismo es un tema que debe ser tratado con mucha atención y precisión histórica. Por lo general, es abordado de manera bastante confusa y es injustamente asimilado a las ciencias ocultas, la magia, la tradición satánica, etc. En realidad, el esoterismo aparece como un segmento muy atrayente dentro del universo de la religión, a la que está vinculado desde siempre, así como a la dimensión cotidiana que nos rodea, proponiendo otra manera de pensar, tal vez más profunda, atenta a las múltiples facetas de la realidad y de los símbolos. Este libro, por tanto, se propone ofrecer al lector la posibilidad de captar matices que permiten considerar la realidad desde un punto de vista distinto.

Observando ámbitos en apariencia alejados del pensamiento esotérico, podremos descubrir de qué manera los símbolos y las alegorías de obras pictóricas y musicales, de la arquitectura religiosa y de nuestro entorno natural, sin olvidar la alquimia y las especulaciones de grandes pensadores, pueden ocultar indicios concretos de cultura hermética.

Este libro se dirige a todos aquellos que deseen «descubrir» el esoterismo sin basarse en interpretaciones confusas y sin apoyarse en la filosofía.

A diferencia de muchas otras obras del género, esta no ha sido escrita por un especialista en esoterismo, sino por un hombre especializado en ciencias sociales que analiza algunas de las expresiones más significativas del universo esotérico. Asociando indicios y pistas, fragmentos y fuentes de diferentes orígenes, el autor desarrolla una búsqueda que le conduce, paso a paso, hasta un mundo a menudo multiforme, cifrado, lleno de encanto y de misterio. Un mundo en el que el ser humano intenta penetrar desde hace miles de años sin perder nunca el aliento en esa larga búsqueda...

Definición de esoterismo

En apariencia parece bastante fácil definir el esoterismo. Sin embargo, en realidad se trata de un término que designa un conjunto complejo de fenómenos en los que entran en juego factores que pueden ser muy diferentes unos de otros y que amplían de forma destacada el ámbito de actuación, que se convierte así para los profanos en objeto de estupor, pero también de confusión.

Con el propósito de intentar poner algo de orden y delimitar un espacio claro para quienes no han sido iniciados en estos trabajos, empecemos este viaje preguntándonos primero acerca del sentido literal de la palabra.

Esoterismo procede del griego *esoterikos* («íntimo, interno»). En la filosofía aristotélica, se habla de esoterismo para indicar las enseñanzas reservadas en exclusiva a los discípulos, es decir, a quienes entraban en un círculo limitado de adeptos. Desde entonces, en la práctica, el sentido de la palabra prácticamente no ha cambiado. *Esotérico* define algo reservado, oculto, misterioso y, sobre todo, desconocido para los profanos. En general, numerosas filosofías y religiones mistéricas proponen una doble enseñanza: una primera reservada sólo a los adeptos (*esotérica*) y otra dirigida a todo el mundo (*exotérica*).

El exoterismo
El término *exoterismo* proviene del griego *exoterikos* («externo»). Indica una doctrina filosófica o religiosa cuyos conocimientos también son accesibles a los profanos. En el lenguaje común, esta palabra indica algo que es evidente, comprensible para todo el mundo.

Un ejemplo característico de esoterismo es el gnosticismo, en que la iniciación, que comporta la gnosis o conocimiento, es el instrumento de la salvación. Este no es el caso de religiones como el cristianismo, en las que la doctrina es común, aunque incluye variantes con relación a la cultura de los diferentes miembros del clero y de la feligresía.

En el ámbito religioso y filosófico, el esoterismo no sólo expresa una doctrina, sino también una forma de actuar basada en una tradición antigua, decisiva para determinados cultos o ritos, pero velada u oscurecida por unos símbolos cuyo significado no todos conocen.

El término *esotérico* fue introducido en el lenguaje común en el siglo XIX, y fue el ocultista Éliphas Lévi (1810-1875) quien le confirió el sentido que se le reconoce todavía hoy.

> ## ÉLIPHAS LÉVI
> Alphonse Louis Constant, conocido como Éliphas Lévi (1810-1875), fue el primero en utilizar el término *esotérico* en su forma moderna. Sus investigaciones sobre la magia y las ciencias ocultas fascinaron a los surrealistas, que vieron en este hombre a un auténtico iniciado. Ordenado sacerdote en 1836, colgó los hábitos para no tener que renunciar a su interés por el esoterismo. Entonces empezó a frecuentar círculos literarios, en los que conoció a Honoré de Balzac y Alphonse Esquiros, autor de la novela *Le Mage*, que representó para Lévi una fuente de profunda inspiración. «Me vi en posesión del *Spiridion* de George Sand. Así tuve la posibilidad y el tiempo de estudiar la doctrina de los antiguos gnósticos, la de los Padres de la Iglesia primitiva, los libros de Casiano y otros ascetas, así como los escritos devotos de los místicos y, en particular, los admirables libros, todavía desconocidos, de Madame Guyon», escribe el propio Éliphas. Meditando acerca de estos libros, acabó por crear el suyo, considerado el documento principal de la doctrina esotérica: *Dogma y ritual de la alta magia*.

Hasta el Renacimiento, este ámbito de la cultura que definimos como esotérico estaba constituido por un conjunto de conocimientos de tradición neoplatónica y establecía relaciones simbólicas entre el ser humano, el cosmos y la divinidad; hoy en día, en cambio, designa valores mucho más elevados y dominados, ante todo, por un profundo sincretismo.

LA SUPERACIÓN DEL MATERIALISMO

El esoterismo se compromete a ofrecer explicaciones aparentemente «alternativas» a todos los fenómenos que afectan al ser humano. Para emprender esta tarea es necesario tener conciencia de que el camino que hay que seguir para alcanzar el conocimiento no es el de la ciencia, sino otro, destinado a completar el «saber» de la humanidad. Según los esoteristas, todas las religiones y las grandes filosofías herméticas tienen algo en común que constituye, precisamente, el conocimiento que sólo los iniciados poseen. En resumen, sea cual sea la senda esotérica elegida, no genera contradicción entre las religiones, porque existe una sola vía, común a todas, es decir, un único recorrido por el que resulta posible alcanzar la cima del conocimiento y aproximarse a Dios.

La religión sería la experiencia cultural más adecuada para conferir un sentido elevado al esoterismo. Y es que la búsqueda de Dios, a menudo muy comprometida en el ser humano, según los esoteristas podría servirse de «signos» y de «símbolos» que sólo el observador atento sabe encontrar y descifrar: esta sería la acción principal de los espíritus que se proponen superar los peligros del materialismo.

> La civilización moderna aparece en la historia como una auténtica anomalía: de todas las que conocemos, es la única que se ha desarrollado en un sentido puramente material, y la única también que no se basa en ningún principio de orden superior. Este desarrollo material, que se produce desde hace ya varios siglos y que va acelerándose cada vez más, ha ido acompañado de una regresión intelectual que es bastante incapaz de compensar. [...] La pérdida o el olvido de la auténtica intelectualidad han hecho posible estos dos errores que sólo se oponen en apariencia, porque en realidad son correlativos y complementarios: racionalismo y sentimentalismo. [...] La noción de la verdad, después de haber sido rebajada a no ser más que un simple representante de la realidad sensible, finalmente es identificada por el pragmatismo con la utilidad, lo cual equivale a suprimirla pura y llanamente; en efecto, ¿qué importa la verdad en un mundo cuyas aspiraciones son únicamente materiales y sentimentales?[1]

El esoterismo «habla», por tanto, una lengua difícil, pero no imposible, que se confirma a lo largo de itinerarios articulados y nada evidentes, pero, sin embargo, fundamentales para intentar comprender las cosas hasta más allá de su apariencia. Con esta conciencia de las cosas debe actuar el esoterismo, de manera que capte las numerosas «vías» utilizadas por el símbolo para hablar de un universo en el que convergen la necesidad fundamental de lo sagrado y las búsquedas más elevadas para alcanzar una dimensión dominada por la espiritualidad.

Detrás de la máscara de la arquitectura religiosa, entre las alegorías herméticas de algunas obras maestras del arte, en el desbordamiento de la escritura de los poetas, en el encadenamiento de las notas de las partituras musicales o, incluso, en determinados aspectos en apariencia normales de nuestra cotidianidad, algunas palabras, algunas voces pueden no ser accesibles más que a los iniciados. Pero uno no nace iniciado, sino que llega a serlo...

El secreto de la iniciación

Entre las diferentes prácticas esotéricas, la iniciación representa una fase muy importante porque permite acceder a niveles superiores, por ejemplo al interior de un grupo depositario de un saber prohibido a la colectividad de no iniciados.

A través de un amplio corpus de prácticas muy distintas (existe, naturalmente, una diferencia abismal entre los ritos iniciáticos de la francmasonería y, por ejemplo, los que hay que practicar en las culturas «primitivas» para acceder a la edad adulta), si recorremos los numerosos niveles de la iniciación, nos sometemos a pruebas regidas por tres leyes estrictas que conducen a una especie de «renacimiento». El futuro iniciado se prueba a sí mismo con exámenes físicos y psicoló-

---

1. R. Guénon, *Symboles de la science sacrée*, Gallimard, 1962, pp. 9 y 10.

gicos que lo llevan a la pérdida de las imperfecciones de los estadios anteriores para adquirir una conciencia de su propio ser y de su necesidad íntima de crecer: el crecimiento es representado simbólicamente por la adquisición de estados superiores de conocimiento. En otro nivel, principalmente basado en la evaluación de aspectos eminentemente psicológicos, la iniciación es el camino que precede a la libertad interior. Para C. G. Jung:

> La iniciación pasa por una regresión (simbólica) a la vida intrauterina. El neófito es conducido primero al centro de la Tierra, a la matriz de la creación, a una caverna o un laboratorio de reflexión, es decir, a un espacio tiempo en el que la psique todavía no está diferenciada. Ello le permite entrar en contacto con el inconsciente colectivo.

Desde el punto de vista antropológico, existen en sustancia tres categorías de iniciación:

— la que determina el acceso de los jóvenes al mundo de los adultos (iniciación sagrada);
— la que permite acceder a sociedades secretas o a grupos esotéricos (iniciación religiosa);
— la que comporta el abandono de una condición normal para llegar a la apropiación de poderes sobrenaturales.

La iniciación se convierte casi siempre en una búsqueda de comunicación con estadios superiores o mundos espirituales: un estatus así es posible a través de un nuevo nacimiento que, según uno de los miembros más famosos del esoterismo occidental, René Guénon, corresponde a una regeneración psíquica.

No hay que olvidar el hecho de que el renacimiento iniciático presupone una muerte iniciática, una experiencia ficticia que, no obstante, es, según afirma Guénon, «más real que la muerte como la entendemos en el sentido corriente». Una muerte hecha de símbolos, igual que lo es en su conjunto la experiencia iniciática.

Un paso así implica una transición que en determinados casos es definida por dos ámbitos separados uno del otro: lo sagrado y lo profano.

Según una visión más racional, la iniciación no determina en realidad el paso «de un mundo a otro, sino que corresponde más bien a una visión del mundo que deja paso a otra visión. Sólo el iniciado cambia; el mundo, por su parte, sigue siendo el mismo».[2]

LOS MÚLTIPLES ROSTROS DEL ESOTERISMO

Es evidente que por su particularidad las doctrinas esotéricas se configuran en el interior de fenómenos como la magia, la alquimia, las religiones mistéricas y gnósticas, la cábala, etc. En todas estas manifestaciones culturales, el aspecto esotérico puede ser visto de dos maneras:

---

2. P. E. Rausis, *L'Initiation*, Le Cerf, 1997.

— o los secretos no son conocidos más que por los adeptos (esoterismo que implica una iniciación y una idea de grupo con reglas y papeles);
— o los secretos forman parte del mecanismo universal y siguen así (los iniciados tienen acceso a las doctrinas que regulan la veneración de los secretos, pero no su penetración).

En el primer caso, existe una adhesión a un modus operandi que se asemeja al pensamiento mágico; en el segundo caso, al pensamiento místico.

El ocultismo

Los esoteristas se sienten ofendidos cuando se los designa como ocultistas. En efecto, el ocultismo, o las ciencias ocultas, comprende un conjunto de conocimientos que no presenta ningún interés doctrinal ni ningún sentido religioso o ideológico. El ocultismo, en general, se apropia de un modo confuso y aproximativo de los temas que forman parte de la herencia hermética de las religiones, las filosofías y las tradiciones arcaicas, como la alquimia. A pesar de una falta de profundidad en el terreno histórico, cultural y doctrinal, el ocultismo resulta un ámbito fascinante para numerosas personas que creen hallar en él la clave para penetrar en antiguas ciencias perdidas.

Incluso con todas las variantes y las prerrogativas que le caracterizan, hallamos elementos típicos del esoterismo en distintos niveles de las diferentes civilizaciones, desde las más arcaicas. En las culturas tradicionales, en efecto, el esoterismo resurge en los ritos iniciáticos, casi siempre secretos, que tienen la función de establecer niveles de estatus entre los miembros del grupo, privilegiando así a determinados individuos con relación al resto de la colectividad.

En las religiones mistéricas y gnósticas de la Antigüedad, el pensamiento esotérico constituye la estructura dominante de la doctrina.

En las religiones modernas podemos encontrar aspectos esotéricos que se expresan a través de experiencias marginales y, en algunos casos, tintadas de herejía: por ejemplo, corrientes como el tantrismo o el zen, que se desarrollan al margen del brahmanismo y del budismo; o en lo que concierne al islam, el sufismo.

Asimismo, hay formas de esoterismo relativamente autónomas con relación a las religiones, aunque en algunos casos se inspiran en su posición: por ejemplo, el neopaganismo renacentista, el martinismo, la teosofía y la antroposofía.

Actualmente, en las formas de esoterismo de las que hemos hablado, así como en otras, es posible hallar referencias a símbolos y tradiciones de la Antigüedad cuya función es sostener las doctrinas más recientes mediante elementos historiados y, por consiguiente, destinados a conferir profundidad y raíces a las experiencias esotéricas modernas.

El uso de símbolos de la cultura hermética en la obra de escritores del pasado como Dante ha desembocado, asimismo, en trastornos completos de la dimen-

> ## La antroposofía de Steiner
> El movimiento antroposófico, fundado por Rudolf Steiner (1861-1925) y particularmente extendido por los países de lengua alemana, nació con la voluntad de oponer al materialismo y al positivismo científico una visión de tipo místico. Partiendo de una base esotérica de tradición teosófica, poco a poco se fue transformando en una filosofía de pleno derecho, centrada en el ser humano y en su «salvación» a través del desarrollo físico y espiritual.
> Valiéndose de una presencia cultural católica y cristiana, aunque refiriéndose a una racionalidad intelectual, la antroposofía revela innegables influencias esotérico-ocultistas, en particular cuando propone determinadas interpretaciones sobre el papel del ser humano en el mundo. Interpretaciones que a menudo son el fruto de la convivencia entre principios evolucionistas y modelos simbólicos apartados de la religión.

sión literaria efectiva determinando la primacía del simbolismo esotérico por encima del simbolismo poético.

Como veremos en próximos capítulos, este tipo de enfoque, a veces perseguido partiendo de bases sólidas y con cierto rigor filológico, afecta a numerosos ámbitos de la creatividad: escritura, pintura y música.

El conocimiento «oculto»

El paso del conocimiento oral a la escritura probablemente haya constituido una revolución que puede compararse sólo en parte a la invención de la imprenta. Es cierto que Platón no fue un defensor de ello, porque percibía en la escritura una pérdida de «valor» del saber, es decir, de su exclusividad y, sobre todo, de su esoterismo. En realidad, sin embargo, la transmisión del conocimiento a través de la escritura comportó el crecimiento del conocimiento y favoreció la evolución cultural del ser humano.

> ## Secreto...
> Hemos podido constatar que el esoterismo, para serlo, debe ser secreto: el adepto no debe revelar fuera de su círculo lo que aprende dentro de la sociedad esotérica de la que es miembro. Sólo perdurando puede el secreto mantener su fuerza. Desvelar el secreto determina una reducción de valor: al entrar en el dominio público deja de ser considerado como un bien destinado a un número reducido de personas y resta autoridad a quienes lo conocen. Además, al ser divulgado, pierde su vigor y reduce su propio vínculo con la esfera de lo sagrado y del misterio.

No obstante, es imposible ignorar un hecho importante: la escritura no siempre clarifica; al contrario, a veces complica lo que en realidad puede ser sencillo y accesible.

En efecto, existen libros cuyos autores expresan a sabiendas una especie de negación de la función de la escritura y que constituyen documentos lingüísticos impenetrables. Son libros esotéricos que podrían parecer no tener ni principio ni fin, aquellos cuya estructura desorienta la lógica del lector dejándolo insatisfecho y carente de herramientas para proseguir su propio camino hacia el conocimiento.

El ejemplo más emblemático es el del libro alquímico.

Un instrumento destinado a divulgar el saber, el libro en sí, es utilizado por los alquimistas en un sentido opuesto: sugerir, pero también engañar; estimular, pero también despistar a sabiendas; mostrar el camino a seguir, pero al mismo tiempo ocultarlo mediante mil artificios. La paradoja del libro de alquimia se basa en el hecho de no enseñar al lector nada que no sepa ya. Totalmente inútil para el profano, el libro de alquimia puede resultar útil a un lector que posea al menos el mismo conocimiento (conciencia) que su autor. Así, el flujo de información que de costumbre es unilateral en las demás obras, en esta sólo puede ser circular. En realidad, no hay información ni enseñanza, sino únicamente confirmaciones que ratifican lo que el lector ha formulado ya en su espíritu.[3]

Los autores alquímicos en particular se han esforzado por hacer que sus libros sean intensamente esotéricos según la acepción más emblemática del término. Casi siempre lo han conseguido mediante trastornos efectivos que parecen negar todo eventual acceso a los no iniciados. En determinados casos, el conocimiento alquímico ha complicado luego su lenguaje, escogiendo no utilizar la escritura, ni siquiera hermética, sino sirviéndose exclusivamente de la imagen. El *Mutus Liber* es uno de los ejemplos más significativos. Vamos a analizarlo como ejercicio útil de interpretación de un texto esotérico.

El misterioso *Mutus Liber*

El *Mutus Liber* es una de las experiencias más singulares e interesantes del arte alquímico. Un testimonio extremadamente destacado del universo simbólico que se articula en el interior de una estructura cifrada, en la que las palabras son reemplazadas por imágenes y sus múltiples aperturas en el terreno semántico.

La obra está constituida por quince láminas sin comentarios en las que los numerosos símbolos utilizados son orquestados con gran atención para que no se oscurezca completamente el mecanismo del sentido, que sólo es accesible al observador provisto de conocimientos apropiados sobre el Arte sagrado.

Las láminas, en la práctica, ilustran el proceso alquímico, de principio a fin, «narrando», con ayuda de la imagen, las diferentes fases que conducen a la conclusión de la obra.

---

3. P. Cortesi, *Manoscritti segreti*, Roma, 2003, p. 9.

Un sentido por descubrir

Las únicas partes escritas se hallan en la **primera lámina**, la que es utilizada como una especie de frontispicio en que el episodio del sueño de Jacob es propuesto como metáfora de la ascensión hacia el conocimiento.

Veamos el contenido del breve comentario escrito:

> Un libro mudo en el que toda la filosofía hermética aparece representada por figuras jeroglíficas, consagrado a Dios misericordioso, tres veces bueno y grande, y dedicado sólo a los hijos del arte por un autor que responde al nombre de Altus.

Detrás del seudónimo de Altus se oculta, quizá, Jacques Tollé (1630-1696), un alquimista señalado como autor de transmutaciones muy numerosas, pero en este caso, una vez más, historia y mito se solapan, como suele ocurrir en la cultura alquímica.

El *Mutus Liber*, publicado en 1677, pone de relieve ya en la primera lámina la intención de incluir en la estructura iconográfica una larga serie de sentidos elaborados mezclando imagen y escritura.

Aprendemos lo siguiente de los conocedores del Arte:

> El texto de la primera página nos informa de que toda filosofía hermética está representada en las figuras jeroglíficas y consagrada a Dios misericordioso; dedicado a los

Primera lámina del *Mutus Liber*

hijos del Arte, *solis que*, según el autor, nombrado Altus, incluso para nosotros hay un enigma en este texto. La palabra *solis* aparece escrita en caracteres algo distintos y tres letras han sido omitidas, de manera que es necesario leer *querunt*, o bien *querit* («que buscan»). Los hijos del Arte buscan precisamente el Sol filosófico, el sulfuro blanco y rojo.[4]

Bajo la inscripción, en el lado izquierdo, el autor del *Mutus Liber* indica tres fuentes bíblicas, pero en grafía invertida, tal vez con la intención de hacerlas menos accesibles. El contenido de los versos indicados, sin embargo, sigue la tendencia del contenido del libro y, por tanto, existe una voluntad real de Altus de utilizar el mensaje escrito como un instrumento expresivo para introducir el contenido de la obra:

Que Dios te dé el rocío de los cielos,
las copiosas esencias de la tierra,
del trigo y del mosto en abundancia.

Que tu tierra sea bendecida por el Señor:
Él posee lo mejor que hay en el cielo, el rocío,
y de los abismos que se extienden por las profundidades.

Israel reposa en paz,
única fuente de Jacob
sobre la tierra del trigo y el mosto,
y en su cielo, una gota de rocío.

Podemos notar que en estos versos domina la referencia a la tierra y a la fecundación a través del rocío, símbolo de abundancia. El rocío celeste, que Plinio denomina «hermano del cielo, saliva de los astros», es símbolo de redención y vivificación, tomado de la religión por la cábala y el hermetismo, convirtiéndose así en metáfora del conocimiento que desciende para fecundar la sed de aprender del adepto.

El rocío, por tanto, es una regeneración, la linfa que devuelve a la vida:

Revivirán los muertos, resucitarán sus cadáveres.
Alzaos y cantad los que yacéis en el polvo,
pues tu rocío es rocío de luz,
y renacerán las sombras del seno de la tierra.

El conocimiento guía al adepto Jacob, que, a través del prisma del sueño, recibe advertencias de los ángeles, cuando posa su cabeza sobre la piedra, que, según la visión del autor del *Mutus Liber*, representa la piedra filosofal tan anhelada por los alquimistas. El sueño, como operación alquímica, ha sido destacado en el libro *Psicología y alquimia* de C. G. Jung, según el cual la alquimia no de-

---

4. Pancaldi, *Alchimia pratica*, Catane, 1991, p. 69.

bería ser percibida como una teoría filosófica, sino como una experiencia personal de los investigadores que proyectan sus experiencias psíquicas en el terreno simbólico del proceso químico.

Pasemos al contenido del texto del Antiguo Testamento:

> Jacob partió de Berseeba y se dirigió a Harán. Se encontró entonces en un lugar en el que se detuvo para pasar la noche, porque el sol se había puesto; cogió una piedra, la puso a modo de almohada y se tumbó para dormir en ese lugar.
> En sueños vio una escalera fija en la tierra cuyo extremo superior tocaba el cielo; los ángeles y Dios la utilizaban para subir y bajar.
> Y entonces el Señor se apareció ante él y le dijo: «Soy tu Señor, Dios de Abraham, tu padre, y el Dios de Isaac. La tierra sobre la que te has acostado te será concedida por mí a ti y a tus descendientes. Tu descendencia será como el polvo de la tierra, y te extenderás hacia oriente y occidente, hacia el norte y el sur. En ti y tu descendencia serán bendecidas todas las familias de la tierra. Yo estoy contigo y me ocuparé de ti adonde tú vayas, y luego te haré regresar a este país, porque no te abandonaré mientras no cumpla todo lo que te he dicho».
> Entonces Jacob se despertó y dijo: «¡El Señor está realmente en este lugar y yo no lo sabía!». Tuvo miedo y añadió: «¡Este lugar es terrible! Este lugar no es otra cosa más que la casa de Dios y la puerta del cielo». Se levantó a la mañana siguiente, tomó la piedra que le había servido de almohada, la erigió a modo de estela sagrada y vertió aceite por encima. Y llamó a este lugar Betel [casa de Dios], que antes se llamaba Luz (Génesis 28, 10-19).

Este sueño hace comprender a Jacob que «el Señor está realmente en este lugar», como un adepto que, después de haber descifrado el auténtico sentido del *Mutus Liber*, toma claramente conciencia de que la gran obra es posible, conservando, sin embargo, en la mente la certeza de que el lugar de la transmutación es «terrible», allí donde la vil materia sube al cielo para convertirse únicamente en luz.

A partir de este momento, las láminas del *Mutus Liber* ya no se sirven más que de imágenes, cuyos signos parecen, de entrada, más fáciles de descifrar; no obstante, en realidad plantean más problemas, porque el espacio semántico de muchas de las ilustraciones abre al espíritu analítico del observador múltiples posibilidades de interpretación.

En la **segunda lámina** del *Mutus Liber* encontramos, partiendo de abajo, al alquimista arrodillado delante del atanor (horno en cuyo interior se encuentra el crisol que contiene los ingredientes para la realización de la gran obra, es decir, la realización de la piedra filosofal) con la *soror mystica*, esto es, la «hermana» que, según algunas tesis, sería indispensable para efectuar la transmutación alquímica.

Ambos, alquimista y «hermana mística», oran a los lados del horno alquímico, mientras que por encima de ellos dos ángeles sostienen un jarrón de vidrio en cuyo interior están encerrados Neptuno, el Sol y la Luna. Toda la escena está iluminada por la presencia simbólica en la parte superior del Dios Sol, que atraviesa las nubes. Probablemente esta ilustración sea la representación del comienzo de la operación alquímica, expresada a través de la plegaria que desde abajo sube hacia arriba.

La **tercera lámina** propone una representación de las operaciones necesarias para la realización de la obra, como una secuencia articulada que se desarrolla en el interior de una composición que parece remitir a un antiguo mapa geográfico.

En la parte superior probablemente se encuentra representado Júpiter, que, montado sobre un águila, observa los niveles inferiores, estructurados en una dinámica concéntrica que recuerda los distintos niveles del mundo creado. El círculo exterior presenta las antípodas: el cielo y el mar; el intermedio representa la tierra, y el del centro, una alegoría de la tentativa del alquimista y la «hermana mística» de capturar a Neptuno. Los tres planos están unidos entre sí por unos signos esenciales: el tridente de Neptuno, que penetra en el círculo central, la tierra, y la plomada del alquimista, que desde la tierra alcanza el círculo del mar en la dirección de una sirena simbólica cuya forma recuerda a la mítica Melusina.

La **cuarta lámina** es el principio de la gran obra. La «materia prima» se obtiene captando la esencia procedente del cielo: la caída de la lluvia. El tema de la lluvia remite al símbolo del rocío del que ya hemos hablado y que constituye un elemento simbólico fundamental en el mecanismo narrativo del *Mutus Liber*. Según algunos intérpretes, el rocío «de mayo es esencial para el proceso [la transmutación], mientras que otros afirman que la materia prima representa simplemente las materias simples, despreciadas por ser comunes, pero que el alquimista podrá transformar con su arte en Piedra».[5] Junto a la ropa expuesta a los rayos y a los humores del sol se encuentra, a la izquierda, un toro y, a la derecha, una cabra, ambos vueltos hacia el centro de la representación; probablemente sean la representación de los principios masculino y femenino, los opuestos que buscan una oportunidad de encuentro.

En la **quinta lámina** aparece indicado que la materia prima recogida debe ser destilada. La lámina presenta esta operación en tres planos. En el primero, la materia es insertada en un alambique y luego, bajo el efecto del calor del atanor, tiene lugar la destilación. En el segundo plano de la representación, el producto destilado es vertido en un pequeño jarrón y luego es confiado a un hombre que sostiene a un niño (¿Saturno?); en su torso puede verse la figura de la media luna: tal vez sea una indicación importante para recordar el papel de las «lunas» en las fases de la gran obra. En el tercer plano, el que está más abajo en la lámina, el producto es introducido en un horno articulado, señalado con el número 40: tal vez sea para indicar que el proceso debe durar 40 días antes de alcanzar la maduración de la mezcla horneada en el atanor.

La **sexta lámina** es una continuación, incluso en la forma, de la anterior; se puede observar que el producto destilado es sometido a una nueva destilación, hasta que en el interior del atanor se forma la supuesta «flor de oro», es decir, la confirmación de que la operación ha sido realizada. En este momento, el producto de la destilación es vertido en un jarroncito que luego es ofrecido por el alquimista a una figura de la mitología (sin duda, el Sol). Esta figuración compleja se cierra con una nueva escena de destilación en el horno alquímico para una última fase de recalentamiento.

En la **séptima lámina**, el producto anteriormente obtenido es mezclado con polvo negro y transferido luego a un frasco para ser de nuevo introducido en el atanor. Al final del proceso, el producto así obtenido es vertido en una botella

---

5. N. Powell, *Il fasciono dell'alchimia*, Milán, 1997, p. 73.

marcada con cuatro estrellas. La lámina se acaba con una representación en tres fases. La primera, abajo a la izquierda, muestra a un hombre entre llamas que está devorando a un niño, quizá Saturno. Justo después, el mismo hombre con el niño se halla en una especie de bañera y el alquimista lo rocía con el producto destilado obtenido anteriormente en el proceso alquímico. Por último, el niño está en brazos del alquimista, ahora desnudo como Saturno y provisto de una espada, y una mujer desnuda sostiene la botella de cuatro estrellas: en su frente se dibuja el símbolo de la media luna. Según los expertos, Saturno representa el plomo transmutado a través de la sangre del niño e indica el «espíritu mineral de los metales».

En la **octava lámina**, unos ángeles sostienen un frasco de vidrio en cuyo interior se encuentra Mercurio, con el Sol y la Luna a sus pies; en la parte inferior, el alquimista y la «hermana» oran ante el atanor, donde está colocado el alambique dispuesto a recibir el mercurio que tiene que ser incorporado al producto destilado.

En la **novena lámina**, la destilación es expuesta a los rayos del Sol en seis jarros que representan el lugar en el que tiene lugar la maduración de la materia; a los lados, se hallan la cabra y el toro, cuyo sentido simbólico ya ha sido citado en la cuarta lámina. Debajo, la materia calcinada tras la exposición a los rayos del

Alegoría alquímica: el huevo filosofal

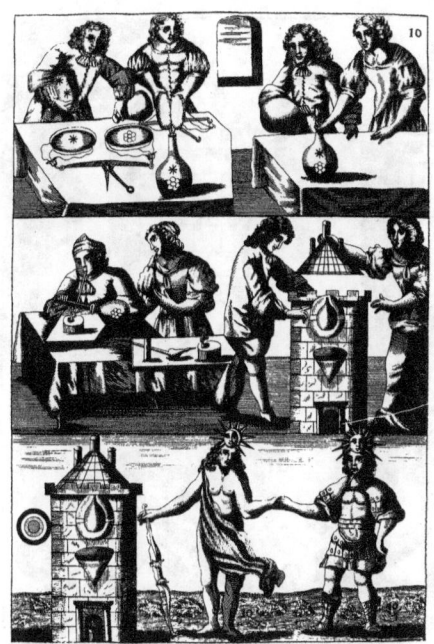 

Décima y undécima láminas del *Mutus Liber*

Sol es transferida a un jarro de vidrio apropiado; Mercurio interviene cogiendo el jarro directamente de manos de la «hermana» del alquimista.

La **décima lámina** describe de forma sintética pero clara la inserción de dos sustancias, simbólicamente representadas por una estrella y una flor, en el interior del huevo filosofal. El alquimista, después de encender el fuego del atanor con un método arcaico, calienta el recipiente. Junto al horno, el Sol y la Luna se abrazan e indican de manera alegórica que el mercurio filosófico y el azufre filosófico se han amalgamado.

Las **láminas undécima, duodécima** y **decimotercera** muestran de nuevo lo que se ha visto en las láminas octava, novena y décima, respectivamente. Y es que, para los alquimistas, es fundamental repetir varias veces determinadas operaciones que consideran esenciales para la consecución de la gran obra. En este sentido, la decimotercera lámina resulta interesante. En la parte inferior de esta lámina el Sol y la Luna se abrazan para confirmar la amalgama del mercurio y el azufre, pero mientras que en la décima aparece el número 10 al pie de las figuras, en la decimotercera el número es mucho más elevado. Esto significa que las potencialidades de la piedra filosofal han determinado un crecimiento, una mejora de la materia.

En la **decimocuarta lámina**, arriba, pueden verse unos hornos cuyo contenido es pesado y trabajado por los alquimistas; además, se representan también los instrumentos necesarios para las operaciones alquímicas. Es significativo que el alquimista y la «hermana» aparezcan representados pidiendo silencio con sus gestos: enseñanza típica transmitida a los alquimistas.

LAS CLAVES DEL ESOTERISMO

Decimocuarta lámina del *Mutus Liber*

La **decimoquinta lámina** recupera, en parte, algunos elementos de la primera, pero aquí Jacob, ahora anciano, se eleva hacia lo alto, sostenido por dos ángeles y coronado por haber realizado la gran obra. En su ascenso, en un entorno rico de símbolos vegetales, tiende un cordón al alquimista y a la «hermana mística», quienes, dirigiéndose a Jacob, afirman: *occultatus abis*, es decir, que el alquimista ocultará el secreto de la gran obra.

Abajo, aparecen de nuevo el Sol y la Luna, con la escalera ahora inutilizada y el cuerpo material (pura materia) abandonado, porque la fase de transmutación ha conducido a la adquisición de un nuevo ser.

Al contemplar una obra difícil como el *Mutus Liber*, el deseo primario de un hombre poco versado en materia de dibujos y de cultura alquímica es el de conseguir formular una hipótesis cognitiva que le permita observar de manera nítida el trazado cultural elaborado por el autor:

> Una vez limitadas las características de base, estructurales, históricas, iconográficas e iconológicas, y, por tanto, los valores simbólicos y los sentidos profundos expresados por la forma, se ponen en evidencia los componentes abiertos de la obra. Estos últimos permitirán remontarse a estas referencias interculturales e intertextuales capaces de proporcionar, a través de distintos estadios de interpretación, una red de alusiones internas, externas y contiguas a la obra considerada en relación con el motivo al que pertenece. Esto permite comprender las variaciones en una tradición figurativa, es decir, según un proceso histórico determinado, testigo de la evolución del motivo.[6]

Decimoquinta lámina del *Mutus Liber*

En cualquier caso, no hay que olvidar que el equilibrio, cuya noción posee un carácter exclusivamente metodológico, es el primer valor que el observador tiene en cuenta; en efecto, cuando afronta el estudio de un complejo conjunto cultural, es necesario representarlo como si fuera estable y coherente. Hoy en día, resulta difícil lanzarse a una empresa de este tipo, por dos razones en particular:

— no conocemos con precisión el sentido de lo que observamos en su contexto cultural e histórico; por tanto, estamos privados de una contextualización precisa del problema;
— el flujo continuo de imágenes que caracteriza nuestro tiempo paradójicamente hace difícil una interpretación objetiva de las imágenes del pasado.

---

6. A. Appiano, *Forme dell'immateriale. Semiotica, iconologia e psicologia dell'arte*, Turín, 1996, p. 71.

El «signo» hermético

El signo, simple o complejo, es la expresión de un código muy preciso que, a través del simbolismo, se encarga de comunicar significados a quienes son capaces de descifrarlos.

Y es que, según los antropólogos estructuralistas modernos, los ritos, como las experiencias herméticas de la alquimia, forman parte de un sistema de comunicación complejo con una dialéctica en cuyo interior el signo se erige como su exponente principal.

Con el establecimiento del rito, el oficiante efectúa una especie de repetición dramática del mito evocando una dimensión oscura y alejada de lo real, vinculada a un conocimiento atávico y que ha escapado a todo intento de apuntalamiento mediante parámetros de la ciencia. Según la lógica ritual, tiempo y espacio no son dos marcos referenciales homogéneos y continuos. Y es que en la tradición simbólica el tiempo mítico de los dioses es atávico y puede repetirse continuamente con ayuda de las herramientas proporcionadas por el rito.

Con el mecanismo simbólico, el hermetismo reproduce una historia lejana haciendo posible la reafirmación de un acontecimiento primordial, hasta sentirse contemporáneo de los dioses. Para simbolizar el mito y sus aspectos con un aparato de signos, el alquimista recurre a un lenguaje metafórico destinado a crear un diálogo directo con las fuerzas de la naturaleza, que cuenta con utilizar y dominar. En este sentido, determinados enfoques alquímicos son la expresión de la exigencia de conceptualizar la relación entre las fuerzas de la naturaleza y el ser humano, confiriendo al oficiante el papel de coordinador en el interior del mecanismo que une microcosmos y macrocosmos.

En la economía que impone nuestro discurso, ante todo hay que subrayar el estrecho vínculo entre alquimia y lenguaje, que se expresa precisamente en un conjunto de signos, según una relación intuitiva y metafórica. En esencia, la actividad alquímica y la expresión lingüística constituyen una estructura compleja en la cual no existe tendencia a la conexión y a la sistematización según los preceptos del análisis científico. En efecto, en este domina la voluntad de aislar los distintos conocimientos que se hallan diseminados en el recorrido simbólico de la transmutación alquímica. En este conjunto cultural complejo, los signos han desempeñado y desempeñan un papel fundamental, porque cristalizan en algunos elementos gráficos, vocales y gestuales todo el patrimonio de conocimientos muy antiguos.

Es difícil determinar cuáles eran los signos que, en el pasado más remoto, pertenecían exclusivamente al terreno de la alquimia, ya que a menudo la actividad ritual del hermetista y la del sacerdote no estaban claramente separadas. Es posible distinguir una afirmación efectiva de los signos hermético-esotéricos bajo la forma de simbolismos crípticos, cuando la cultura tradicional fue obligada a separarse claramente de las doctrinas de las religiones oficiales, con las que mantenía una relación compleja, a menudo basada en una auténtica simbiosis. Por ello, la afirmación de un aparato de signos típicos del hermetismo estuvo determinada, sobre todo, por la necesidad de poseer un conjunto de símbolos incomprensibles para el profano y para quienes satanizan sus prácticas.

Desde la Antigüedad hasta nuestros días, el patrimonio de signos de la tradición hermética ha visto aumentar sus dimensiones de manera natural enriqueciéndose de elementos cada vez más complejos y difíciles de interpretar.
Además, hemos asistido a una especie de especialización de los signos utilizados en el esoterismo, la alquimia y las diferentes formas de rito. Este inmenso conjunto se presenta como un tejido cuya amplia estructura está constituida por una cadena vinculada a las tradiciones religiosas más antiguas y una trama que posee, en el imaginario colectivo, su propio potencial inagotable. Una especie de energía indescifrable, atávica, alimentada por los esoteristas que han sabido ser los depositarios de una forma de cultura «distinta», en la que se recogen milenios de conocimientos, de misterios y, naturalmente, de signos.

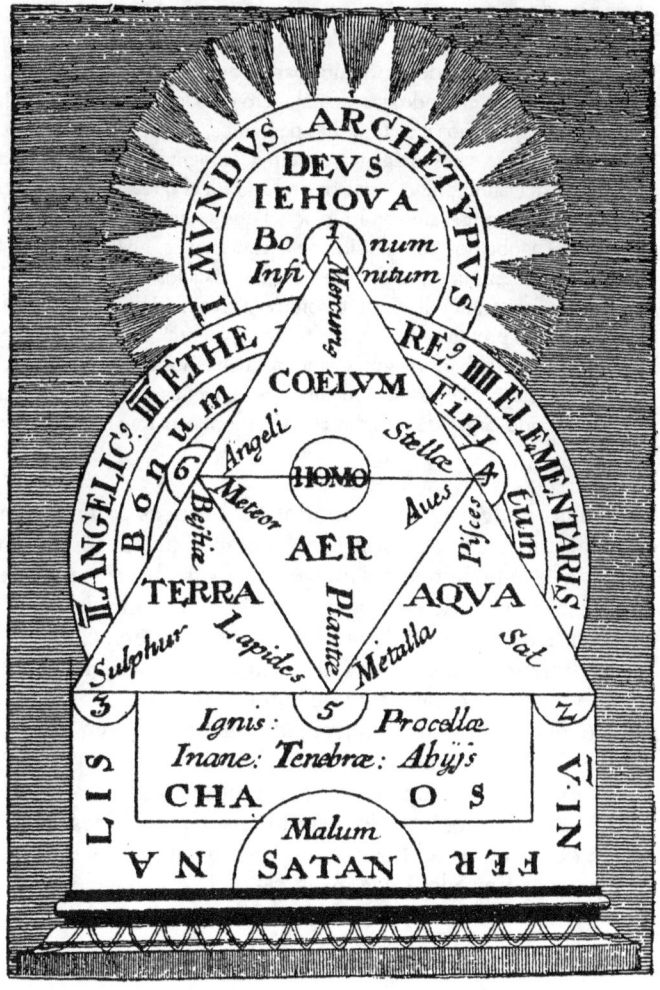

Esquema hermético universal

El hecho fisiológico de ver parece aventajar a la cultura de la observación, y limita así nuestro enfoque del conocimiento y nos deja a merced del ciclón de la superficialidad. Nuestra mayor o menor inconsciente presunción de conocimiento nos da la sensación de haber aprendido algo únicamente al observar la manifestación del conocimiento, alienando cualquier otro enfoque o profundización, demasiado «dispersadores», que no pueden condensarlo todo de inmediato, como dictaría el modus vivendi contemporáneo. Sin embargo, al detenernos únicamente en la imagen, se impone una madura reflexión sobre nuestro modo de utilizarla para conocer y para crecer.

Es difícil descubrir la huella que puede dejar en el observador (o el simple espectador) una obra como el *Mutus Liber* —algunos fragmentos, como los elementos clave, escapan a las hipótesis de los no iniciados.

A pesar de todo, las imágenes de la alquimia son «recipientes» en los que, de una manera u otra, algo se fija, como describe Elias Canetti recurriendo a una hermosa alegoría:

> Las imágenes son redes, y lo que aparece ante nuestros ojos es lo que queda de la pesca. Algo llega hasta el fondo, y sale mal, pero otro lo vuelve a intentar, llevamos las redes con nosotros, las tiramos y cuanto más pescamos, más fuertes nos volvemos. No obstante, es importante que estas imágenes existan igualmente fuera del individuo; en él son también víctimas del cambio. Debe existir un lugar en el que se puedan encontrar intactas, no sólo en uno de nosotros, sino en todo aquel que se halle en la incertidumbre. Cuando nos sentimos agobiados por la huida de la experiencia, nos dirigimos a la imagen. La experiencia, entonces, se detiene; la miramos a los ojos.
> Entonces nos tranquilizamos al conocer la realidad, que es la nuestra, aunque aquí esta hubiera sido prefigurada para nosotros. Aparentemente, podría incluso existir sin nosotros. Sin embargo, es una apariencia engañosa: la imagen necesita nuestra experiencia para despertar. Ello explica que algunas imágenes se adormezcan durante generaciones: nadie ha sido capaz de mirarlas con la experiencia que habría podido devolverlas a la vida.[7]

Algunas imágenes se comportarán entonces como magma vivo, adormecido en el laberinto de una iconología siempre dispuesta a recuperar forma, dando cuerpo a las emociones. La imagen necesita nuestras experiencias para despertar y realizar el juego de la evocación y la asociación; un juego que, sin embargo, se desprende únicamente de la práctica de la observación.

Hoy, mientras intentamos alcanzar una definición cada vez más precisa en el terreno teórico y conceptual de la relación entre contenido e imagen, perdemos de vista el tema que ha determinado una ruptura tan fuerte entre realidad narrada y realidad observada.

Las experiencias, en efecto, son fenómenos desestabilizadores que conjuran contra la forma, sobre todo cuando observamos. Llegamos a comprender, por la fuerza de las cosas, el hecho de que el objeto y el sujeto del arte alquímico forman parte, ante todo, de la instancia en la que nace el arte en sí. Este proceso se

---

7. E. Canetti, *Il gioco degli occhi*, Milán, 1993, p. 57.

convierte en el principio formador, la experiencia constructiva, reflexionada, mucho más importante que el resultado propiamente dicho.

Podemos creer que la experiencia visual permite una definición precisa del sentido favoreciendo el conocimiento y la comprensión de la obra, pero sólo podemos alcanzar esta experiencia con el ejercicio, la modestia y la conciencia de que cada imagen puede ser depositaria de sentidos más amplios y complejos que los que confiere lo visual.

SABER PERDIDO

«Si pudiéramos recuperar los miles de libros perdidos en las destrucciones de las bibliotecas antiguas, deberíamos reescribir un tercio de la historia de la humanidad». Esta observación lapidaria de Paolo Cortesi, extraída del libro *Manuscritos secretos*, nos lleva a pensar que el saber perdido con las destrucciones de algunas grandes bibliotecas del pasado no estaba vinculado únicamente a los conocimientos científicos, filosóficos y literarios, sino que, sin duda alguna, también concernía a muchas otras verdades del universo esotérico, alquímico y mágico de la Antigüedad.

En las bibliotecas de Menfis, Alejandría, Pérgamo, Cesarea, Constantinopla y Córdoba se conservaba una parte irrecuperable de un saber que provenía de lejos y que los hombres cegados por una visión desviada por la fe y una gran ignorancia condenaron al verdugo.

No hay más que pensar en la gran biblioteca de Alejandría, que a mediados del siglo I a. de C. contenía setecientos mil volúmenes. Por desgracia, en el año 47 el incendio de las naves del César se propagó hasta la biblioteca y el fuego la quemó durante diez largas jornadas, pero, a pesar de ello, sólo una parte de este gran patrimonio quedó reducida a cenizas. Sin embargo, lo que se salvó fue definitivamente destruido en el año 641, cuando el califa Omar, después de conquistar la ciudad, mandó quemar todos los volúmenes de la biblioteca que aún existían, convencido de que «sólo en el Corán se encuentra toda la verdad que sirve para la salvación del creyente».

También en Oriente tuvieron lugar auténticas destrucciones masivas de libros: en el año 213 a. de C., el emperador Qin Shi Huangdi mandó quemar todos los libros existentes en su reino.

En otros casos, algunas bibliotecas desaparecieron sin ruido, en un silencio tal vez deseado por algunos, o quizá fueran destruidas porque eran «molestas», como ocurrió con la valiosa colección de manuscritos y libros esotéricos que el emperador Rodolfo II (1552-1612) había conservado en su castillo de Praga.

El esoterismo en la naturaleza

¿Puede ser esotérica la naturaleza? La respuesta es que sí, si escuchamos a los filósofos; la perspectiva cambia por completo, en cambio, si nos fiamos de la impresión de algunos intelectuales que, en una concepción rígidamente positivista, consideran la naturaleza como un universo sin secretos, del que podemos estudiar el mínimo rincón, incluso el más oscuro.

El choque ontológico entre estos dos puntos de vista parece irreconciliable y, desde siempre, ha colocado a los partidarios de las distintas ópticas interpretativas en planos destinados a no encontrarse nunca.

Para comprender el notable valor esotérico de la naturaleza, en particular en algunas de sus manifestaciones y características, basta con considerar su peso simbólico dentro de las religiones.

En efecto, ya durante la prehistoria algunos fenómenos naturales como la luz y el calor del sol, los ciclos de las estaciones, el rayo y algunas particularidades del entorno destinadas a alimentar las imágenes del inconsciente se consideraron portadores de significaciones no humanas y comprensibles sólo por quienes conocían la lengua de la divinidad (esotérica).

Los esoteristas, a través de los símbolos de las religiones y con el fin de descubrir los vínculos entre microcosmos y macrocosmos (y, por tanto, entre el ser humano y el universo), han podido poner de relieve que la naturaleza también puede estar provista de un lenguaje hermético propio con

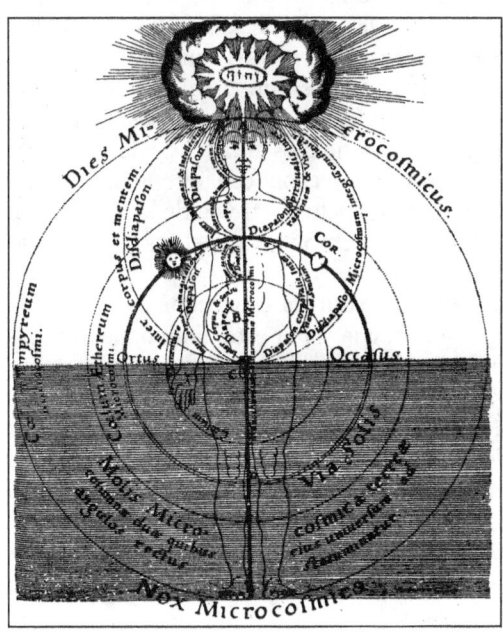

Simbolismo del hombre como microcosmos

influencias no sólo en las mitologías y las religiones, sino en toda una cultura humana, ofreciendo en algunos casos una doble lectura de los fenómenos naturales.

Por ejemplo, junto a la apariencia de una montaña, de una fuente o de un bosque, con todas las alusiones que estos temas pueden determinar en el espíritu, se halla un contenido más profundo, hermético, que remite a un lenguaje común, compartido por quienes han convertido el símbolo en una herramienta principal de comunicación.

LOS «MISTERIOS» DE LOS ELEMENTOS NATURALES

Con el término latino *elementa* se designan los principios del ser y de la vida: valores primordiales que son la sustancia de este mundo. Agua, aire, tierra y fuego corresponden únicamente a las manifestaciones tangibles y empíricamente visibles de la realidad, pero se han llenado de significados simbólicos destinados a sostener el lenguaje de lo sagrado. En todas las culturas, el uso y los significados atribuidos a los elementos expresan la fecunda relación que existe entre física y metafísica, entre lo humano y lo sobrehumano.

La sacralización permanente de los elementos, establecida desde siempre, hizo que Tales pudiera afirmar: «El mundo entero está lleno de dioses».

AGUA

Iniciemos este rápido itinerario a través de los símbolos esotéricos de la naturaleza con el agua. Desde las épocas más antiguas, la fuente desempeña un papel importante en la dimensión sagrada que nuestros antepasados conferían a la naturaleza y a sus numerosas expresiones. El agua es un elemento ritual por excelencia: la encontramos prácticamente en todas las religiones y desempeña un papel simbólico muy preciso, contenido entre principios creativos y destructivos. En todos los casos es una hierofanía a la que se le reconoce la propiedad fundamental de regeneración, de devolver a la pureza, incluso a través de la eliminación total de todo elemento vivo (en este sentido, es emblemático el caso del diluvio universal, que está presente en numerosas religiones).

En el seno de la cultura humana y en la reescritura especulativa del inconsciente, todo lo que vive tiene su origen en el agua y, por este motivo, nada negativo puede desprenderse de esta. En la tradición védica, el agua se define como *matrita mah* («la más maternal»), origen de toda criatura.

En muchas religiones del pasado, el agua se convirtió en uno de los elementos más importantes en el desarrollo de las ceremonias rituales: con frecuencia su poder, capaz de purificar y regenerar, se halla en tradiciones culturales incluso muy distantes geográficamente hablando.

El agua da origen a toda forma de vida, es un don del cielo, como se puede ver claramente en la tradición judeocristiana: en el origen «el espíritu del Señor se cernía sobre las aguas» (Génesis 1, 2).

La solidez del ambiente sagrado que emana del agua sin duda está muy presente en el contexto cristiano, aunque comporta connotaciones vinculadas a un lenguaje simbólico recurrente también en las demás religiones. La afirmación de lo sobrenatural en el interior de la esfera humana ha llevado a percibir en el agua el elemento divino en el que la energía purificadora se ha convertido en panacea, solución taumatúrgica adoptada como catalizador para la medicina del cuerpo y del alma.

Así es como se deduce que existen dos niveles simbólicos del agua ritualizada: uno, purificador, que detenta principalmente un papel ritual/mágico, y otro, taumatúrgico, que posee una función más directa, muy relacionada con una exigencia material. De entrada, el segundo nivel puede leerse de una forma totalmente laica, perdiendo así todo contacto con lo divino, adquiriendo una marca casi mágica, vuelta hacia un interés práctico de base. Es el caso de la supuesta «fuente de vida» o de «juventud» en la que el agua es exclusivamente un medio para recuperar energías físicas perdidas.

Aire

El aire, desde un punto de vista simbólico, está asociado a la respiración y, por tanto, al aliento vital que anima a todas las criaturas. Representa el mundo ligero que se sitúa entre el cielo y la tierra. Para la cultura china, el aire en la forma del *ch'i*, es decir, la respiración, es el primer factor realmente necesario para la vida. El aire, en efecto, es la respiración cósmica, y se expresa en el mundo humano con la palabra.

Las fuerzas de la naturaleza, como el viento, suelen ser utilizadas en el lenguaje simbólico del esoterismo

Muchas religiones consideran el aire como el principio de la vida. Por ejemplo, en el Génesis se puede leer que *ruah* es el espíritu de Dios, el aliento que sale de los orificios nasales de Yahvé, que flota sobre las aguas primordiales. Este mismo aliento se extiende por los orificios nasales del primer hombre, para conferirle la vida.

En la India, el *vayu* es el aliento vital que une a todos los seres de todos los mundos, de la misma forma que el hombre está compuesto por cinco respiraciones que regulan sus funciones vitales. En China, existen teorías sobre un número variable de alientos que se unieron en el inicio de los tiempos para dar vida al espíritu universal. La mitología céltica reconoce la importancia del elemento aire, sobre todo en lo que concierne al aliento druídico: por ejemplo, Mog Rutih, un gran druida citado en el relato del *Siège de Druin Damhgair*, por medio del aliento consigue escapar de los guerreros que están a punto de matarlo. Soplándoles encima, los transforma, de manera que todos ellos tienen sus mismos rasgos; así, sus adversarios, creyendo matarlo, acaban matándose entre sí, dejando al druida tiempo para huir y esconderse. Del mismo modo, si el druida sopla su propio poder sobre sus enemigos, los transforma en piedras. En Irlanda, los tuatha de Danann, las tribus de la diosa Dana, hacen frente a los navíos de los hijos de Mil (los galos que se disponían a desembarcar en sus costas) con la ayuda de un viento generado por la magia.

Tierra

La tierra es el cuerpo de la gran madre. Da a luz a todos los seres y todos los seres regresan a ella. En el mundo hindú, es *prakrit*, la sustancia universal recién separada de las aguas. Fecunda por naturaleza, crea espontáneamente los minerales, los metales y los manantiales de agua; si es trabajada por el ser humano, la tierra virgen se abre al surco del arado y se convierte en portadora de semillas, que, a su vez, producirán los alimentos para sustentar a las criaturas.

En numerosas civilizaciones, está estrechamente vinculada y a menudo se superpone al seno materno. Job (2, 21) sostiene: «Desnudo salí del vientre de mi madre y desnudo volveré a él». Es el mismo concepto que encontramos en la mitología griega cuando, por ejemplo, Esquilo afirma: «Da vida a todos los seres, los alimenta, y luego recibe de ellos de nuevo la fecunda semilla» *(Las coéforas)*. Gaia, la tierra, dio primero a luz a los dioses, luego a los seres humanos y, por último, a los animales y las plantas.

En algunas tribus africanas, cuando una mujer se da cuenta de que está embarazada, come tierra, y son las mujeres embarazadas quienes tienen la función de sembrar para que las cosechas sean mejores.

Los druidas enseñaban a implicar la tierra en los juramentos: de esta manera, se convertía en garante de las intenciones humanas.

En la relación compleja que desde el origen de los tiempos une al ser humano con la tierra, la piedra siempre ha estado presente. Se trata de un elemento en el

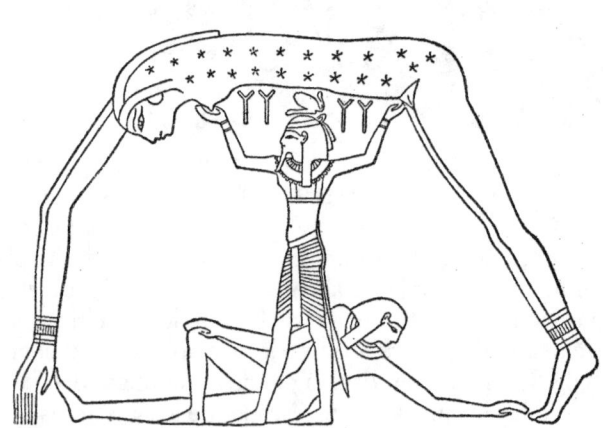

Representación de la tierra y de la bóveda celeste según la interpretación propuesta por la religión egipcia

que, sin duda, se encuentra un aura velada de sacralidad. Además, la materia lítica está dominada por una profunda tradición esotérica. Todo lenguaje religioso ha necesitado la piedra como material «eterno», signo concreto capaz de atestiguar la inmortalidad de la materia primordial: expresión antropológica simbólica de la relación entre lo terrenal y lo divino. La piedra entendida de este modo se convierte en *omphalos*, centro focal del contacto entre el ser humano y la divinidad, lugar privilegiado para la plegaria y el contacto con el ser supremo.

Son múltiples los ejemplos extraídos de todas las religiones: no hay más que citar el sueño simbólico de Jacob, aquel en el que la piedra es, de hecho, un elemento necesario para la comunicación con Dios a través de la visión onírica (Génesis 28, 11-13).

Fuego

El fuego ocupa un lugar importante en nuestro imaginario: su patrimonio simbólico está profundamente arraigado en cada uno de nosotros, procedente de recuerdos ancestrales que han dado forma a un lenguaje simbólico que nunca se ha apagado. Este elemento fundamental empezó a formar parte de la cultura del hombre hace unos cuatrocientos mil años, cuando la criatura más evolucionada aprendió a utilizarlo, a controlarlo, atribuyéndole un papel predominante hasta sacralizarlo. El dominio del fuego es una capacidad exclusiva del ser humano, lo cual determinó el fundamental salto cualitativo realizado por los homínidos anteriores al *Homo sapiens* con relación a sus lejanos parientes de cuatro patas. Salto que estableció un foso difícil de llenar que se convertiría en el signo incontestable del mecanismo de la evolución.

El fuego ha tenido enormes repercusiones en el ámbito de la cultura humana. Gracias al fuego, la agricultura y la ganadería se desarrollaron notablemente, porque también gracias a su utilización el ser humano empezó a sedentarizarse, pasando del estadio de simple colector improvisado al de auténtico cultivador.

Asimismo, el fuego permitió a los primeros artistas del Paleolítico dedicarse a la decoración de algunas cavernas, realizando obras que hoy son designadas por los arqueólogos como auténticas «capillas sixtinas de la prehistoria», en las que aparecen representados los mitos, las prácticas diarias y, tal vez, también los aspectos sagrados del *Homo sapiens* y *sapiens sapiens*.

Los «chamanes» del fuego

El estudio de los hogares permite reconstruir numerosos aspectos de la vida del hombre prehistórico, recreando sus actividades: las que afectan a la organización de la vida cotidiana, como la alimentación, y otras, artesanales, vinculadas al trabajo de la cerámica, por ejemplo.

El fuego, en efecto, fue el protagonista de otra gran revolución cultural: permitió modelar la materia y solidificarla, dándole las formas deseadas. Junto a la cerámica, los metales hallaron en el fuego el empuje energético necesario para

Filósofos herméticos y un alquimista trabajando

convertirse en herramientas, armas y objetos de culto. Gracias a ello, los herreros empezaron a ocupar, poco a poco, un lugar culturalmente importante; llegaron a estar envueltos de un aura sagrada y esotérica.

Por ejemplo, entre los fan, una tribu de África occidental, el jefe es brujo y herrero, porque se cree que este oficio es sagrado y sólo un jefe posee la autoridad necesaria para ejercerlo. En países del norte de África, las ancianas y los herreros tienen en común la posibilidad de desempeñar la función de portavoces del grupo y gozar de competencias superiores en el ámbito de la magia y los ritos menores.

Herreros y chamanes del pasado forjaron la imagen del alquimista, conocedor de los secretos de la materia y capaz de explotar estas mismas energías naturales que el común de los mortales sólo podía recibir.

Poseer el fuego, en las diferentes tradiciones mitológicas y religiosas, es como poseer un bien divino, un patrimonio reservado únicamente a quienes cuentan con una morada en los cielos. Y este bien ha podido llegar a estar entre los hombres sólo por la voluntad de los dioses, como homenaje, o porque les ha sido robado...

En este sentido, es emblemática la historia de Prometeo. Este personaje, famoso por haber robado el fuego a Zeus, era culpable de una grave transgresión: construir estatuas casi perfectas. Compitiendo con la divinidad, quiso, partiendo de la arcilla, crear vida, según un método que pertenecía exclusivamente a los dioses. Sin embargo, para permitir la transmutación de la materia, se necesitaba una chispa de fuego (según la concepción griega, el ser humano estaba compuesto de tierra y fuego). Y así fue como se le ocurrió la ambiciosa idea de robar el fuego a Zeus. El padre de los dioses, enojado por la afrenta que se le había causado, ordenó a Hefestos, el herrero de los dioses, que fabricara una cadena indestructible. Con ella Prometeo fue encadenado a una montaña del Cáucaso, donde un ave rapaz (águila o buitre, según las diferentes versiones) le despedazaba el hígado, que, sin embargo, volvía a formarse indefinidamente. El fuego regresó así al Olimpo, pero, como sabemos, los hombres, de una manera u otra, consiguieron apropiárselo...

La dimensión esotérica del fuego se expresa partiendo de la figura del herrero y del chamán, que «fueron señores del fuego, al igual que los alquimistas, y todos, ayudando a la obra de la naturaleza, aceleraron el ritmo temporal y acabaron por sustituir el Tiempo».[8] Así se riza el rizo. El antiguo mito del herrero

---

8. M. Eliade, *Il mito dell'alchimia*, Roma, 1968, p. 187.

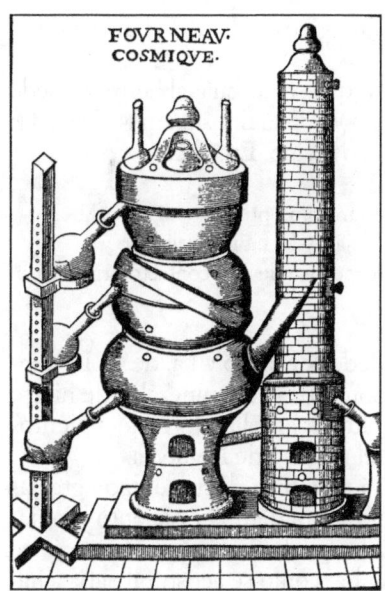

Representación alquímica del horno cósmico

chamán se mezcla con el más intelectual del alquimista. La decadencia, ya en el universo de la mitología, ha sido nutrida, sobre todo, por la presión cristiana satanizadora, que ha visto en la herrería pagana el arquetipo del infierno y que le ha atribuido los modelos y las imágenes típicas de la tradición apócrifa y apocalíptica.

El aura negativa que acompaña a los herreros se remonta a una tradición muy antigua: en el Génesis, Tubalcaín es un maestro herrero, «instructor para todo amolador de cobre y de hierro», descendiente de Caín (Génesis 4, 22) y, por tanto, perteneciente a un linaje maldito y esclavo del mal. Además, G. L. Beccaria destaca que el nombre de Caín «en las lenguas semitas significa herrero».[9] En el Nuevo Testamento, San Pablo hace alusión a un calderero «confiado a Satanás», con el nombre de Alejandro (Primera epístola a Timoteo 1, 20; Segunda epístola a Timoteo 4, 14); tal vez la combinación entre la profesión de pescador y su vínculo con el demonio sea fortuita, pero se inscribe de igual modo en la prolongación de una tradición extendida y no limitada a un área geográfica exigua. En la cultura cristiana occidental, el comportamiento de sospecha, desconfianza o incluso de miedo con relación a los herreros conllevaba secuelas al avivar el terror al diablo y desembocaba en un combate permanente contra toda forma superviviente de paganismo. Así pues, los herreros eran:

> [...] considerados igual que brujos aislados; vivían al margen de la sociedad, en los bosques, en las carboneras, y dominaban las fuerzas terribles y secretas del hierro y del fuego; siempre estaban en contacto con las vísceras de la madre tierra y, cuando forjaban armas —instrumentos de muerte—, murmuraban todavía los antiguos *carmina*. Estos, por supuesto, eran excepciones aisladas: no es casualidad que su oficio e incluso su aspecto exterior, el hollín en su rostro, sus toscas ropas, fueran adoptados como herencia por el folclore europeo de los enanos y los demonios.[10]

Entre los aspectos que pueden ser designados como señales de alteridad del herrero, encontramos su sociedad esotérica, acompasada por los ritos de iniciación, en la que se aprenden los secretos del arte de la forja (lugar que se presta a expresar el símbolo del laboratorio alquímico) que no deben ser desvelados.

En la forja, cuya sacralidad se establece por la presencia del fuego en particular, tiene lugar la transformación de la materia, que del estadio inferior adquiere

---

9. G. L. Beccaria, *I nomi del mondo. Santi, demoni, folletti e le parole perdute*, Turín, 1995, p. 150.
10. F. Cardini, *Magia, stregoneria, supertizioni nell'Occidente medievale*, Florencia, 1979, p. 18.

una forma definida, cargándose de atributos mágicos, cuando el autor de la transmutación es una divinidad o un semidiós.

Consideramos que la pérdida del valor sagrado que se atribuía al herrero puede estar determinada por la evolución de la tecnología y por su difusión más allá de las fronteras del grupo limitado y definido por el deseo divino. En efecto:

> Representaciones religiosas y capacidades técnicas están en un principio en estrecho contacto, aun si el progreso de la técnica acaba por alejarlo del mundo religioso y representa un obstáculo para el descubrimiento retrospectivo de este contacto primitivo, es decir, con la desacralización.[11]

El uso del hierro se extendió en Europa alrededor del siglo VII a. de C. La consecuencia fue que a los pueblos instalados en zonas ricas en minerales de hierro les resultó mucho más fácil desarrollar la metalurgia ampliando conocimientos que aumentaban sus posibilidades de éxito en el terreno de la guerra.

Entre los celtas, cuya técnica metalúrgica está muy bien documentada gracias a las excavaciones arqueológicas, los herreros gozaban de una excelente reputación. Sólo un hombre libre podía ejercer dicha profesión; cuando moría se ponían sus utensilios junto a su cuerpo en la tumba, como se acostumbraba a hacer con las armas del guerrero. Su arte era secreto y estaba estrechamente vinculado a los conocimientos de los druidas.

La sacralidad del trabajo de los metales fue enfocada en parte hacia la espada: en esta arma, en su forma y su manejabilidad, se concretaba el antiguo saber de los herreros, y en algunos casos esta arma poseía incluso poderes mágicos. La mitología es abundante en espadas divinas forjadas por los dioses, los gnomos o los demonios, destinadas a unos héroes que encarnaban las esperanzas de los pueblos guerreros conscientes de que el arma representaba una especie de hierofanía divina. La fuerza atávica primordial se halla comprimida entre la hoja y la guarnición, acomodándose así al emblema de la cruz, lo cual le conferiría luego una fisonomía que se inscribía en el mecanismo de lo sagrado. La guarnición, que recoge las reliquias de los santos, es el nuevo *imprimátur* para el héroe cristiano, combatiente y mártir, defensor del Verbo gracias al arma divina. La forja se convierte en el infierno, la espada es confiada a los arcángeles y el fuego creador se transforma en el emblema del castigo.

El eco del trabajo de los antiguos herreros es cada vez menos claro, y los depositarios salvajes de los secretos de Hefestos y Vulcano se hunden cada vez más profundamente en las vísceras de la tierra entre el fuego y el hollín, «a las puertas del infierno».

El simbolismo de la gruta

Constantemente mecida entre la leyenda y la historia, entre la ciencia y el misterio, la gruta conserva un aura caracterizada por un temor sagrado de memoria an-

---

11. F. Cardini, *op. cit.*, p. 56.

cestral que tal vez tenga su origen en el primer ser humano que se puso a cobijo bajo una roca. Un mundo oscuro, desconocido, hogar de entidades tan terribles como misteriosas, las cavidades subterráneas han ocupado un lugar interesante en la cultura humana, condicionando profundamente los comportamientos del ser evolucionado.

El ser humano ha conferido a la caverna connotaciones que en ocasiones la han divinizado y en otras la han satanizado: así, este espacio se ha convertido en un lugar de transición, casi en un camino iniciático que debe recorrerse para pasar de un nivel a otro, de un mundo a otro. Divinidades, monstruos, demonios y otras criaturas —hombres salvajes, brujas, hadas y gigantes, pero también ascetas, santos y eremitas— han hallado su hogar en las cavernas. El hombre ha transformado luego esta extraña dimensión poblada de presencias sobrenatura-

Alegoría del simbolismo alquímico de la caverna

les en una especie de santuario, un lugar dedicado a las prácticas culturales, fueran cuales fueran las religiones de referencia.

Cuando los cazadores del Paleolítico cubrieron las paredes de las grutas con espléndidas escenas de caza, convertidas en referentes de la historia del arte occidental, iniciaron un proceso de culto de la caverna que no se ha detenido y que ha seguido profundamente grabado en los arquetipos de nuestra cultura religiosa. Un gran sentido de lo sagrado caracteriza todavía hoy el interior de las grutas, en las que se habla de apariciones, manifestaciones milagrosas y otros fenómenos sobrenaturales vinculados a la relación hombre-divinidad.

Las cavernas, por tanto, desde la más remota Antigüedad han sido entornos dedicados a las divinidades. Poco ha importado el aspecto de la criatura divina, el ser humano no ha tenido nunca dudas a la hora de ubicarla en esta cueva natural de piedra que, por su morfología tan específica, se presta muy bien a albergarla.

En la tradición esotérica, la gruta y el útero materno han sido puestos en relación en varias ocasiones. Comparados en el seno del mecanismo ritual de la religión, encontramos alusiones a este tema en muchas otras manifestaciones culturales, desde el auténtico culto hasta la superstición. El entorno subterráneo, con su conjunto de signos femeninos, ofrece al hombre, primero en el plano psíquico, la posibilidad de reencontrarse con una dimensión de pureza primitiva.

Las cavernas de Mitra y de Cibeles, las catacumbas, las iglesias trogloditicas son símbolos concretos de renacimiento y llevan en su seno la esencia de la evocación de la divinidad, percibida como herramienta necesaria en todas las formas de religión, en las que la tensión entre la vida y la muerte constituye la energía de cualquier ritual.

Este vínculo con el tema de la entrada en la gruta, entendida como una experiencia destinada a conducir al conocimiento, halla en el cristianismo una expresión particular, concretamente en la redacción del Apocalipsis por San Juan Evangelista. Todavía hoy, en la isla de Patmos (Grecia), puede verse la supuesta gruta del Apocalipsis, transformada en una pequeña iglesia ortodoxa, en la que Juan recibió de Dios el mensaje alegórico.

En la cultura hebrea, la gruta es también un espacio relacionado con valores positivos, una dimensión que conduce a la purificación del espíritu y del cuerpo. En el Génesis, por ejemplo, la cueva de Machpelah aparece descrita como el paraíso terrestre en el que se conservará la esencia primitiva del bien. Sin embargo, el cristianismo expresa todas las potencialidades relacionadas con el valor positivo de la gruta con el nacimiento de Jesús en Belén, subrayando claramente un mecanismo simbólico que durante milenios ha marcado el lugar, atrapado entre lo sagrado y lo profano, entre lo terrestre y lo divino.

La montaña, arquetipo de la ascensión

Las características físicas, los mitos y las tradiciones religiosas han convertido a las montañas en lugares sagrados, presencias determinantes en culturas muy diversas.

Aventurarse por la montaña siempre ha representado una empresa rica en implicaciones místico-esotéricas, relacionadas con la ascensión y, a menudo, narradas mediante símbolos fuertemente arraigados en la mitología. Sin duda, el carácter sagrado que emana de la montaña fue percibido ya por el hombre en el alba de la civilización, de tal forma que la criatura evolucionada vistió las cumbres con sus divinidades y sus espíritus, aun cuando estas figuras no estaban bien definidas, cuando todavía carecían de una definición precisa en el terreno antropológico.

La montaña ha sido transformada así en una especie de tierra del medio, una separación entre el mundo de los hombres y el espacio de los dioses y los seres superiores a los mortales. Por tanto, el recorrido ascensional que caracteriza a la montaña puede ser entendido como un laberinto vertical que resulta indispensable atravesar para alcanzar un nivel más elevado. Este tema de la elevación halla una respuesta precisa en la arquitectura religiosa. Del menhir a la pirámide, del zigurat al *stupa*, pasando por los campanarios de nuestras iglesias, en todos ellos se manifiesta el deseo de crear una estructura que pueda convertirse en una especie de «vínculo» entre el cielo y la tierra, y que prolonga claramente una tradición iconográfica que no presenta ningún debilitamiento simbólico, sino que mantiene tal como es su propia profundidad atávica.

Así pues, podemos constatar que el arquetipo de ascensión se revela ya en los comportamientos religiosos de la prehistoria y, luego, se consolida en la realidad cultural del hombre mediante múltiples connotaciones que oscilan entre religión y superstición, entre leyenda e historia.

Los testimonios arqueológicos relativos a los periodos durante los cuales los últimos glaciares habían empezado a deshacerse, abriendo nuevos espacios de conquista hacia las cumbres, confirman que el hombre del Neolítico y sobre todo, más tarde, el de la era de los metales necesitaba honrar a este dios que habitaba en las zonas inaccesibles de la montaña. Mientras el ser humano está todavía ocupado elaborando una especie de lenguaje cultural para entrar en contacto con las divinidades, maestros absolutos de la naturaleza y de sus numerosas fuerzas, muchos grabados rupestres y otros documentos (pequeños aglomerados líticos, restos de cultos, etc.) atestiguan una frecuentación asidua de las laderas de las montañas.

Alegoría de la montaña según el simbolismo alquímico

Todas las civilizaciones han divinizado una o varias montañas y las han personificado de manera particularmente significativa en el interior de la religiosidad local. Desde los Montes Albanos, en cuya cumbre se yergue un templo dedicado a Júpiter, hasta el célebre Olimpo, desde el Parnaso hasta el Helicón, cadena montañosa griega considerada el hogar de las musas, las montañas clásicas son muy conocidas, porque han sido ampliamente descritas en la tradición mitológica, convertida luego en modelo para muchas culturas.

Las religiones orientales también han hallado en el relieve montañoso un elemento sólido para subrayar la importancia de la ascensión como hecho iniciático: no hay más que pensar en Meru, de la tradición védico-brahmánica, morada de los dioses, identificada con el Kailas (6.700 m), en el Tíbet occidental; o en el Kun Lun, del cual, según la leyenda, descendió el primer emperador.

En general, el tema dominante de las mitologías construidas alrededor de la montaña es el de la ascensión, el arduo viaje hacia la cima. La ascensión se ha convertido en un requisito para obtener poderes extraordinarios, buscar tesoros ocultos o conquistar lo que normalmente está prohibido al ser humano. En la montaña, por tanto, hay «recompensas» para quienes han encontrado la fuerza para superar a sus semejantes (fuerza que puede ser natural o bien obtenida con la contribución de los dioses o de otras criaturas señoras de la magia), que entran así en el espacio de los inmortales, de los superiores. Sin embargo, entre este espacio y el mundo de los seres humanos existen obstáculos naturales (geomorfología del entorno exagerada por la tradición oral) o criaturas míticas que se interponen. La montaña es también, por tanto, una especie de filtro, un lugar que impone la sumisión a unas reglas ineludibles si se desea avanzar hacia la cumbre.

La montaña, en el fondo, es otro mundo, un universo todavía desconocido en el que el espacio y el tiempo alteran sus relaciones para crear una atmósfera en la que realidad e imaginación se aproximan de forma increíble.

El árbol, unión entre cielo y tierra

Pasemos a otro elemento de la naturaleza que constituye en la tradición esotérica un tema rico en símbolos: el árbol.

En todas las culturas, el ser humano ha intuido que de los árboles emana una energía y ha obtenido a menudo lecciones e indicaciones de ello, que ha sublimado luego en las religiones y las mitologías. Es difícil establecer qué relación ha encontrado en primer lugar una conformación objetiva: la relación directa con un uso práctico del árbol (desde la provisión de material de construcción hasta el uso alimentario y terapéutico) o bien una utilización simbólica, que ha situado el árbol en el interior de un orden universal en el que domina una figura cósmica indicada como dios.

En cualquier caso, y con el tiempo, estas dos relaciones se han limitado, alimentado, hasta mezclarse en una dimensión en la que rito y uso práctico están tan relacionados que parecen ser uno.

El árbol es el «lugar» en el que el mundo subterráneo entra en relación con el celestial, dando vida a una continuidad cósmica ininterrumpida. Las raíces (el universo subterráneo), el tronco (la superficie terrestre) y las ramas (el cielo) hacen del árbol el *axis mundi*, presencia tan importante en las tradiciones de numerosos países que del mundo de los mitos y de la religión ha pasado lentamente al del folclore. El roble en la Galia, el tilo entre los germanos, el fresno en Escandinavia, el olivo en el islam, el abedul y el alerce en Siberia forman parte de los especímenes adoptados por tradiciones religiosas pertenecientes a culturas que han visto en el árbol un símbolo concreto de vida y, sobre todo, una relación directa entre el mundo de los hombres y el de los dioses.

El árbol suele ser utilizado con distintas funciones simbólicas en las religiones de numerosos pueblos

El árbol de la vida, en el Génesis (2, 9), el Kien chino y el tan famoso Yggdrasil de la cultura germánica han conquistado un valor importante en zonas geográficas y culturales alejadas de las de origen, y han asumido significados simbólicos más amplios, a los que con frecuencia se hace referencia incluso de manera inconsciente.

Los árboles del jardín de las Hespérides, el pipal de Bodhgaya, bajo el cual Buda tuvo la iluminación, el nogal demoniaco de Benevento, así como muchos otros árboles con un papel bien determinado en la tradición, han dejado una huella en nuestra cultura: signos a los que apenas hacemos alusión, ecos, huellas efímeras capaces de vincularse para siempre a un pasado atávico en que los árboles todavía eran «escuchados». Si consideramos el árbol como una presencia positiva de la que obtener, entre otras cosas, medicamentos, debemos preguntarnos cuál es el humus que de forma ininterrumpida ha alimentado esta certeza. Todo ello antes de la experimentación y la aplicación codificada en la «sabiduría popular», que, aunque débiles, han llegado hasta nosotros.

El valor positivo del árbol radica en su vínculo con la vida y, en particular, con el nacimiento; en este sentido, el árbol genealógico es muy emblemático. La len-

La mandrágora

Seguramente es la más famosa de las plantas mágicas, considerada a menudo como mítica e inexistente. La mandrágora es estudiada y utilizada desde las épocas más antiguas. Una de las primeras fuentes que hace referencia a ella es la Biblia, más exactamente el libro del Génesis (30, 14-17).

Sucedió que Rubén, que iba por el campo durante la siega del trigo, encontró unas mandrágoras, que llevó a Lía, su madre, a quien Raquel dijo: «Dame esas mandrágoras de tu hijo». Pero Lía respondió: «¿No te basta con haberme quitado al marido, ahora quieres llevarte las mandrágoras de mi hijo?». Raquel contestó: «Consiento que duerma contigo esta noche, con la condición de que me des las mandrágoras de tu hijo». De manera que al regresar Jacob por la tarde de los campos, Lía se plantó ante él y le dijo: «Vendrás conmigo, porque he adquirido esta gracia al dar a mi hermana las mandrágoras de mi hijo». Y así Jacob durmió con ella esa noche.

En hebreo, el término con el que se designa a la mandrágora es muy parecido al sustantivo *amor*, y por este motivo la planta posee propiedades afrodisiacas. Para los romanos, estaba dedicada a los dioses de la ultratumba, en particular a Hécate, que era muy celosa de sus mandrágoras y hacía la cosecha difícil. Por tanto, era necesario taparse los oídos con cera, porque cuando se arrancaba la planta, esta emitía un grito de angustia capaz de matar a quienes lo escuchaban. Luego la planta era desenterrada un poco y se le ataba una cuerda al cuello. En el otro extremo de la cuerda había un perro, al que se incitaba a tirar con algún sabroso bocado. El perro tiraba y arrancaba la mandrágora. Esta chillaba y el animal quedaba fulminado al instante. Según la tradición, la mandrágora nacía del esperma perdido por un condenado a la horca. Al ser tan poco habitual, era considerada protectora y portadora de buena suerte. Como el resto de plantas embrujadas, es alucinógena y puede ser muy peligrosa si es ingerida.

gua común, en efecto, es rica en imágenes vegetales que guardan relación con la vida: pensemos en las «ramas» de una familia y en su «cepa», o incluso en la palabra *retoño* que se usa para designar a un recién nacido. No es casualidad que Rómulo y Remo fueran amamantados por la famosa loba bajo una higuera.

Consideramos que probablemente sea en la transformación estacional del árbol donde el ser humano haya caracterizado simbólicamente la renovación del mito del eterno retorno, mientras que en los árboles de hoja perenne ha visto la presencia de algo sobrenatural, mágico y divino que permite a estos árboles sobrevivir al frío y al invierno.

El jardín esotérico

A lo largo del tiempo, los jardines han sido el espejo de la interioridad humana, lugares en los que buscar alguna cosa, ser o aparecer, huir o esperar. Para muchas personas, los jardines se asocian a la idea de paz, de tranquilidad, de huida del ruido del mundo, de espiritualidad y de tranquilidad interior. Lugares en los que cohabitan diferentes especies de plantas que pacifican los sentidos, mitigan las emociones, calman las revueltas interiores y nos permiten mirarnos en nosotros mismos, contemplar y meditar.

Sin embargo, el jardín corresponde también a un recorrido de tipo simbólico, acompasado por toda una serie de elementos alegóricos que encontramos en todas las culturas. Por ejemplo, el Edén, también denominado «el jardín del Señor», que puede ser visto como el arquetipo del jardín, contiene todo tipo de árboles, incluidos el árbol de la vida y el de la ciencia del bien y del mal (Génesis 2, 8-17).

Las civilizaciones que han representado el paraíso en forma de jardín son numerosas. Además, estos jardines suelen incluir una piscina, como la descrita por Serezade en *Las mil y una noches*, que es utilizada como espejo.

Los célebres jardines colgantes de Babilonia, una de las siete maravillas del mundo antiguo, que algunos consideran un mito, estaban en la ciudad antigua, al sur de la actual Bagdad, y fueron construidos por Nabucodonosor II, el rey guerrero, en el año 605 a. de C.

Las mitologías griega y romana están repletas de imágenes de jardines en los que tienen lugar aventuras galantes, combates, litigios y descansos entre los inmortales. El modelo mítico de los jardines griegos es el de las Hespérides, lugar que simboliza la fecundidad de la naturaleza. Las hespérides eran ninfas, hijas de Hespéride y de Atalante, que vivían en un jardín maravilloso en el que crecían algunos árboles de manzanas de oro. La entrada de este lugar paradisiaco estaba vigilada por el guardián de la puerta, un dragón que mató Hércules en su undécimo trabajo (aprovechó entonces para robar todas las riquezas del jardín).

No disponemos de ningún ejemplo de jardín medieval, de manera que sólo podemos deducir su aspecto a partir de las fuentes literarias y de las miniaturas. El ejemplo más clásico es el de la tabla pintada por un artista alemán hacia 1410, titulada *El jardinillo del paraíso*. En dicha obra el jardín aparece encerrado entre unos muros almenados sobre los que se posan numerosos pájaros de colores, y alrededor se han plantado diferentes especies de árboles y flores (lirios, muguetes, rosas, azucenas). En el interior del jardín puede verse al Niño Jesús jugando, a la Virgen leyendo y a varias personas ocupadas en actividades agradables como recoger flores, charlar, sacar agua...

En el Renacimiento, el jardín se convierte en una recreación de la perfección de la naturaleza. El jardín es un espacio natural «domesticado» por la arquitectura, reducido a proporciones geométricas perfectas que expresan un simbolismo metafísico. Está poblado de imágenes, estatuas, bajorrelieves, recreaciones de la era clásica. Todo un patrimonio simbólico que será la base sobre la que se afirmarán las *horti* esotéricas de los siglos XVI y XVII, a menudo imaginadas por los alquimistas de la época.

La ambigüedad de la androginia

La androginia constituye una de las experiencias más vivas y misteriosas del lenguaje esotérico de la naturaleza y, debido a su morfología, se ha convertido en parte integrante del lenguaje alquímico.

Lo andrógino es una característica en torno a la cual existe un patrimonio simbólico que se presta a numerosas lecturas, del esoterismo al psicoanálisis. Lo andrógino no se inscribe en la parte visible del mundo. Los ritos étnicos que lo imitan, los juegos sociales que lo estimulan, las bellas artes que lo representan no aportan más que una iconografía bastante asombrosa. Es en la profundidad del espíritu, en el lenguaje confuso del deseo inconsciente donde emerge este arquetipo.

Los seres bisexuales, casi siempre considerados de forma negativa, son el producto de una creación «distinta», es decir, el fruto de elaboraciones alquímicas complejas basadas en procesos misteriosos. En la Antigüedad, se creía que el hermafroditismo era un tercer sexo presente en las épocas arcaicas de la edad de oro. Así describe Aristófanes al hermafrodita en *El banquete* (189, 6; 190, 1):

> Y estas tres especies estaban así formadas porque el macho debía su origen al sol; la hembra, a la tierra; la especie mixta, a la luna [...]. Poseían además una fuerza y un vigor extraordinarios, y, como tenían un gran coraje, atacaron a los dioses, y lo que Homero dice de Efialto y Otos se dice de ellos, a saber, que intentaron escalar hasta el cielo para combatir a los dioses.

Resulta interesante observar que los «seres dobles» son designados como criaturas presuntuosas, animadas por la intención de «combatir a los dioses»... Como el golem, el hermafrodita clásico desea derribar el poder de su creador, fortalecido con su presunción de potencia, expresada en su dualidad ilusoria, dejando entrever espejismos de perfección.

En efecto, el modelo del hermafrodita reproduce el eco de la arcaica unidad divina: en la combinación de los dos sexos en una sola persona, podríamos encontrar la última evolución de las díadas bisexuales ante los cultos supremos ofrecidos al dios masculino.

Cabe añadir que la *coincidentia oppositorum* es una de las formas más arcaicas con la que se ha expresado la paradoja de la realidad divina:

> Se manifieste la divinidad bajo la forma que se manifieste, es la realidad última, la potencia absoluta, y esta realidad, este poder renuncia a dejarse limitar por ninguna especie de atributos y cualidades (bueno, malo, macho, hembra, etc.). Varios de los dioses egipcios eran bisexuados. Entre los griegos, la androginia se admitió, incluso en los últimos siglos de la Antigüedad [...]. Las «parejas divinas» son, con frecuencia, invenciones tardías o formulaciones imperfectas de la androginia primordial que caracteriza a toda divinidad. [...] La androginia divina comporta como consecuencia lógica la monoginia o la autoginia: muchísimos mitos cuentan cómo la divinidad obtuvo su existencia de sí misma, forma sencilla y dramática de indicar que la divinidad es autosuficiente.[12]

Para la tradición judeocristiana, el paso del hermafroditismo a la separación de los sexos tiene su paradigma en la figura de Adán. La exégesis rabínica no ha ignorado la androginia del primer hombre, oponiéndola a la interpretación ortodoxa del Génesis, en la que la neta separación entre ambos sexos aparece de forma clara:

> Eso significa que Adán, el primero, supuestamente humano, contenía en él el macho y la hembra, sin separación; y se dice que Dios creó a Adán a su imagen, por lo que creó al hombre y a la mujer.[13]

La tradición gnóstica, en la que convergen el mito platónico, el hermetismo y las tradiciones midrásicas, considera al Adán bíblico un espécimen bisexual próximo al modelo hermafrodita.

La interpretación problemática, de origen gnóstico, se formaliza en dos relatos del Génesis sobre la creación del hombre, dos momentos que, según algunos intérpretes, parecen oponerse, puesto que relatan una misma historia caracterizada por distintas facetas.

Además, el versículo 27 ha sido traducido de forma diferente, dejando vía libre a interpretaciones que incluso se oponen:

> *Et creavit Deus hominem a imaginem*
> *suam: a imaginem Dei creavit illum,*
> *masculum et foeminam creavit eos* (Génesis 1, 27).

Sin embargo, algunos traducen también «lo creó varón y hembra», asentando las premisas que sostienen la hipótesis de la androginia primitiva de Adán. Para sostener dicha interpretación, podemos hacer referencia a la «segunda creación» del Génesis, donde esta vez hombre y mujer llegan a la vida en dos momentos diferentes:

> Dios formó al hombre del lodo de la tierra; e inspiró en su rostro un soplo de vida, y el hombre recibió la vida (Génesis 2, 7).

---

12. M. Eliade, *Traité d'histoire des religions*, Payot, pp. 353 y 354.
13. Jehudah Abrabanel, «*Dialoghi d'amore*», Ib. 3 en A. di Nola, *Gesù segreto*, Roma, 1979, p. 57.

Dios infundió en Adán un profundo sueño; y mientras dormía le quitó una de las costillas y llenó de carne aquel vacío. Y de la costilla que le había sacado formó Dios a una mujer y se la llevó a Adán (Génesis 2, 21-22).

Si interpretamos el texto literalmente, tenemos, en primer lugar, una creación simultánea del hombre y la mujer; pero luego la creación de la mujer parece estar subordinada a la del hombre.
Con relación a esta contradicción, se han formulado diferentes hipótesis.

Se decía que Adán era andrógino al principio y que este ser bisexuado fue luego dividido en hombre y mujer, punto de vista expresado ya en la tradición babilónica.[14]

En la práctica, el «nacimiento» de Eva sería el resultado de la escisión del andrógino primordial, un hombre y una mujer:

Adán y Eva habían sido creados espalda contra espalda, unidos uno al otro por los hombros; entonces Dios los separó con un hachazo y los dividió en dos. Otros piensan de un modo diferente: el primer hombre (Adán) era hombre en su lado derecho y mujer del izquierdo, pero Dios lo escindió en dos mitades.

La tradición común de la androginia constituye una parte importante del *Alfabeto de Ben Syrah*, una colección de proverbios del siglo XI atribuido al autor del apócrifo *Ecclesiasticus* o *Sabiduría de Jesús, hijo de Syrah*; en esta obra Adán y Lilith están unidos en un solo cuerpo, según la interpretación esotérica del Génesis (1, 27).

Representación de la androginia

14. J. Bril, *Lilith o l'aspetto inquietante del femminile*, Génova, 1990, p. 73.

La relectura gnóstica de los versículos bíblicos parecería invocar en la práctica la androginia de Adán como un medio de recobrar la pureza inicial:

> La nostalgia del retorno es, para la gnosis, también la nostalgia de la naturaleza de Adán. En él, las polaridades se invierten y se confunden sucesivamente, y entonces es posible hallar un esquema bisexual y otro asexual en la primera criatura de Dios. [...] Los textos talmúdicos, haggádicos y midrásicos son muy claros a este respecto, y sus reflexiones se desarrollan según un método interpretativo habitual de los libros sagrados, en torno a dos redacciones, yahvista y elohista, de la creación del hombre en el Génesis y alrededor de un versículo de los Salmos, el verso 5 del salmo 139 («Por detrás y por delante me ha formado»), cuya exégesis es un motivo recurrente.[15]

Cabe añadir, además, que la extracción de la costilla (*zelah*) de Adán para dar vida a la mujer suele ser interpretada como la extracción del principio femenino ya contenido en el interior del primer hombre, tema ampliamente tratado en la lectura rabínica.

El hermafroditismo de Adán no debe ser visto únicamente como el simbolismo de la igualdad primitiva, sino también como la expresión de la nostalgia de la era del comienzo, en que el equilibrio y la completitud dominaban la existencia de los hombres. Mircea Eliade subraya que en el andrógino original se puede percibir una expresión de la perfección y de la totalidad, como muestran claramente muchas mitologías todavía presentes en la tradición ritual. En estas, los hombres hallan la manera de reapropiarse, por el mecanismo simbólico del rito, de una condición humana perfecta en la que los sexos coexisten en la divinidad, al mismo tiempo que el resto de cualidades y numerosos atributos desaparecidos.

PARACELSO Y LA «MAGIA» DE LA CREACIÓN

En el contexto de los temas abordados en este capítulo, creemos que es necesario profundizar en la obra de un personaje que intentó recoger las particularidades de la naturaleza en el lenguaje, no sólo simbólico, de la alquimia. Nos referimos al filósofo y médico Theophrastus Bombastus von Hohenheim, conocido como Paracelso, o como le gustaba hacerse llamar: Philippus Aureolus Teophrastus Paracelsus.

Paracelso nació en Einsiedeln, Suiza, el 10 de noviembre de 1493. Fue mago —en la acepción más amplia e iluminada de la palabra—, pero un mago, bajo determinados aspectos, anunciador del método científico. Su concepto de poder mágico tomaba a Dios como punto de referencia: sólo imitando las obras divinas podía el hombre alcanzar la perfección.

El hombre puede obtener del *fiat* divino —el magma a partir del cual se forma la materia original constituida de tres elementos básicos: el azufre (el principio combustible), la sal (el principio volátil) y el mercurio (el principio de resistencia al fuego)— la energía para conocer la verdad, y poseer el poder

---

15. A. di Nola, *Gesù segreto*, Roma, 1979, p. 53.

energético, bien expresado en el motivo de la «quintaesencia», que representa la clave para descifrar los mayores secretos.

Asimismo, el estudio de la medicina que realizó Paracelso se basaba en la teología, la filosofía, la astronomía y la alquimia, y lo llevó a cabo mediante métodos un poco «alternativos», profundamente vinculados al hermetismo y siempre condicionados por el simbolismo. Naturalmente, todos estos métodos de análisis, realmente poco ortodoxos, le valieron al sabio mucho odio por parte de sus contemporáneos académicos y de los depositarios del saber científico.

Supuesto retrato de Paracelso

Paracelso murió el 23 de septiembre de 1541 en Salzburgo. En el cementerio de San Sebastián, sobre su tumba, se puede leer un epitafio que atestigua una última vez la particularidad del personaje: *Anno MDXLI die XXIII septembris, vitam cum morte mutavit.*

El tema de la mutación aparece como una constante en la vida de Paracelso: se dice que era capaz de devolver la vida a los muertos y de curar todo tipo de enfermedades, pero también se fabulaba en torno a su supuesta facultad de cambiar el sexo a las criaturas vivas.

El examen de sus restos contribuyó a alimentar estas fantasías, ya objeto de estudio y de conjeturas en el pasado. Y es que al analizar el esqueleto del investigador suizo, algunos sabios creyeron hallarse ante un ser hermafrodita.

Según el análisis antropológico realizado mediante monitorización, los restos pertenecen a un hombre de unos cincuenta años y un metro sesenta de altura. El examen químico, además, reveló una notable presencia de mercurio en los tejidos: se trata de un dato muy importante, puesto que se sabe que Paracelso, como alquimista, trabajó con este metal. Cabe añadir que no hay nada en el esqueleto que indique que murió de forma violenta. La conformación del cráneo es típicamente femenina, con fisuras poco acentuadas de las órbitas, *arcus superciliaris* poco desarrollado y abombamiento iridiano; la pelvis también es típicamente femenina. En la práctica, se combinan todos los elementos para hacernos pensar en una especie de androginia y, por tanto, de hermafroditismo. Además, la vida de este gran pensador, que viajó mucho, autor de numerosos estudios, está repleta de misterios, y se narra en tono de leyenda; todo ello hace difícil cualquier tipo de descodificación de su difícil biografía.

Más allá de las causas de su muerte, que las recientes indicaciones necrológicas parecen atribuir a razones naturales —envenenamiento involuntario por ingesta de cantidades excesivas de mercurio—, parece que al final de su vida Paracelso había encargado a un alumno que rociara su cadáver con un polvo misterioso. El adepto habría respetado las indicaciones del maestro y, transcurridos nueve meses, apareció un embrión entre los restos... Otro misterio que la investigación tendrá que aclarar.

«Paracelso era una mujer». Aunque este titular de un periódico austriaco pueda parecer excesivo, debemos constatar que hechos de este tipo consiguen aumentar el aura mágica creada en torno al personaje y su mito.

Será la ciencia oficial la encargada de descifrar este último secreto, interpretando la ciencia que Paracelso, entre sombras, luces y posicionamientos contra eminencias, «estafadores y plaga de Dios», defendió hasta el fin, en busca siempre del bien y de la verdad. Siguiendo esta ética, naturalmente, había muchos enemigos a los que, sin embargo, consiguió burlar hasta que *vitam cum morte mutavit*...

El homúnculo

La creación de la vida fue un tema extremadamente fascinante para Paracelso, que concretó en el mito del homúnculo, producido in vitro a través de un complicado proceso químico-biológico que debe mucho al simbolismo esotérico.

> Otra concepción, y no menos importante, es la del vaso hermético *(vas Hermetis)*, representado por las retortas o los hornillos de atanor que contenían las sustancias que debían transformarse. Aunque sea un instrumento, existen conexiones muy particulares con la *prima materia*, así como con el lapislázuli, y por ello no es más que un simple aparato. Para los alquimistas, el vaso es algo realmente maravilloso: un *vas mirabile* (vaso maravilloso). María la Profeta dice que todo el secreto reside en el conocimiento de lo que ha obtenido del vaso. Se apunta sin cesar: *Unum est vas*. Debe ser completamente redondo, imitando al cosmos esférico, de manera que la influencia de las estrellas pueda contribuir al éxito de la operación. Es una especie de matriz o de útero del que debe nacer el *filius philosophorum* (hijo de los filósofos), la piedra milagrosa. Por este motivo también se recomienda que el vaso no sólo sea redondo, sino que tenga forma de huevo. Se nos lleva de manera natural a considerar este vaso como una especie de retorta o de frasco, pero pronto nos damos cuenta de que esta explicación es insuficiente, porque el vaso representa más una idea mística, un verdadero símbolo, como todas las nociones importantes de la alquimia.[16]

Para la creación del homúnculo, es indispensable tener un «vaso», que puede vincularse simbólicamente al atanor de los alquimistas, en el que se llevaban a cabo los procesos relativos a la transmutación de los elementos, por medio de los cuales el plomo podía transformarse en oro. Así, el mecanismo simbólico se amplifica posteriormente, y el recipiente de vidrio se convierte en una metáfora de la placenta. En realidad, en los tratados anatómicos de la alta Edad Media, la membrana suele ser representada como un frasco en el que se forma la vida.

En general, se atribuía a Arnaud de Villeneuve (h. 1235-1313) una primera reflexión teórica sobre el homúnculo, aunque fue precisamente Paracelso quien

---
16. C. G. Jung, *Psychologie et alchimie*, Buchet/Chastel, 1970, pp. 308-310.

afrontó el tema con un comportamiento racional, hasta elaborar los métodos científicos para permitir la creación del ser misterioso:

> Ahora desearía ante todo hablar de la generación del homúnculo. Tema guardado hasta hoy como el mayor de los secretos. Entre los antiguos filósofos constituyó una fuente de dudas y problemas nada despreciable el hecho de descubrir si el arte y la naturaleza eran capaces de generar un hombre sin madre natural. Yo respondo que ello no contradice en absoluto el arte espagírico ni la naturaleza, sino que, por el contrario, es totalmente posible. Veamos cómo proceder: el semen de un hombre se deja pudrir en un alambique sellado, al calor de un vientre de caballo, con la putrefacción máxima, durante cuarenta días o más, hasta que se vuelve vivo y móvil, que es algo que se constata con facilidad. Pasado ese tiempo, empezará en cierto modo a parecerse a un hombre, pero será de cuerpo transparente. Si después de eso se le alimenta abundantemente con sangre humana durante cuarenta semanas, y si se conserva en el calor uniforme del vientre de caballo, nacerá un niño auténtico y vivo, provisto de todos los miembros, como cualquier recién nacido engendrado por una mujer. Lo llamaremos «homúnculo» y será criado con sumo cuidado y diligencia, sin diferencia con respecto a los demás niños, hasta que culmine su crecimiento y alcance la edad de la inteligencia.

Paracelso precisa a continuación que la «técnica» debía de ser ya conocida en la Antigüedad, y que los «productos» de la creación alquímica habrían sido incorporados a la interpretación mítica y así confiados al recuerdo. Es lo que Paracelso escribe en *De rerum natura*, libro I:

> Aun cuando esto [la técnica para la creación del homúnculo] fue ocultado a los hombres naturales, los silvestres, las ninfas y los gigantes lo conocían desde los tiempos remotos en los que nacieron, porque los gigantes, los enanos y otros monstruos similares que fueron utilizados como instrumentos para las grandes obras de Dios y que obtuvieron grandes y potentes victorias sobre sus enemigos y que saben las cosas secretas y ocultas que el hombre no puede saber, proceden de dichos homúnculos llegados a la edad madura. Estos reciben su vida del arte; obtienen su cuerpo, su carne, sus huesos, su sangre por el arte, y nacen del arte. Por ello el arte permanece incorporado e innato en ellos; no lo aprenden de nadie, sino que hay que aprenderlo de ellos. Nacen y crecen gracias al arte, como las rosas y las flores del jardín, y son llamados hijos de los silvestres y de las ninfas; por tanto, se asemejan a los espíritus y no a los hombres, por su fuerza y las obras que realizan.

En la práctica alquímica propuesta por Paracelso, resulta evidente que la primerísima intención del hombre es apropiarse del poder femenino de la creación a través de la metáfora del «vientre de caballo» y, sobre todo, sin madre natural. En la experiencia de Paracelso, el esperma es el sujeto principal de la formación del homúnculo, el que se apropia de todas las funciones femeninas, aún más que en el mito falócrata del golem, en el que encontramos una alusión a lo femenino a través del elemento tierra que participa en la creación de la criatura.

La teoría del homúnculo halla su propio territorio fértil y simbólico en la antigua «doctrina de la preformación» ya expresada por Platón, Empédocles, San Agustín y muchos otros Padres de la Iglesia. Las dimensiones del homúnculo son una de sus prerrogativas esenciales; remiten a los modelos del gnomo o del elfo extensamente utilizados en la mitología.

Según Jung, en la visión de Zósimo (siglos IV-V), en la que un ser humano es «cocinado» en un recipiente, es posible percibir el significado original de la alquimia, entendida como fertilización mágica, a través de la cual resulta posible crear la vida sin la intervención de una mujer.

Sin embargo, no faltan críticas hacia Paracelso: Francis Bacon, en *La Nueva Atlántida*, declara que nunca habría «aspirado a la construcción de los pigmeos de Paracelso, ni de otras locuras prodigiosas semejantes». Sus apologistas, en cambio, afirman que el homúnculo presenta un significado simbólico, que no hay que considerar en primer grado; sería:

> [...] nada menos que un embrión metálico, o una Piedra filosofal, el objetivo anhelado por los ocultistas de todas las épocas en China, Egipto, Persia y Europa. Si, por un lado, la búsqueda de esta Piedra incitaba a algunos fanáticos, como el mariscal Gilles de Rais en el siglo XV, a sacrificar a cientos de niños inocentes, también inspiró la búsqueda del Santo Grial. En la poesía de Wolfram von Eschenbach (siglo XIII), a causa de influencias islamistas, por primera vez la Piedra sustituyó al Grial.[17]

Criaturas «imposibles»

La historia de la cultura está repleta de seres designados como naturales, pero que en realidad son fruto de la mitología y han entrado en la tradición debido a su valor esotérico. Son valores construidos a lo largo de milenios que todavía forman parte de nuestra experiencia cotidiana.

Todos estamos seguros de que los dragones, los basiliscos y los unicornios son seres inventados que nunca han existido, pero seguimos evocándolos (y buscándolos) debido a sus diferentes significados simbólicos.

Los símbolos más aparentes son conocidos por todos, pero detrás de ellos se encuentran los símbolos ocultos, frutos de la tradición esotérica que ha convertido el ser híbrido o monstruoso en la expresión de la transmutación alquímica, o de los valores perseguidos por el ser humano para alcanzar una vía superior.

En el esoterismo, la monstruosidad puede ser portadora de múltiples símbolos

El dragón

El dragón es la representación objetiva de una especie de caos inconsciente, atávicamente depositado en nuestro espíritu a través de un aparato simbólico múlti-

---

17. J. Choen, *I Robot nel mito e nella scienza*, Bari, 1981, p. 42.

La muerte del dragón suele ser el símbolo de la victoria del bien contra el mal.

ple. Tanto si se trata del eterno castigador del Apocalipsis como del gran reptil algo ingenuo, capaz de lanzar llamas por sus orificios nasales, el dragón es la representación de la bestialidad carente de todo vínculo con los hombres: el mal primitivo conservado en su propia estructura antediluviana, la energía en la que están contenidos los cuatro elementos principales:

— agua: cuerpo del reptil;
— tierra: cuerpo del reptil;
— aire: alas para volar;
— fuego: lanzamiento de llamas.

Con mucha frecuencia, en la tradición esotérica el dragón es considerado como una especie de «guardián de la puerta», una criatura guardiana de tesoros subterráneos, casi siempre inaccesibles para el común de los mortales, si no es a través de un itinerario de tipo iniciático. El vínculo con el universo ctónico ha convertido al dragón en el animal telúrico por excelencia, hasta influir en algunos aspectos del pensamiento geológico: el ecléctico Kircher, en su *Mundi subterranei* (1678), afirmaba que el subsuelo estaba habitado por monstruos terribles y por el inaccesible dragón.

Es difícil establecer la fecha de aparición de las leyendas vinculadas al dragón. Aun cuando la mitología de muchos países, alejados unos de otros, es muy rica (del Illuyankas hitita al Dragua avéstico, del dragón Cymr de las sagas célticas a los híbridos griegos, pasando por los numerosos seres anormales que la tradición cristiana ha extraído de las historias paganas), no poseemos una base científica sobre la cual elaborar tesis interpretativas aceptables.

Cabe añadir que en la tradición artística medieval, y en particular en las representaciones sagradas, la entrada a los Infiernos solía estar representada por una boca de dragón abierta. La «bestia inmunda» era para el cristianismo la alegoría de un paganismo que había que destruir o, al menos, relegar a terrenos limitados o periféricos, como en el Apocalipsis, en que la muerte del dragón anuncia una nueva era espiritual.

En la tradición alquímica, con el huevo se indica la forma que permite la transmutación y determina la mutación que está en la base del paso del vil al noble metal.

La serpiente

La mitología medieval ha presentado en varias ocasiones la serpiente como un híbrido (a menudo recuperado por la literatura fantástica), convirtiéndola en una figura muy similar al dragón. Serpientes famosas de las mitologías de la Antigüedad son el Apofis egipcio, el Quetzalcoatl precolombino o la Hidra griega, pero quizás el ejemplo que mejor ilustra este modelo sea la célebre Melusina, hada y mujer serpiente, ampliamente explotada por el cristianismo para designar la encarnación del mal.

Así, Paracelso escribió:

> Melusina era una ninfa poseída por el espíritu del maligno; conocía bien la brujería y participaba en sus rituales. Existía una superstición que pretendía que era transformada en serpiente todos los sábados: era el precio que tenía que pagar a Belcebú para que le ayudara a encontrar marido. Además, fue una ninfa de carne y hueso, pudo tener hijos y abandonó su aspecto para ir a vivir entre los hombres.

La serpiente en la alegoría alquímica

Sin embargo, la serpiente es, ante todo, el ladrón de la inmortalidad, y no sólo en la tradición cristiana. Por ejemplo, en la época babilonia de Gilgamesh, al héroe la serpiente le robó la planta de la vida.

En efecto, el simbolismo de la serpiente está vinculado a la idea misma de la vida: en árabe, la serpiente es *al-hayyah*, y la vida, *al hayat*.

El significado esotérico de la serpiente

Además de los múltiples significados relacionados con el mal y el pecado, la serpiente también es el símbolo esotérico del conocimiento oculto. Este concepto se halla también en el emblema del Abraxas, entidad suprema que, en forma de una serpiente de cabeza resplandeciente, era señalada como el señor del conocimiento hermético.

En el siglo II, la serpiente era situada en el centro de las tradiciones de culto que tendían a revalorizar la imagen del reptil maldito. Según Celsio, su ascenso por la pendiente de la recalificación es sostenida por la secta de los naasenos u ophitas:

Repudiaban al Dios del Antiguo Testamento y lo denominaban el Dios maldito, o el Dios que maldice. En un principio, la serpiente había concedido al hombre el conocimiento del bien y del mal, lo había iluminado. Para vengarse, el Creador la maldijo. [...] Después de amontonar panes en una mesa, mandó traer a la serpiente, a la que cuidaban como un animal sagrado. Al abrir la cesta, la serpiente se puso sobre la mesa, se contorsionó entre los panes y los transformó en Eucaristía. Luego los fragmentos de pan fueron distribuidos entre los comulgantes. Todos ellos besaron en la boca a la serpiente, que estaba domesticada por un encantamiento, y se postraron ante el animal sagrado. La comida sirvió para hacer que el Verbo estuviese presente en el cuerpo de la serpiente, que consagró los panes con su contacto y que, una vez consumidos, dio el beso de la paz y aportó a Dios las acciones de gracia de los fieles.

El basilisco

Otro animal mítico del que se ha adueñado la tradición esotérica es el basilisco. La descripción más antigua de este monstruo nos lleva hasta Plinio el Viejo:

> Este nace en la provincia de la Cirenaica, y no supera los doce dedos de longitud; y posee una marca blanca en la cabeza, a modo de diadema. Con un silbido, ahuyenta a todas las serpientes; se desplaza como la serpiente, pero camina con la mitad del cuerpo erguida, hasta arriba. Las flores se marchitan cuando las toca, y quema la hierba y rompe las piedras. Esta bestia tiene mucha fuerza. Se dice que, asesinada por la lanza de un hombre montado a caballo, el veneno ascendió por la lanza y mató no sólo al hombre, sino también al caballo. Y para este monstruo (que a menudo los reyes han deseado ver muerto) la comadreja es un veneno mortal, porque la naturaleza no ha querido hacer algo que no tenga rival. Quienes desean acabar con los basiliscos arrojan comadrejas en sus cavernas y estas los matan de forma horrible; y ellas mueren también a causa del olor, y la naturaleza ofrece así su batalla. El basilisco ha ahuyentado a las demás serpientes porque las mata por el olor; y se cuenta que mata al hombre con sólo mirarlo; no obstante, los magos pronuncian alabanzas maravillosas de su sangre, que endurece como el carbón y que, al mojarse, presenta un color más claro que el cinabrio. Se le reconoce la propiedad de satisfacer las solicitudes hechas a los príncipes, los magistrados y Dios para curar y liberarse de las enfermedades. Algunos llaman a esta sangre «sangre de Saturno».

La tradición literaria medieval explotó ampliamente esta descripción y encontró el modo de referirse a determinadas influencias de origen clásico y hebreo.

Generalmente, se decía del basilisco que había nacido del huevo puesto por un gallo de siete años, fecundado por una serpiente e incubado por un sapo. A partir de este complejo origen vio la luz un híbrido, con el cuerpo de gallo y la cola de serpiente; resulta interesante destacar que la cresta del gallo era una especie de corona, y como tal fue utilizada en muchas representaciones iconográficas (*basilisco* podría derivar del griego *basilikon*, «real»). El supuesto poder del basilisco de matar al ser humano con una simple mirada puede entenderse como una enfatización de determinadas tradiciones populares: historias que forman parte del conjunto de creencias tejidas alrededor del poder maléfico de la mirada atribuido a algunos animales y luego integradas en las supersticiones conocidas como «mal de ojo».

La génesis del huevo de gallo reviste un aspecto más histórico y halla una respuesta bíblica en Isaías (59, 5): «Entreabrieron la nidada de áspides y tejieron telas de araña. Quien de dichos huevos coma, morirá; y si estos son empollados saldrán basiliscos».

La simbiosis entre el gallo y la serpiente sugiere, evidentemente, numerosas interpretaciones simbólicas que, desde la Antigüedad, han ofrecido a los estudiosos una gran cantidad de posibilidades de análisis. En conjunto, hay que señalar que la combinación entre los dos animales no debe ser comprendida como un hecho sorprendente.

> No es insólito que la serpiente y el gallo se asocien. Ambos son animales consagrados a Hermes y a Asclepio. Parece que existen dos significados simbólicos que los acercan: se trata de animales relacionados con la muerte, pero que poseen valores de continuidad a

través de la resurrección (el gallo anuncia el nacimiento del día, la serpiente renace al mudar la piel; el vínculo mismo con Hermes, que conducía las almas de los mortales, y con Asclepio, famoso por las resurrecciones que obraba, subraya la bivalencia muerte-renacimiento).[18]

El hipogrifo

En la cultura esotérica, entre las numerosas criaturas imposibles encontramos también el hipogrifo, que aparece oficialmente en el *Orlando furioso*. Sin embargo, está presente en la tradición clásica bajo diferentes características y tiene en Pegaso su expresión más viva. En conjunto, podemos imaginar al hipogrifo como un grifo cuyas partes de león son reemplazadas por las de un caballo: en realidad, un caballo dotado de alas y con la cabeza de águila.

El unicornio

En la línea de la cultura simbólica que creó al hipogrifo se halla el unicornio. Considerado un animal sobrenatural, siempre implicado en historias veladas por un simbolismo impenetrable, el unicornio era para el poeta chino Han Yu (siglo IX) una criatura «de feliz presagio. Sin embargo, el unicornio no se cuenta entre los animales domésticos, no está clasificado ni es fácil de encontrar. Así pues, po-

Representación imaginaria de un unicornio

18. M. Izzi, *I mostri e l'immaginario*, Roma, 1982, p. 108.

dríamos encontrarnos frente a frente y no reconocerlo, como ocurriría con un caballo, por sus crines, o con un toro, por sus cuernos».

Este testimonio sibilino ilustra perfectamente la complejidad de la figura del unicornio, capaz de generar numerosas interpretaciones en el seno de los distintos mensajes mitológicos. Los primeros testimonios sobre este animal fabuloso provienen de Ctesias de Cnido (siglo IV a. de C.); fueron retomados luego por Fozio y presentados más tarde en un resumen:

> Hay en la India unos asnos salvajes del tamaño de un caballo y a veces incluso mayores. Tienen el cuerpo blanco, la cabeza de color púrpura, los ojos azulados y un cuerno en el centro de la frente, de un codo de longitud. La parte inferior de este cuerno, que parte de la frente y asciende dos palmas más arriba, es totalmente blanca; la central es negra, y la parte superior es roja, de un hermoso rojo, y termina en punta. Con ella se fabrican cálices para beber. Quienes los emplean no son víctimas de convulsiones ni de epilepsia ni de envenenamiento, siempre que antes de tomar el veneno o después de tomarlo beban en estos cálices agua, vino o cualquier otra bebida... Este animal es muy fuerte y muy rápido. Ningún caballo ni otro animal pueden atraparlo.

Según una tradición medieval, para capturar al unicornio era necesario tenderle una trampa con una joven virgen que, sentada en un claro, conseguía atraer al animal por su olor. El unicornio aparecía en el bosque y se acostaba a los pies de la joven; los cazadores salían entonces de sus escondrijos y podían capturar con facilidad a la tan ansiada presa. En el *Physiologus* podemos leer una variante de este proceso: «Puesto que el cazador no puede acercarse a él a causa de su extraordinaria fuerza, le presenta a una virgen inmaculada y el animal se abalanza al regazo de la virgen, que lo amamanta y lo lleva al palacio del rey».

A través de estas someras pero claras descripciones, podemos extraer algunos elementos recurrentes que caracterizan al unicornio. El más significativo, más allá del aspecto mismo del animal, es el poder mágico-terapéutico del cuerno, un elemento que lo ha hecho increíblemente importante para los hombres y, poco a poco, fundamental en las prácticas apotropaicas y propiciatorias.

Todo el mito se configura, por tanto, como una amalgama del signo del poder sobrenatural, centrado en la anomalía del poder del cuerno único, y de la diversidad, que genera miedos e incertidumbres. Salvaje, imposible de capturar, terrible y muy dulce, el unicornio siempre ha ocultado el secreto de su origen, y ningún tratado medieval resuelve del todo el misterio de su formación.

La tradición bíblica contribuyó sin duda alguna a proporcionar un apoyo a la difusión del unicornio en el cristianismo. En las obras del Antiguo Testamento se habla del *re'em*, de base etimológica incierta (¿se trata de un gran uro que posee un único cuerno?) y que en algunas versiones griegas (siglo III) fue traducido por *monokeros*, es decir, unicornio. Esta situación ha marcado intensamente la relación simbólica entre el ser humano y el unicornio, hasta llegar a ser un punto de referencia constante de las leyendas occidentales.

El origen del mito, sin embargo, debe buscarse en Oriente, especialmente en China, Persia y la India. Encontramos un rastro en la *Atharvaveda* y en el *Bundahishn* persa, así como en otros relatos que constituyen el panorama mítico-literario oriental. Es en estas obras donde se ha consolidado poco a poco la imagen medieval del unicornio —con sus particularidades y su comportamiento—, caracterizada por una serie de modalidades y efectos simbólicos que han acompañado a esta figura hasta nuestros días. Por tanto, el origen de este animal extraordinario debe buscarse más allá del Ganges, si bien, objetivamente, parece imposible hallar una ubicación exacta.

Según Plinio el Viejo, el unicornio era una especie de monstruo con cabeza de ciervo, patas de elefante, cola de jabalí y cuerpo de caballo, con un largo cuerno negro en la frente. Una descripción bastante compleja y heterogénea que no encuentra confirmación más que en la libertad de interpretación derivada de una imaginación fuera de las referencias concretas de la realidad. César habla de un unicornio que vivía en el bosque Herciniano; Marco Polo lo describe como una bestia grande y fea, pero el viajero infatigable seguramente se refería a los rinocerontes.

Entre los siglos XII y XIII el unicornio halló su dimensión objetiva en el terreno de la imagen, adoptando un aspecto menos híbrido con relación a las descripciones anteriores.

Ya numerosos eruditos del pasado manifestaban cierto escepticismo por los cuernos de unicornio exhibidos en los cursos y los «laboratorios de maravillas». Objetos sorprendentes que Kircher, en su *Mundi subterranei*, consideraba dientes del mar: el primer ejemplo de una interpretación científica más madura establecía una relación directa entre el unicornio mítico y el narval, cetáceo provisto de un largo colmillo de marfil en espiral, que muy probablemente fuera durante mucho tiempo la materia primera de las leyendas sobre el unicornio.

El ave fénix

El ave fénix es un animal mítico particularmente apreciado por la tradición esotérica; en efecto, esta ave posee la capacidad de renacer a partir de sus cenizas. La combustión constituye una especie de itinerario que lo lleva a adquirir un nuevo estatus y se convierte así en una alegoría del proceso alquímico, que, como sabemos, necesita del fuego para llevar a cabo su propio camino simbólico.

La descripción más antigua del ave fénix se remonta a los siglos II y III, y se encuentra en el *Physiologus*:

> Existe en la India un ave llamada fénix; cada quinientos años parte hacia los árboles del Líbano, impregna sus alas de aromas y se anuncia mediante una señal al sacerdote de Heliópolis. [...] El sacerdote, así avisado, llega y cubre el altar con sarmientos de vid: el pájaro entra entonces en Heliópolis cargado de aromas, sube al altar, y el fuego se enciende solo y lo consume. Al día siguiente, el sacerdote, buscando entre las cenizas del altar, descubre un gusano; al siguiente día, encuentra al ave ya adulta, que saluda al sacerdote y regresa a su propia morada. Así pues, si esta ave tiene el poder de matarse y renacer [...] es una imagen de nuestro salvador. Ha descendido del cielo, ha extendido sus alas y las ha presentado cargadas de suaves olores, es decir, de palabras celestiales virtuosas, para que también nosotros crucemos las manos como sacerdotes y hagamos ascender un perfume espiritual por medio de las buenas acciones...

La esfinge

La esfinge, con sus rasgos femeninos, su cuerpo de león y sus alas, aparece en el mito de Edipo. Es una criatura monstruosa, a menudo utilizada en nuestra cultura, sobre todo en las teorías freudianas sobre el famoso complejo de Edipo, el protagonista del mito.

En general, sin embargo, la esfinge recuerda el gran monumento egipcio de Giza que se remonta al siglo III a. de C., y que no guarda ninguna relación con Edipo, cuyo origen data del primer milenio a. de C.

La esfinge ante todo es, desde el punto de vista esotérico, un «guardián de la puerta»: una criatura alegórica cuya función es controlar un acceso con el objetivo de que lo atraviesen sólo quienes tienen derecho a hacerlo.

Los círculos de los sembrados

Los misteriosos círculos trazados en los campos cultivados *(crop circles)* —y más raramente en los prados— han llamado la atención de la opinión pública, en particular estas últimas décadas, cuando los medios de comunicación han empezado a hablar de ellos.

A pesar de su nombre genérico, los «círculos» presentan múltiples formas, a menudo muy articuladas, y representan figuras geométricas complejas cuyo significado simbólico se presta a interpretaciones diversas. Sin embargo, hay algo que sí es cierto: existen numerosos mitos que recogen como tema el «demonio del trigo», «la guadañadora», «la anciana del trigo» o «el ángel del trigo». Los *crop circles*, o círculos de los sembrados, también nos recuerdan los legendarios «círculos de las hadas», que se habrían formado donde se encontraban las criaturas míticas.

Los primeros casos ampliamente debatidos se remontan a la década de 1970; se produje-

El más antiguo de los círculos de los sembrados, que es inglés y se remonta a 1678, fue atribuido al diablo

ron inicialmente en Inglaterra, y desde entonces han sido localizados en muchos otros países: Alemania, Italia, Estados Unidos, Australia...

Según la opinión de algunos especialistas, se trataría de un mensaje esotérico procedente de inteligencias extraterrestres; para otros, en cambio, sería la obra de experiencias de *land art*, o arte en el paisaje, también denominado *earth art*, arte en la tierra. Es una corriente particularmente activa en Estados Unidos, que se refiere:

> [...] no a la escultura o a la pintura primitivas, sino a esquemas organizativos de las sociedades tribales y prehistóricas, a las ideas relacionadas con las estructuras del pensamiento y de la fe primitivos, o a expresiones colectivas como la arquitectura y la danza. Sistemas religiosos perdidos, nuevas ideas sobre el espíritu primitivo, monumentos enigmáticos como Stonehenge han ocupado en general el lugar de los diferentes objetos como fuente dominante de inspiración de los artistas primitivos.[19]

Los miembros del *land art* intervienen directamente en el territorio utilizando a menudo materiales naturales estructurados según esquemas monumentales, pero que, en primer lugar, son sostenidos por fuertes valores simbólicos. El círculo más grande apareció en Inglaterra, en Milk Hill, el 13 de agosto de 2001: mide trescientos metros de diámetro y está constituido por unas cuatrocientas figuras circulares concéntricas. Estas obras comportan un despliegue de energía que no puede haber pasado por alto a los habitantes de las regiones que rodean el lugar de los *crop circles*.

En algunos aspectos, se pueden catalogar dentro de la familia de las enigmáticas «pistas» de Nazca (Perú) o, para no alejarnos demasiado de Europa, de grandes figuras como el caballo de Uffington en Oxfordshire o el gigante de Windover en Wilmington (Sussex).

Para todas estas obras, y en particular para los círculos de los sembrados, dada su complejidad gráfica, el ángulo de observación tiene una gran influencia. Son obras que desvelan su significado únicamente si son observadas desde el cielo.

Para Adriano Forgione, especialista en lo insólito, en los dibujos constituidos por los *crop circles* habría un lenguaje esotérico estrechamente vinculado a la geometría sagrada, que tiene conexiones con el simbolismo de la alquimia y del hermetismo. Forgione ha demostrado en su libro *Scienza, mistica e alchimia dei Cerchi nel Grano* que muchas de las formas halladas en los campos y los prados son de origen misterioso, ya que presentan una estructura geométrica que no se debe al azar, sino que recuerda formas y símbolos recurrentes en las religiones y el esoterismo. Desde el nudo de Salomón hasta la espiral, desde las «flores» del mandala tibetano hasta la rueda solar, desde los dibujos alquímicos hasta el árbol sefirótico, el amplio corpus de los *crop circles* comporta tal cantidad de símbolos que no se puede ignorar esta dimensión. En este sentido, podemos avanzar algunas conjeturas:

---

19. K. Varnedoe, «Esplorazioni contemporanee», en W. Rubin, *Primitivismo nell'arte del XXe secolo*, Milán, 1985.

- «quien» ha realizado los círculos de los sembrados no se ha limitado a responder a instancias «creativas», sino que parece que a menudo se ha servido de un lenguaje esotérico accesible sólo a determinados individuos;
- el recurso a este patrimonio simbólico presupone la existencia de una red compleja y, por consiguiente, de una «organización» que actúa con fines específicos;
- la complejidad de las formas supone un proyecto articulado todavía hoy sin desvelar;
- puesto que el folclore del pasado (orígenes del siglo XVIII) hizo referencia a casos similares al de los *crop circles*, no se entiende por qué no empezó a revestir importancia hasta la década de 1970.

En la óptica New Age, algunos han sugerido que los círculos de los sembrados sean considerados un lenguaje simbólico, directamente transmitido de la Tierra a los hombres. En realidad, una especie de advertencia destinada a recordar a todos los seres humanos el grave estado de salud en el que se encuentra nuestro planeta bajo el peso devastador de la contaminación. Un lenguaje esotérico, por tanto, marcado por un aspecto escatológico, que, sin embargo, parece difícil de comprender en vistas del tipo de alfabeto cifrado utilizado para comunicar.

Son muchos los especialistas, en particular anglosajones, que interpretan este fenómeno no como la obra de extraterrestres, sino como la acción de una inteligencia exclusivamente vibratoria establecida en un plano vibratorio (una octava) superior al ocupado por nuestra realidad. Una inteligencia de pura luz, expresión de un espíritu macroscópico, que se expresa geométricamente y del que las matemáticas y la geometría son los lenguajes divinos.

Una hipótesis que, según Forgione, «no es ciencia ficción, sino que halla respuestas precisas en la física cuántica».

Lugares esotéricos

El vínculo entre la arquitectura sagrada y el esoterismo proviene de tradiciones antiguas: el ser humano siempre ha buscado y hallado relaciones más o menos racionales entre la arquitectura de templos e iglesias —incluida la decoración— y el lenguaje simbólico de lo sagrado. Un lenguaje que, según la opinión de muchos expertos, se expresaría, sobre todo, a través de manifestaciones multiformes del esoterismo. En efecto, si prestamos atención a las interpretaciones proporcionadas por los eruditos del simbolismo hermético, descubrimos que un edificio sagrado estaría constituido por dos aspectos: uno dirigido a los fieles, que ven en él el lugar de culto y celebración; y el otro, en cambio, perceptible únicamente por quienes saben mirar más allá de la apariencia de las cosas.

Desde el punto de vista esotérico, el espacio del templo contiene mensajes que implican significados no únicamente religiosos, sino también vinculados a la alquimia, los conocimientos filosóficos ocultos y el universo magmático de los mitos. Todo ello constituye un lenguaje accesible sólo para los iniciados y su contenido forma parte de un proyecto que la mayoría de nosotros no conseguiría percibir sin ser oportunamente guiado.

> Sabemos con certeza que los edificios religiosos del pasado, las iglesias medievales, por ejemplo, son construidos según planos que les confieren un significado esotérico. ¿Han querido las Iglesias conservar el recuerdo de las religiones mistéricas que las precedieron? ¿O quizá son las cofradías y los constructores quienes han transmitido los modelos paganos? No lo sabemos. Pero no podemos ocultar que la logia francmasona, las de algunas sociedades secretas y la iglesia medieval presentan curiosas analogías.[20]

Una declaración de este tipo nos sitúa en la condición de considerar el edificio sagrado con mayor curiosidad, pero sobre todo nos vuelve conscientes de la necesidad de integrar también los más pequeños detalles, aparentemente sin significado, en una perspectiva de análisis más amplia.

El espacio del templo, por tanto, es un lugar sagrado, separado y aislado del exterior, que en general está considerado el caos. Para el esoterista, el templo refleja la imagen del cosmos: en él reencuentra los símbolos a través de los cuales

---

20. A. Nataf, *I maestri dell'occulto*, Roma, 1991, p. 104.

es posible reconstruir una trayectoria iniciática en la que nada se deja al azar y en la que la arquitectura y su decoración se estructuran según un camino preestablecido.

El templo iniciático puede ser caracterizado por determinados elementos inacabados o por una ligera falta de armonía, que, para los esoteristas, sería el indicador de la imperfección humana (interpretación religiosa). No obstante, una prerrogativa así puede ser la expresión de su valor como lugar en el que se hace el «trabajo» de búsqueda de la perfección (interpretación iniciática) en varias etapas simbolizadas por el lenguaje arquitectónico.

Los espacios «sagrados»

La arquitectura religiosa, tanto si se trata de construcciones simples como de megalitos o conjuntos más articulados, como el santuario de Angkor, en Camboya, constituye una parte importante del culto. Y, sin embargo, dicha presencia podría ser una paradoja, puesto que la práctica de la religión no requiere ninguna estructura arquitectónica para conferir sentido a su propio credo. En efecto, una gran parte de las religiones pueden desarrollar sus celebraciones en ámbitos que no están necesariamente relacionados con la práctica exclusiva del culto. A pesar de ello, todas las religiones han experimentado la necesidad de poseer edi-

El arca de la alianza

El arca de la alianza es uno de los múltiples símbolos sagrados evocados a menudo por los esoteristas; en ella se conservaban las Tablas de la Ley. Desde el punto de vista físico, se presentaba como una caja de madera de 12,5 x 67,5 x 67,5 cm, revestida de oro tanto por el exterior como por el interior. Era transportada por medio de cuatro postes fijados a otros tantos ángeles esculpidos en los bordes del arca. La tapa también estaba cubierta de oro y era denominada «propiciatorio»: este término procede del rito anual de expiación efectuado por el gran sacerdote, que entraba en el sanctasanctórum del santuario para rociar el cofre sagrado con la sangre de las víctimas sacrificadas. Sobre la tapa aparecían representados dos querubines que protegían simbólicamente el contenido, constituido, además de por las Tablas de la Ley, por una medida de maná y el cetro de Aarón (Éxodo 25, 16).
El arca fue construida por Moisés por orden de Dios durante el peregrinaje por el desierto (Éxodo 25) y acompañó al pueblo, simbolizando la presencia de Yahvé. Con la destrucción del templo de Jerusalén (587 a. de C.), la valiosa reliquia desapareció para siempre. De ahí proceden las leyendas y los mitos sobre su emplazamiento, pero, sobre todo, acerca de la naturaleza de su contenido. Según algunos eruditos, el arca oculta una misteriosa fuente de energía que, en el lenguaje simbólico de la Biblia, expresa todo su poder destructor hacia quienes piensan profanar su sacralidad.

ficios dedicados al culto, en los que prevalece la referencia a la idea de hogar. Para los judíos, es el *heit Elohim* («casa de Dios»); en los hinduistas domina el *devalaya* («residencia de Dios»); incluso el templo de los japoneses puede ser traducido por «casa»; el monte Kilimanjaro, entre Kenia y Tanzania, es designado por los masais como «casa de Dios».

El templo, que, con motivo del lugar preeminente que ocupa, se convierte en lugar de encuentro (por ejemplo, *domus ecclesiae*, o sinagoga, que deriva del griego *sunagogê*, «reunión»), contiene a menudo determinados símbolos en los que se manifiesta la presencia divina; el ejemplo más notable es el del arca de la alianza.

El templo asume esotéricamente la función alegórica de la vinculación de los hombres con la divinidad. Así, el zigurat babilónico es «la casa de unión entre el cielo y la tierra»; la Kaaba de La Meca es el *axis mundi* de la cosmología islámica; el pináculo del stupa budista es designado como una especie de lugar de paso y de elemento de contacto entre la dimensión humana y la dimensión divina.

Por muy simple y arcaica que pueda ser la religión, el templo, con su estructura, se convierte en el lugar en el que Dios y los hombres se aproximan. Sin embargo, ante todo es el espacio donde lo divino ha dejado señales. Estas señales pueden ser tangibles y se designan como «pruebas»: por ejemplo, la piedra negra, conservada en la Kaaba, o rastros invisibles, como el agujero en la roca creado por el ángel del Señor en la gruta de Patmos, donde San Juan recibió el Apocalipsis. No obstante, se trata sobre todo de indicios esotéricos que fascinan a los especialistas. Así entran en juego los decorados, la orientación, las alegorías por las que sólo el iniciado descubre un itinerario salpicado por el lenguaje de los símbolos.

Y es que, reforzando su interpretación con la autoridad del Nuevo Testamento, los esoteristas subrayan que «el Altísimo no vive en las edificaciones creadas por la mano del hombre» (Hechos de los Apóstoles 7, 48).

Además, existen testimonios e indicios que dan un sentido histórico a la presencia de Dios en el interior del templo. Los más populares son las reliquias y los signos: por ejemplo, la huella del pie de Visnú en el templo de Hardwar en la India, la de San Pedro en Roma o la de Gautama en el monte Adán, en Sri Lanka. Sin embargo, también hay rastros más complejos, como la decoración de las fachadas, los capiteles, las esculturas, todo un patrimonio de símbolos que sólo algunos expertos afirman saber interpretar confiriéndoles la naturaleza de una especie de libro de piedra.

El gabinete de trabajo

Así fue como en 1513 Nicolás Maquiavelo describía las sensaciones producidas por su agradable aislamiento en su gabinete de trabajo *(cabinet de travail)*, un espacio típico del Renacimiento y presente en las casas de nobles e intelectuales:

> Al caer la noche, regreso a mi casa y entro en mi despacho; en el umbral, me quito mi ropa de cada día, llena de lodo y tierra, y me visto con mi ropa real y solemne, y, así vestido, entro en los patios antiguos de los hombres antiguos [...] y, durante cuatro horas, no tengo

ninguna preocupación; olvido toda ansiedad, no temo a la pobreza, no me dejo atemorizar por la muerte; me desplazo totalmente en ellos.

El gabinete de trabajo era una estancia dedicada principalmente a actividades como la lectura y la escritura, pero que, debido a su ubicación aislada y a su entorno, solía estar sumida en un ambiente esotérico.

Normalmente, este lugar estaba decorado con figuras alegóricas variadas, de modo que se estructuraban a lo largo de un recorrido simbólico que conservaba significados poco comprensibles. El recurso a personajes de la mitología clásica era frecuente, y respondía, en este exiguo espacio, a la interpretación intelectual que el propietario confería a su trabajo y a sus meditaciones.

Los libros hacían que el gabinete de trabajo fuese todavía más esotérico, así como los manuscritos y, sobre todo, las pinturas y la gran cantidad de objetos «raros».

Instrumentos científicos y fósiles hallados en excavaciones arqueológicas y zoológicas constituían el núcleo de la imagen esotérica del gabinete de trabajo, que, a partir de finales del siglo XVI, se transformaría en *Wunderkammer*, gabinete de las maravillas, que, entre seudociencia y pasión por lo insólito y lo exótico, puede ser considerado como el más arcaico de los modelos de exposiciones a partir del cual se ha desarrollado el museo moderno de ciencias naturales.

LA FUNDACIÓN DE LA CIUDAD

La tradición esotérica sostiene que el lugar en el que se construye una ciudad nunca es elegido por casualidad, simbólicamente hablando; además, su fundación suele ir marcada por una forma de ritualización articulada y destinada a destacar los aspectos que gobernaban la relación entre el espacio y lo sagrado.

En general, bajo la óptica esotérica, los rituales relacionados con la erección de una construcción arquitectónica, o de un complejo más amplio, comprenden técnicas adivinatorias que tienden a verificar que la elección es aprobada por los dioses y los espíritus. En suma, una prueba destinada a demostrar que existe una relación entre el ser humano y lo sobrenatural. Una afirmación así atribuye a la construcción arquitectónica un aura sagrada destinada a caracterizar para siempre su estructura.

Esta particularidad es subrayada por dos claves de lectura: una puramente esotérica y otra dentro del ámbito de la antropología religiosa. En el primer caso, la construcción (casi siempre un templo, una tumba o un lugar vinculado al culto) es considerada una especie de libro teológico, un texto con un lenguaje simbólico que se despliega en las formas arquitectónicas y las decoraciones (como en el caso de las catedrales medievales), y, por tanto, su significado resulta accesible sólo para un reducido número de personas, aunque estas estén alejadas en el tiempo y en el espacio.

En el segundo caso, en cambio, el valor sagrado del lugar es conocido por toda la comunidad, y no hay mensajes codificados (por ejemplo, un cementerio o una iglesia de los cuales se considere únicamente el papel religioso). Incluso en este caso, en el seno del edificio, en el conjunto arquitectónico o urbano, puede haber también símbolos, pero su significado oficial no es conocido y, sobre todo, su comprensión no se limita exclusivamente a un círculo reducido de personas. Todos los que pretenden conocer este contenido pueden hacerlo. Por consiguiente, el significado, en este caso, se denomina «exotérico», es decir, que no está dedicado a los iniciados.

El bosque sagrado de Bomarzo

En el siglo XVI, el noble Vicino Orsini mandó crear en Bomarzo, una antigua localidad de origen etrusco, un parque singular que la tradición popular ha bautizado como Parque de los Monstruos. Este lugar, dominado por un profundo simbolismo, se halla en la provincia de Viterbo (Italia) y está constituido por un conjunto de estatuas y de construcciones extrañas, con una disposición particular dentro de un entorno natural.

Hay esculturas de tradición mitológica junto a otras cuyo significado esotérico es claro, aun cuando no sabemos con precisión lo que el noble Orsini deseaba transmitir a la posteridad.

Un ejemplo emblemático lo representa la casa colgante, que no se caracteriza por esta posición extravagante, que podría deberse al relieve, sino por la voluntad del arquitecto. Sin duda alguna, la intención fue ofrecer al visitante una profunda alteración de la realidad, con el propósito de hacerle reflexionar sobre los puntos de referencia a los que los hombres confiamos nuestro enfoque del entorno que nos rodea. Probablemente Orsini quiso introducir en el espíritu de los visitantes esta sensación de extrañeza típica del impacto con la cultura esotérica, obligando a observar el mundo desde un punto de vista original, transgrediendo las normas y destruyendo los lugares comunes.

Y, de hecho, lo consiguió al proponer una sucesión de figuras alegóricas, de animales llenos de misterio, al menos para la época, como la tortuga y el elefante. Estos dos animales están coronados por estructuras verticales: el primero, por una columna sobre la que se halla la Victoria alada, y el segundo, por una torre.

Tampoco faltan figuras como Cerbero, un dragón que devora a otras criaturas, y los leones furiosos, que, aunque han sufrido los azotes del tiempo, después de cuatrocientos cincuenta años siguen despertando mucha inquietud.

Según muchos especialistas en hermetismo, el parque de Bomarzo podría representar una especie de recorrido alquímico. Por tanto, podríamos aventurar la hipótesis de que Vicino Orsini quiso transferir, con esta amalgama de arte y naturaleza, una especie de tratado que toma como fundamento primero el lenguaje de la alquimia, arte dedicado a la transformación del ser humano y al intento insaciable de anteponer imágenes que derivan de la visión y del sueño, alimentando sus miedos y sus creencias. El resultado está ahí, ante los ojos de todos, pero expuesto de manera que sólo es accesible para aquellos que desean conocer realmente, dejándose llevar por los laberintos de la especulación filosófica.

Cada figura propone una referencia literaria: de Dante a Pulci y de Ariosto a Taso. Así pues, el papel de este misterioso parque, que subraya el entorno alegórico del jardín, es obligar al visitante a reflexionar y evaluar continuamente el espacio en el que vive, para conseguir, al fin, una simbiosis entre él mismo y la naturaleza, entre la criatura evolucionada y el entorno, en sus representaciones y alegorías.

El secreto de las catedrales

El simbolismo hermético de las catedrales es uno de los temas más recurrentes del esoterismo, sobre el cual se ha escrito mucho. En lo referente a los aspectos de base, hemos propuesto una visión de conjunto en una obra anterior, y en esta ocasión vamos a volver sobre nuestras reflexiones ofreciendo una serie de datos necesarios para empezar a comprender las amplias lecturas especializadas.[21] Lecturas que en algunos casos son algo confusas y parecen destinadas a no ofrecer nunca una definición precisa.

Además, en numerosas ocasiones, el lenguaje que caracteriza estas publicaciones se dirige a quienes están acostumbrados a estos trabajos (esotéricos) y, por tanto, es difícil de descifrar por los historiadores del arte o cualquier inexperto. Por tanto, intentaremos aclarar determinados puntos que pueden ser considerados la base a partir de la cual se ha afirmado la tradición del papel esotérico de las catedrales medievales.

Para empezar, intentaremos definir exactamente qué es una catedral. Desde el punto de vista estrictamente técnico, es la iglesia principal de la diócesis, aquella en la que se encuentra la cátedra del obispo. También suele ser el edificio más elaborado desde el punto de vista arquitectónico y artístico, capaz de dar una imagen muy clara de la cultura y la teología del periodo durante el cual ha sido erigida.

Hasta aquí, los aspectos generales. Pasemos ahora a las características esotéricas. En primer lugar, revisaremos la opinión de un gran especialista, Jean Hani:

> En el pensamiento tradicional, en efecto, la concepción del templo nunca es dejada a la libre inspiración del arquitecto, sino que es ofrecida al propio Dios. En otras palabras, el templo terrestre es realizado en conformidad con un arquetipo celestial comunicado a los hombres por la intercesión de un profeta, y eso es lo que funda legítimamente la tradición arquitectónica.[22]

Los esoteristas insisten en el hecho de que la matriz mística, en el origen de la construcción sagrada, ha sido codificada por un lenguaje armonioso regulado por una relación precisa entre las formas. La comprensión de una relación así permite, a quienes se muestran capaces de descodificarla, remontarse a los significados simbólicos más antiguos, insertados por los arquitectos medievales en

---

21. Para profundizar más en el tema, véase M. Centini, *El simbolismo esotérico*, De Vecchi, 2004.
22. J. Hani, *Il simbolismo del templo cristiano*, Rome, 1996, p. 23.

> ### EL ARQUITECTO DIVINO
> La tesis de la inspiración divina, en la base de la arquitectura, encuentra una formulación precisa en el Antiguo Testamento. Por ejemplo, en el Éxodo se dice que Beseleel y Ooliab fueron llenados por el espíritu de Dios de «inteligencia para ejecutar todas las obras» (Éxodo 35, 35); pero también le hicieron un «santuario, para poder morar entre ellos» (Éxodo 25, 8).
> Los judíos utilizaban una tienda especial como lugar de manifestación de Dios. Aquella tienda, que en la tradición de la Vulgata se convierte en un «tabernáculo», provocando algunas confusiones terminológicas, es el espacio en el que Moisés se puede comunicar con Dios.
> Y en lo que respecta a la inspiración divina como origen del templo, cabe recordar la visión del profeta Ezequiel, en la que están presentes algunos de los elementos (medidas, proporciones, ubicación...) que encontramos con frecuencia en la literatura esotérica: «Tú, hijo del hombre [Ezequiel], describe el templo de la casa de Israel. [...] Dales a conocer el plano del templo, su mobiliario, sus salidas y entradas, todo el plano y todas las reglas relativas. Escribe su plano y sus instrucciones bajo sus ojos» (Ezequiel 43, 10-11).
> Los conceptos relativos a la relación entre arquitectura y divinidad también han sido retomados en el cristianismo: San Pablo, por ejemplo, en su *Historia ecclesiastica*, cuando describe la iglesia de Tiro subraya que el edificio había sido construido «siguiendo las descripciones proporcionadas por los santos oráculos». Igualmente, en *Pastore d'Erma*, una de las primera obras de la literatura cristina, que se remonta al año 140 a. de C., el autor tiene una visión de la «obra» de la iglesia destinada a convertirse en un punto fuerte del cristianismo: un edificio así es representado por una gran torre en construcción en la que las diferentes órdenes de los santos aparecen indicadas por los distintos tipos de piedra.

las estructuras del templo. El más elemental está constituido por la orientación del edificio. En efecto:

> [...] la orientación formaba parte integrante del rito de fundación por medio del trazado del círculo director de los ejes cardinales. La iglesia cristiana está orientada ritualmente según la dirección oeste-este con la cabeza (el ábside) vuelta hacia el este. Se trata de una tradición que se ha verificado desde la más remota Antigüedad. Las construcciones apostólicas, que tal vez no se remontan a los propios apóstoles, pero que, en cualquier caso, reflejan las costumbres más antiguas, imponen la orientación de las iglesias.[23]

La orientación ritual de la plegaria, todavía muy viva en algunas religiones (por ejemplo, en el islam), fue también una prerrogativa para el cristianismo. Santo Tomas de Aquino (1225-1274) subrayaba:

---

23. J. Hani, *op. cit.*, p. 49.

> Es preferible que adoremos con el rostro vuelto a oriente: en primer lugar, para mostrar la majestad de Dios, que nos es manifestada por medio del movimiento del cielo, que se inicia en oriente; en segundo lugar, porque el Paraíso terrenal se encontraba en oriente y pretendemos regresar a él; en tercer lugar, porque Cristo, que es la luz del mundo, es llamado Oriente por el profeta Zacarías y porque, según Daniel, ascendió al cielo en oriente; y, por último, porque Él regresará de oriente, como anuncian las palabras del Evangelio.

El cruce entre el transepto (la nave transversal) y la nave central constituye una cruz latina (el eje vertical más largo que el eje horizontal, situado a un tercio) que puede ser considerada la síntesis de la representación del hombre de pie con los brazos abiertos.

«Según Hildegarda de Bingen, el hombre, en su longitud y su anchura, con los brazos abiertos, se inscribe en dos series iguales y perpendiculares de cinco cuadrados iguales y, por último, en un cuadrado perfecto».[24] Desde este punto de vista se explica la tesis esotérica que designa el plano de las catedrales como la síntesis de la perfección y el equilibrio.

Los especialistas del simbolismo esotérico de las catedrales van, más o menos, en este sentido y adoptan una visión todavía fuertemente influenciada por el mensaje cristiano. Veamos lo que afirma A. Nataf: «La cruz latina constituye por sí sola la clave de las doctrinas metafísicas del cristianismo. ¿De qué modo? No como símbolo del suplicio de Cristo, sino como el de la muerte del adepto».[25]

Naturalmente, quienes imaginaban y construían una catedral sin duda poseían un conocimiento profundo sobre historia de las religiones y esoterismo; además, los arquitectos y los ingenieros debían tener una gran capacidad para recoger en una única estructura arquitectónica contenidos y conocimientos que podían ser muy dispares.

La catedral gótica

> Para construir la catedral gótica o, mejor, para seguir la ciencia de la luz es realmente necesario haber estudiado mucho. La catedral, como los templos griegos y romanos, responde a reglas que no se pueden modificar, es decir, a la magia de los números.
> Por tanto, hay que conocer la jerga, el argot, o el lenguaje secreto, para ser constructor y reproducir sus efectos. No es de escasa consideración el hecho de que, gracias al lenguaje secreto de los constructores, haya nacido un monumento tan al alcance del pueblo.
> Este sistema de formas, proporciones y números era tan visible en los planos como en la elevación de los edificios. Existían técnicas geométricas precisas para pasar de los planos a la elevación, es decir, de las dos dimensiones lineales a la tercera dimensión.[26]

El arte gótico, que, en sustancia, revoluciona la inmovilidad del arte románico al imponer a las formas una dinámica extraordinaria, ¿sería, por tanto, la expresión

---

24. J. Hani, *op. cit.*, p. 45.
25. A. Nataf, *op. cit.*, p. 44.
26. A. Roversi Monaco, *Les secrets des cathédrales*, Éditions De Vecchi, 2000.

de un lenguaje secreto, un dialecto para algunos iniciados? Es la hipótesis con mayor crédito entre los esoteristas, y se opone, naturalmente, a la visión más racional de los historiadores.

Si seguimos tirando del hilo del simbolismo esotérico, estaremos frente a otra tesis que explica el origen del término *gótico*.

> *Gótico* procedería de *goêtia* («magia»), del griego *goês* («brujo»), *goêtis* («hechizo»), *goêteuô* («fascinar»). Es un arte de maleficio, de engatusamiento; el término es directo. Sin duda habría mucho más que decir sobre este maleficio, sobre esta maquinación, sobre esta implicación, y al mismo tiempo sobre esta sumisión: este paso de lo lineal a la curva; de una geometría lineal, terrestre, a una geometría curva y cósmica... Recordemos simplemente la idea de acción mágica. Es un arte *goético*.[27]

Tal vez Victor Hugo tenía razón cuando escribía: «La catedral es como un libro de piedra y de vidrio historiado». Frente a obras maestras como las de Amiens, Chartres o Notre-Dame de París es difícil no dejarse transportar por la fantasía y no ceder a la tentación de buscar, en medio de los rosetones, de los capiteles y de las esculturas fantásticas, «otro mensaje», incomprensible si no se acepta la idea de que los constructores han tenido, en un principio, el deseo de comunicar algo más profundo. Quizá sean precisamente estos valores vinculados a lo sagrado los que llevan desde siempre a los esoteristas a buscar indicios místicos en las catedrales, que pueden percibirse a través de los símbolos y que sólo son accesibles para quienes están dispuestos a ver más allá de las apariencias; a superar las bases de las convenciones culturales a las que el esoterismo se opone con sus propias verdades revestidas de misterio y antiguos conocimientos ignorados por la mayoría de las personas.

Un valioso manual

Los datos contemporáneos sobre el simbolismo esotérico de las catedrales son pocos; y es que la gran mayoría de las interpretaciones se remonta al siglo XIX. Por ello hay que tener en cuenta la importancia de la conservación del valioso texto de Guillaume Durand (h. 1230-1296) *Manual para entender el significado simbólico de las catedrales y las iglesias*.

Guillaume Durand nació en Puimisson, en las proximidades de Béziers (Francia). Fue canónigo en la catedral de Naguelone y profesor de derecho en Bolonia y Módena; en 1265 fue nombrado capellán por el papa Clemente IV. En 1285 fue nombrado obispo de Mende.

En su libro, parte de la hipótesis de que el lenguaje cristiano está marcado por numerosos aspectos esotéricos; en efecto: «Muchas verdades que no vemos están ocultas en la sombra».

---

27. L. Charpentier, *Les Mystères de la cathédrale de Chartres*, Robert Laffont, 1995.

Al hablar explícitamente del edificio sagrado, Durand ponía de relieve el carácter esotérico de numerosas arquitecturas, subrayando sobre todo la necesidad que tenía el hombre de fe de comprender los significados más ocultos. Si seguimos su visión:

> Todas las cosas que pertenecen a los oficios, a las costumbres o a los ornamentos de la iglesia están llenas de figuras divinas y de misterio, y cada una de ellas en particular rebosa dulzura celestial, siempre que la persona las examine con atención y amor, y sepa extraer la miel de la piedra y el aceite de la roca más dura.

El libro de Durand ofrece para cada parte estructural y decorativa de la catedral una interpretación profunda que intenta penetrar en los significados más ocultos. Analiza aspectos fundamentales, como la forma, la orientación y los materiales, pero también se detiene en características menores, aparentemente sin significado, como por ejemplo las tejas, los escalones o las rejas. El resultado es un manual importante, todavía hoy, para quienes intentan observar atentamente una catedral en sus aspectos menos obvios, pero no por ello carentes de interés.

Entre los más de ciento sesenta artículos que constituyen el *Manual para entender el significado simbólico de las catedrales y las iglesias*, mostramos a continuación un ejemplo particularmente instructivo para nuestra obra:

> La iglesia se erige sobre cuatro murallas. En otras palabras, se eleva a través de la doctrina de los cuatro Evangelios. Es larga, ancha y se yergue hacia lo alto, es decir, hacia las virtudes más elevadas; su longitud es la longanimidad que acepta pacientemente los obstáculos hasta el día en que alcanzará la patria celestial; su anchura es la caridad, que, al desarrollar y extender el alma de los hombres, ama con ternura a sus propios amigos en Dios y a sus propios enemigos para Dios; la altura de la nave es la esperanza de la recompensa futura que le hace despreciar la felicidad y el dolor de este mundo, hasta que vea los bienes del Señor en la tierra de los vivos.

El «SATOR» Y LA CONSTRUCCIÓN SAGRADA

En algunas edificaciones, no necesariamente parecidas y que no tienen por qué remontarse a los periodos comprendidos entre los primeros años del cristianismo y el siglo XVIII, es posible hallar un cuadrado en el que aparecen escritas las letras que determinan la construcción siguiente:

```
S A T O R
A R E P O
T E N E T
O P E R A
R O T A S
```

La frase latina *SATOR AREPO TENET OPERA ROTAS* puede leerse tanto de izquierda a derecha como de derecha a izquierda sin alterar el sentido. Y lo mismo ocurre si es leída de arriba abajo o viceversa.

Además, la palabra *TENET*, que está en el centro de este singular palíndromo, constituye una especie de cruz:

T
E
TENET
E
T

Constituyendo el anagrama de las letras restantes, podemos formar la frase:

A PATERNOSTER O

(en la que la A y la O indican la alfa y la omega, el principio y el fin).

Los términos que constituyen este escrito son todos conocidos, con excepción de *AREPO*, que se supone que puede ser considerado un nombre propio.

A partir de esta premisa, el cuadrado puede ser traducido como sigue:

El sembrador *AREPO* utiliza las ruedas

Según Paolo Cortesi, un especialista de los significados más ocultos de la tradición hermética:

> Si desarrollamos la hipótesis según la cual el cuadrado literal es un símbolo secreto para los cristianos, leeremos la frase como un himno a Dios (*SATOR*, el sembrador por excelencia) que gobierna *(TENET)* las acciones de los hombres *(OPERA)* y el movimiento de los astros *(ROTAS)*. Esta interpretación tiene en cuenta el hecho de que las líneas centrales forman una cruz, según la cual tanto la estructura gráfica, como el sentido del mensaje, remiten al ámbito cristiano.[28]

El SATOR se ha descubierto en numerosas localidades, desde Inglaterra hasta Pompeya, pasando por Francia, concretamente en los castillos de Rochemaure, Chinon y Jarnac; también está presente en Santiago de Compostela y en varias iglesias italianas. Según la opinión del ilustre Athanasius Kircher (1601-1680), este extraño cuadrado estaba presente en determinadas construcciones de Arabia, Nubia y Etiopía. El descubrimiento del cuadrado SATOR en lugares tan alejados entre sí geográficamente ha hecho particularmente problemática la interpretación de este símbolo que parece vinculado a la tradición esotérica cristiana, con todas las cuestiones prejuiciales que una atribución así determina. De hecho, no faltan teorías contradictorias:

---

28. P. Cortesi, *Manoscritti segreti*, Roma, 2003, p. 84.

Si consideramos *AREPO* un verbo griego común compuesto del prefijo *AR-*, que significa «al comienzo», y del verbo *EPO*, que quiere decir «íntimo a que», «creo», el cuadrado parece comunicar un mensaje que no es cristiano, sino gnóstico: yo, sembrador, creo, él gobierna la materia y tú (hombre) haces rodar. El creador habla en primera persona a la manera de la revelación bíblica: Yo soy tu Dios, y por tanto hacemos alusión a un señor de la materia creada que podría ser el Demiurgo gnóstico, para alcanzar la criatura hombre que, con su existencia, lleva a cabo un camino rotatorio de Dios a su creador, punto de partida y de llegada. El palíndromo se revela como un credo gnóstico, escrito en una mezcla de griego y latín, en armonía perfecta con las diferentes doctrinas practicadas por esta secta, al parecer de origen precristiano.[29]

En definitiva, el SATOR constituye un pequeño misterio destinado a sorprender y a fascinar a los eruditos de todas las épocas. Este símbolo es, sin duda, una de las expresiones más significativas del lenguaje esotérico que une elementos típicos de la religión con otros de tradición hermética cuyo dominio específico es aprehendido en alquimia. Como en el caso de la extraordinaria Puerta mágica de Roma, que, a unos siglos de distancia, todavía hoy es un enigma para los especialistas.

La Puerta mágica de Roma

La Puerta mágica de Roma es un auténtico ejemplo de arte alquímico. Esta obra, que se remonta al siglo XVII, fue encargada por un noble romano estudiante de alquimia, Massimiliano Palombara, que en 1680 la hizo colocar a la entrada de su jardín en la colina del Esquilino.

La Puerta mágica se caracteriza por toda una serie de signos y escrituras cuyo significado es aparentemente misterioso: para descifrar su contenido, hay que ser un excelente conocedor del lenguaje esotérico.

El interés del marqués por esta ciencia no era un misterio para nadie: en 1656, el noble romano escribió una obra esotérica, *La mentira*, en la que reunió toda una serie de mensajes simbólicos elaborados a partir de los análisis hechos desde su más tierna edad.

La tradición antigua, confortada por las más recientes investigaciones historiográficas, ponía en correlación los grabados de la Puerta mágica con la visita de un misterioso «peregrino» que, hacia 1680, encontró a Palombara y realizó en su laboratorio la transmutación del plomo en oro. En aquella ocasión, el marqués mandó grabar «en la pequeña puerta de la calle, frente a San Eusebio» los signos enigmáticos que el «peregrino» le designó y en los que estaría contenido el secreto de la ciencia alquímica.

En realidad, resulta difícil establecer cómo se desarrollaron los hechos, pero, gracias a la gran cantidad de información que poseemos sobre la vida de Palombara, hemos de constatar necesariamente que toda la historia entra en el marco de la experiencia hermética del marqués. En cualquier caso, es probable que la

---

29. A. Giacobini, *Il libro dei segni sulle pietre*, Carmagnola, 2001, pp. 63 y 64.

> **EL TEMPLO DE JERUSALÉN**
>
> La construcción del templo de Jerusalén, dedicado al dios hebreo nacional, se inició alrededor del año 970 a. de C., y los trabajos duraron siete años. El templo, dirigido hacia oriente, se erguía sobre la colina de Moria y estaba constituido por tres espacios: el vestíbulo, la sala y el sanctasanctórum. El vestíbulo acogía la cantina, el altar para los aromas y los diez candelabros de oro. En el sanctasanctórum, la parte más oculta del templo, se hallaba el arca de la alianza, a la que sólo el sumo sacerdote tenía acceso una vez al año (el día del Kippur). El templo de Jerusalén fue reformado y saqueado en varias ocasiones; en el año 587 a. de C. quedó reducido a escombros a causa de la destrucción de la ciudad por parte de las tropas de Nabucodonosor, pero fue reconstruido al regresar los judíos del exilio en el año 516 a. de C. Con la llegada del rey seleúcida Antíoco IV, el templo, en el que ya no quedaba ni rastro del arca de la alianza, fue transformado y dedicado al culto de Zeus. En el año 165 a. de C., fue purificado y consagrado por Judas Macabeo, y luego, aproximadamente un siglo más tarde, en el año 63 a. de C., fue de nuevo profanado y dañado por Pompeyo. En el año 19 a. de C., Herodes el Grande empezó la construcción de una nueva versión del edificio, que tuvo como resultado una obra de gran belleza. Cuando los romanos se hicieron con Jerusalén (año 70), el templo fue incendiado al mismo tiempo que la ciudad. Los restos de la construcción de Herodes constituyen el actual Muro de las Lamentaciones.

figura del «peregrino» fuese una invención literaria, creada con el fin de canalizar los conocimientos esotéricos del autor, desarrollados durante varios años de estudio.

RENNES-LE-CHÂTEAU, ENTRE LA HISTORIA Y LA LEYENDA

Rennes-le-Château constituye uno de los lugares más fascinantes y misteriosos en los que esoterismo, alquimia, historia y simbolismo se unen, hasta el extremo de que a menudo resulta difícil distinguir entre lo verdadero y lo falso, entre realidad y leyenda.

Rennes-le-Château es un pueblo parapetado en una colina a unos 40 km de Carcasona, al sur de Francia. Este lugar, en apariencia carente de historia y atractivo turístico, es invadido todos los años por miles de visitantes; además, se han publicado muchos libros sobre él. ¿Qué puede motivar tal interés?

Si nos remitimos exclusivamente a la historia, en el fondo no hay elementos que puedan justificar esta fascinación extraordinaria que afecta al pueblo. Sin embargo, si nos concentramos en los símbolos e intentamos ir más allá de las apariencias, se abre ante nuestros ojos un universo increíblemente rico de aventuradas hipótesis que nos llevan muy lejos del sur de Francia...

En estas tierras confinadas, escarpadas y verdes, donde el sol se pone pronto, refugio de perseguidos, lugar de herejías, de soledades y de animadas amistades, el mito se mezcla a menudo con la realidad, nutriéndose de fantasmas literarios más o menos inocentes que no permiten discernir ya con claridad entre historia e imaginación.

La región de Rennes-le-Château fue poblada por los celtas, los visigodos, los templarios y los cátaros. Muy cerca de allí, se yergue el peñón de Montségur, que atestigua el fin trágico de la herejía cátara al término del sitio de los cruzados de Inocente III, en el año 1209.

Todo empezó, por tanto, hace mucho tiempo, pero fue hacia finales del siglo XIX cuando el misterio de Rennes-le-Château empezó a consolidarse poco a poco, creciendo día a día.

Para empezar, tuvo lugar la publicación del libro *La verdadera lengua celta y el cromlech de Rennes-les-Bains* (1886), escrito por el abad Henri Boudet. Este texto, según los esoteristas que se han interesado en el castillo, es una obra codificada que ofrece la clave que permite encontrar el «tesoro» oculto de este pueblo francés.

El párroco de Rennes-le-Château fue el primero en creer en la leyenda. El abad François Bérenger Saunière llegó a la ciudad el 1 de junio de 1885 a la edad

El grial

El grial es uno de los símbolos esotéricos más famosos.

La génesis bíblica del Santo Grial es apócrifa: según la leyenda, el grial es la copa en la que Cristo celebró la Eucaristía durante la Última Cena. En el mismo cáliz, José de Arimatea recogió la sangre del costado de Cristo cuando fue alcanzado por la lanza del centurión romano. Este supuesto origen ha dado lugar a una interpretación algo forzada de la palabra *grial*, al ver en ella una abreviación de *sanguis realis* (la auténtica sangre) de Cristo. En realidad, *grial* derivaría del latín medieval *gradalis*, con posibles influencias del griego *kratêr*, «vaso para beber».

La leyenda del grial que, según la tradición, fue llevado a Europa por José de Arimatea es una de las creaciones poéticas más peculiares de la cultura europea de los siglos XII y XIII. El iniciador fue Chrétien de Troyes, quien compuso hacia 1182 *Perceval o El cuento del Grial*, un poema en nueve mil versos, inacabado y luego retomado por otros poetas.

El mundo moderno tampoco ha sabido resistirse a la fascinación por el Santo Grial: no hay más que pensar en el *Parsifal* de Wagner y, más recientemente, en *La tierra yerma*, de T. S. Elliot. El cine también presenta cientos de intentos de gran interés: desde películas históricas como *Los caballeros del rey Arturo* de Richard Thorpe (1953) hasta *Lanzarote del Lago* de Robert Bresson (1974) o interpretaciones de aventuras arqueológicas como *Indiana Jones y la última cruzada* de Steven Spielberg.

de treinta y tres años, procedente directamente del seminario de Carcasona, donde había estudiado. Contrató a una joven de dieciocho años como gobernanta, Marie Denarnaud, que le fue fiel toda su vida.

El abad se enteró de que Rennes-le-Château había desempeñado un papel importante durante la cruzada contra los cátaros y se convenció de que los albigenses aún se escondían en algún lugar de las proximidades. Además de las verdaderas riquezas materiales, tal vez esos viejos muros albergaran el Santo Grial... Se trataba de una idea nada descabellada para la época.

En efecto, al parecer Richard Wagner (1813-1883) se dirigió a Rennes-le-Château en busca de inspiración antes de escribir *Parsifal*.

La iglesia parroquial, consagrada a Santa María Magdalena en 1059, estaba tan deteriorada que el abad Saunière, después de pasar unos meses en Rennes-le-Château, decidió recoger fondos para iniciar su restauración.

María Magdalena es un personaje evocado a menudo en estas tierras misteriosas y heréticas. El sur de Francia es contexto de numerosas leyendas sobre la posible llegada de María Magdalena a Marsella o a los alrededores, poco después de la muerte de Cristo, en compañía de José de Arimatea, que habría sido el depositario del Santo Grial. Magdalena habría ido a pasar los últimos años de su vida al interior de la gruta sagrada de Sainte-Baume, no lejos de Marsella, convertida en la actualidad en lugar de paso obligado para los peregrinos de Santiago de Compostela.

En cualquier caso, durante los trabajos de restauración de la iglesia, al desplazar la mesa del altar, Saunière encontró, en el interior de una de las pilastras que la sostenían, cuatro pergaminos. Dos de ellos presentaban genealogías que databan, respectivamente, de 1264 y 1644, mientras que los otros dos se remontaban a 1780 y llevaban el sello de Antoine Bigou, predecesor de Saunière y en aquella época capellán de los Hautpoul de Blanquefort, familia propietaria del castillo de Rennes-le-Château, actualmente en ruinas.

Así empezó la extraña historia de Rennes-le-Château y de su párroco.

> Los dos pergaminos que se remontan a la época de Bigou parecen ser textos píos latinos, pasajes del Nuevo Testamento. Al menos en apariencia. Pero en uno de los dos pergaminos, las palabras aparecen escritas de manera incoherente unas tras otras, sin espacios intermedios, y hay muchas letras totalmente superfluas. En el segundo pergamino, las líneas están cortadas de manera irregular e inesperada, a veces en medio de una palabra, mientras que algunas letras aparecen destacadas con relación a las otras. En realidad, estas últimas forman una serie de cifras y códigos muy ingeniosos.

Tres periodistas ingleses, Michael Baigent, Richard Leigh y Henry Lincoln, basándose también en la publicidad de la BBC, dieron cuerpo al misterio publicando en 1983 *El enigma sagrado*, del que se vendieron aproximadamente dos millones de ejemplares.

Uno de los mensajes más importantes obtenido a partir de los pergaminos se ha publicado en el libro *Al rey Dagoberto II y en Sión está este tesoro, y es la muerte*. Los autores han realizado una interpretación aterradora de esta frase: Cristo no está muerto, y la prueba de ello se encuentra precisamente en Rennes-le-

Château. Este secreto sería el auténtico «tesoro» de los cátaros, que conocieron también los caballeros templarios, emanación de la organización secreta del priorato de Sión, fundado en el año 1099 y cuyo objetivo era renovar el mundo mediante una monarquía iluminada identificada con los merovingios. Dagoberto II, último rey merovingio, habría poseído el secreto relativo al origen de Cristo.

El código Da Vinci, novela de Dan Brown de éxito mundial, retoma este tema, lo cual atestigua el actual interés de alimentar un mito que sigue siendo enormemente rentable. En el relato, María Magdalena es presentada como la mujer de Jesús, y los descendientes de sus hijos habrían dado origen a la dinastía merovingia, que reinó en Francia desde el año 476 hasta el 750.

Saunière mostró los pergaminos al obispo de Carcasona y obtuvo permiso para trasladarse a París durante aproximadamente un mes. En ese tiempo frecuentó los más célebres círculos esotéricos del momento; luego regresó a Rennes-le-Château con algunas reproducciones de cuadros del Louvre bajo el brazo, entre ellas estaba *Los pastores de la Arcadia* de Poussin. En esta tela se puede ver un sarcófago que lleva la inscripción *Et in Arcadia ego*, lo cual explicaría la presencia de un sepulcro cerca de Rennes, cuyo paisaje parece ser evocado por el cuadro, con el cuerpo de Cristo (recordemos el mensaje del pergamino: «... murió aquí»). El anagrama podría ser leído de la siguiente forma: *I! Tego arcana dei* («¡Vete! Yo guardo los secretos de Dios»).

Tras su regreso de París, Saunière empezó a comportarse de forma cada vez más extraña. Frecuentaba con asiduidad a párrocos y amigos, visitaba pueblos vecinos. Henri Boudet, párroco de Rennes-les-Bains y autor de un libro que para algunos contiene la clave del misterio de Rennes-le-Château, escribía en una lengua que él mismo inventaba, mezcla de celta e inglés, textos en los que se podría descubrir un mensaje secreto oculto en medio de los menhires dispersos en las colinas de la región. Antoine Gélis, párroco de Coustaussa, fue hallado asesinado en el presbiterio.

El abad Saunière empezó a excavar en la iglesia y acabó descubriendo una lápida, denominada «Losa de los caballeros» en referencia a una representación característica de los caballeros templarios; bajo ella había una cripta. En ese momento, despidió a los obreros que trabajaban con él y empezó a imaginar mil historias sobre el tesoro hallado...

Saunière emprendió también excavaciones nocturnas en el cementerio contiguo a la iglesia: desplazó cruces, estropeó tumbas... Destruyó sin razón alguna la lápida de Marie de Nègre, marquesa de Hautpoul de Blanchefort, fallecida el 17 de enero de 1781; sobre esta lápida estaba escrito el texto que permitía descifrar una parte de los pergaminos descubiertos por el abad (una copia de este texto se conserva en el Museo Saunière).

Sabemos que, al regresar de París, Saunière tenía las copias de tres cuadros: *Los pastores de la Arcadia* de Nicolas Poussin, *San Antonio y San Jerónimo en el desierto* de David Teniers y un *Retrato del papa Celestino* de autor desconocido.

Al término de la restauración, antes de inaugurar la iglesia, mandó grabar en el pórtico la inscripción *Terribilis est locus iste*, un versículo del Génesis (28, 17) que también se hallaba presente en otros santuarios, por lo que nadie consideró que era raro. Extraña idea, en cambio, parecía la de poner la estatua de la Virgen en una columna bárbara sobre la cual Saunière mandó inscribir «Mission 1891» y que colocó al revés. Esta inscripción ha sido interpretada de diferentes maneras: ¿se trata de un anagrama?, ¿es un mensaje críptico dirigido a un reducido número de adeptos?

Al observar el aparato decorativo de la iglesia, uno se da cuenta de la notable cantidad de «extrañezas» que pueden propiciar numerosas lecturas simbólicas: como el diablo que sostiene la pila de agua bendita o las etapas del vía crucis dispuestas en el sentido contrario a las agujas del reloj.

Esta iglesia, que se convirtió en una especie de centro esotérico del «feudo» de Saunière, y, sobre todo, el flujo continuo de dinero que permitía al párroco continuar libremente con sus investigaciones despertaron el recelo de las autoridades eclesiásticas.

En 1902, Saunière fue acusado de simonía por el obispo Beauséjour y fue suspendido por el tribunal eclesiástico; el abad, sin embargo, no se desalentó, y recurrió a la Santa Sede, que reconoció su inocencia y lo rehabilitó.

En noviembre de 1917, Saunière murió sin haber desvelado los numerosos secretos de Rennes-le-Château. Tal vez, la única que conocía algo fuera su fiel gobernanta Marie, pero también ella se llevó a la tumba el misterio que envolvía a la pequeña población francesa.

La posición del abad Saunière fue realmente ambigua, pero lo que más sorprendía eran las «grandes riquezas» acumuladas y gastadas sin cesar. Los más osados sostienen que consiguió descubrir el misterio de la piedra filosofal. Otros, más prosaicos, aventuran que dicha riqueza procedía quizá de los descubrimientos que había hecho durante las obras de restauración de la parroquia de María Magdalena.

En resumen, los misterios de Rennes-le-Château, que podemos interpretar a través de la descodificación del lenguaje esotérico que caracteriza a lugares y edificios, pueden ser racionalizados de la siguiente manera:

— posicionamiento del lugar en una región ya considerada sagrada antes del cristianismo;
— presencia de símbolos esotéricos y alquímicos en la arquitectura;
— presencia del tesoro de los cátaros.

Se reúnen todos los elementos para dar cuerpo a un mito que se esfuerza por justificar su propio origen histórico, y que suscita muchos interrogantes llenos de encanto.

Asimismo, comprendemos las razones que pueden haber llevado a numerosos autores a escribir tantos libros sobre Rennes-le-Château y, sobre todo, a todos esos lectores a lanzarse ávidamente sobre dichas páginas en busca de indicios, de la mínima señal, de un rastro...

Quizás el abad Saunière descubriera un indicio particularmente importante en la tela de Poussin *Los pastores de la Arcadia*, de 1630. La obra representa a cuatro pastores (tres hombres y una mujer) reunidos en torno a una tumba antigua sobre la que se lee la inscripción *Et in Arcadia ego*. Al fondo se distingue un paisaje montañoso particularmente tormentoso, uno de los tan numerosos paisajes «de invención» que en todo momento han servido de decorado a muchas obras pictóricas.

Algo cambió en 1970 en Arques cuando, a una decena de kilómetros de Rennes-le-Château, se descubrió una tumba que poseía las mismas características que las de la tumba del cuadro de Poussin; además, el paisaje en sí era prácticamente idéntico al de la tela. Para quienes han analizado la obra, se trata de un parecido casi fotográfico, que no es en absoluto fruto de la casualidad.

Parece bastante insólito que en 1892, a su regreso de París, Saunière poseyera dicha representación. ¿Acaso un reducido número de personas conocía la existencia de la tumba de Arques? Y, sobre todo, ¿se conocía su relación con Rennes-le-Château?

Son preguntas a las que no nos resulta posible dar una respuesta, ni siquiera tras investigar la vida de Poussin, que pintó dos obras con el mismo título. La primera se remonta a 1630 y se halla en Chats Worth, en Devonshire, y la segunda, conservada en el Louvre, fue realizada unos diez años más tarde. En esta última, la colina de Rennes-le-Château se distingue claramente sobre el fondo y aparece como una fortaleza inaccesible. No lo fue para los ejércitos, los peregrinos, los investigadores ni los curiosos, pero sí para quienes intentaron acceder a sus secretos más profundos. Misterios a los que sólo el abad Saunière tuvo acceso.

En la actualidad, los historiadores afirman que los pergaminos eran apócrifos y que el priorato de Sión es una historia fraudulenta con una función antisemita y antifrancmasona. Su inventor habría sido Pierre Plantard, comprometido con la extrema derecha y los viejos defensores de la monarquía.

Sin embargo, para los visitantes de la iglesia de Rennes-le-Château, ahí están los numerosos símbolos inexplicables, diseminados por el abad Saunière durante la restauración de la iglesia. Igualmente sigue sin explicación el origen del dinero necesario para dichas obras. Entre los signos más evidentes, se hallan la inscripción *Terribilis est locus iste* en el tímpano de la iglesia, la estatua del diablo Asmodeo a la entrada, que sostiene una pila de agua bendita, y el vía crucis presentado en el sentido contrario a las agujas del reloj, en el que cada etapa está coronada por un símbolo de la Rosa-Cruz. No obstante, no son más que algunas de las numerosas incitaciones que superan lo visible para descodificar algo que se nos escapa.

Todos los años, el 17 de enero, un gran número de personas se reúne en Rennes-le-Château para observar un efecto óptico curioso proyectado por las vidrieras del lado sur, en el interior de la iglesia, en la pared opuesta: aparece una especie de árbol con manzanas azules que recuerda un mensaje del primer pergamino hallado por Saunière: *A mediodía, manzanas azules*.

Ver manifestarse el «misterio» hasta crear uno, en la expectativa o en la certeza de conseguir explicar los arcanos de la existencia, es una de las necesidades más inherentes del hombre. También por ello Rennes-le-Château puede seguir legítimamente perteneciendo a un recorrido iniciático, si bien sobre un rótulo colgado justo después de la entrada a la iglesia puede leerse *Dans cette église, le trésor c'est vous* («En esta iglesia, el tesoro eres tú»).

La arquitectura esotérica de Gaudí

Tal vez sea demasiado simple descubrir signos esotéricos en el trabajo de Antonio Gaudí (1852-1926), el arquitecto que supo transformar sus edificaciones en estructuras repletas de simplismo, entre la evocación de un mundo fantástico y la referencia a un lenguaje que, tras la apariencia, deja transparentar otra cosa, impenetrable para la mayoría de nosotros. Gaudí vivió como anacoreta, lejos del lujo, y se concentró en una búsqueda constante de lo absoluto y lo maravilloso, en el torbellino de alusiones epidérmicas a lo absurdo y lo irreal, intentando quizá decir algo. Pero ¿qué?

Nacido en una humilde familia de artesanos, Gaudí estudió en la Escuela de Arquitectura de Barcelona, hasta el año 1878. Empezó entonces un *crescendo* de proyectos y obras en los que los edificios se transformaban en algo «vivo», mientras que la forma parecía desmaterializarse, convirtiéndose en una especie de producto casi magmático en que todo parecía cambiar continuamente como en un proceso alquímico.

El mundo de Gaudí está hecho de «piedras vivas»: masas en oscilación continua entre pasado y futuro, presencias recubiertas de una fe profunda, simbólicamente expresada por la altura de sus vertiginosos edificios.

«La inteligencia del hombre —decía Gaudí— sólo puede expresarse en el plano y en dos dimensiones: resuelve ecuaciones con una incógnita, de primer grado. La inteligencia angélica es en tres dimensiones, y se despliega directamente por el espacio».

Sus construcciones son una fusión entre el gótico y el modernismo. Suelen ser, por lo general, lugares habitados, pero el carácter de vivienda es más una circunstancia que su vocación primera. Y es que el conjunto se estructura alrededor de un delirio ornamental que alcanza, en la mayoría de los casos, un hermetismo impenetrable cuyas soluciones no son fáciles de hallar para quienes desean superar la apariencia.

El esoterismo de Gaudí, sin embargo, mira hacia lo sagrado: el edificio gaudiniano desea ardientemente una ascensión mediante una orquestación de símbolos y alegorías que se mezclan sin solución de continuidad, pero con una fuerza que arrastra que no puede más que sorprender, incluso al profano.

La vertiente esotérica de Gaudí se manifiesta también en la ausencia de escritos del maestro. No publicó artículos ni libros, no elaboró ningún manifiesto ni dio ninguna conferencia. Todos sus conocimientos, pero sobre todo su poética, fueron transmitidos oralmente y recogidos sólo por algunos adeptos.

Y de este modo, detrás de las casas que se antropomorfosean y toman vida, como la Casa Batlló de Barcelona, o de los espacios que se convierten en una especie de tierra del medio entre el mundo de los seres humanos y el de los mitos, se halla en su obra la voluntad de poner de relieve el concepto de que el inmueble en sí puede transformarse en una especie de libro, pero sólo en sus partes más profundas y poco accesibles.

En este comportamiento artístico puede verse un retorno de los arquitectos medievales que, en el conjunto decorativo de sus catedrales, insertaron símbolos y alusiones a mundos fuera de la dimensión humana. «La historia de la arquitectura es la historia de la Iglesia», afirmaba Gaudí, desvelando así que su esfuerzo creativo estaba orientado hacia una celebración de lo absoluto. Esto resulta evidente en la Sagrada Familia de Barcelona, una construcción (inacabada) que sería reductor definir como iglesia. El inmenso templo, en efecto, marca la apoteosis del lenguaje hermético del arquitecto catalán: torres que transforman la piedra en representaciones vegetales, divinidades y figuras míticas que salen de la materia para convertirse en portadoras del Verbo...

No obstante, sea cual sea el movimiento intrínseco que confiere esta vitalidad a las construcciones de Gaudí, no conseguimos descubrirlo realmente. Alguien ha declarado que los arquitectos quieren vivir después de su muerte: el maestro catalán lo ha conseguido, dejando tras de sí un mundo inorgánico, una arquitectura que se transforma en una especie de bosque en el que es fácil entrar. Pero al adentrarse en estos senderos desconocidos se pierde fácilmente el camino principal. Vías esotéricas gracias a las cuales el ser humano puede captar el sentido oculto de lo sagrado narrado por los símbolos y accesible sólo a los más atentos de nosotros...

El mandala, símbolo de «otro» espacio

¿Por qué tratar el mandala en un capítulo dedicado a las relaciones entre esoterismo y lugares sagrados?

Principalmente por dos motivos: el primero viene determinado por el hecho de que el mandala es la representación simbólica de espacios imaginarios y, a la vez, vinculados a la realidad (lugares de culto, mapas de templos); el segundo hace referencia al lenguaje del mandala, que, por su morfología, es una expresión muy viva del esoterismo. Las representaciones que lo componen, en efecto, sólo son comprensibles si se superan las barreras de la apariencia y se intentan captar los significados más profundos.

En esencia se trata de un fenómeno complejo que adquiere connotaciones esotéricas, puesto que es difícilmente interpretable si no se conoce la filosofía de base o si uno no está dispuesto a considerarlo como un instrumento que interiorizar y, a través de su recorrido gráfico, a ahondar en su propia relación con la metafísica.

Mandala significa en sánscrito «círculo» o «centro»; en el budismo y el hinduismo tántrico, designa una representación geométrica compleja, utilizada en particular en las técnicas de meditación. En la práctica, es un instrumento sagrado cuyo origen se encuentra en formas de culto y ritos extremadamente antiguos y seguramente más elementales que los que forman parte de la cultura budista.

En conjunto, el mandala es un dibujo que delimita ritualmente un espacio sagrado y establece simbólicamente unas fronteras en cuyo interior se manifiesta el poder divino. En este sentido, el mandala se presenta como *yantra*, es decir, el objeto que mantiene la energía sagrada, y, por consiguiente, puede también ser un instrumento protector capaz de servir como amuleto contra las potencias negativas y demoniacas. Por tanto, puede ser transportado en las cajitas apropiadas.

Gráficamente, el mandala se estructura de la siguiente manera: está provisto de un trazado circular o cuadrado que representa la muralla que separa el espa-

Representaciones de mandalas

cio sagrado del espacio profano; en el interior se hallan uno o varios círculos concéntricos que, a su vez, rodean un cuadrado y cuatro triángulos; en el centro de los triángulos y en el centro de toda la figura se hallan imágenes de las divinidades a las que se dedica el mandala. Existen variantes del esquema básico relacionadas con corrientes místico-esotéricas que recurren a la cultura del mandala para alcanzar sus objetivos especulativos.

Psicoanálisis y mandala

La «psicología de las profundidades», elaborada por C. G. Jung, establece determinadas relaciones entre la morfología gráfica del mandala y las representaciones oníricas de las numerosas personas estudiadas.
Jung señala que el mandala entra en los arquetipos del inconsciente colectivo y sólo sale a la superficie en determinadas personas para las cuales el deseo de un «retorno al centro» es particularmente fuerte; es ese mismo deseo de superación de las estructuras laberínticas que laceran nuestras relaciones con los demás y con el mundo.

Esoterismo y literatura

La palabra simplifica y transforma el mundo que nos rodea, pero al mismo tiempo favorece el misterio como entidad compleja y ambigua. La palabra se convierte en misterio cuando es la expresión de un lenguaje desconocido para quienes leen y escuchan: no hay más que pensar en el origen de la palabra mágica (*abracadabra* y *abraxas*), o en esas piedras que se tornan «mágicas» cuando sus particularidades onomatopéyicas son percibidas por quien escucha aun sin conocer la lengua.

La palabra mágica *abraxas* sobre piedras preciosas gnósticas

La escritura asume valores esotéricos no sólo en contextos y momentos que han ofrecido un marco ad hoc a la exaltación del papel mágico de la palabra (por ejemplo, en el humanismo), sino también en realidades muy próximas a nosotros. Esto tiene lugar en particular cuando el arte y la literatura se cruzan sin solución de continuidad: muchos pintores y escritores contemporáneos, como Mallarmé, Marinetti, Apollinaire, Arrigo Lora Totino o Adriano Spatola, son casos representativos.

Como escribió Renato Barilli en *Hablar y escribir*, la palabra es «el primer instrumento portátil de la humanidad», que ha hallado su organización primera en

Mallarmé y el mundo como sistema de símbolos

Stéphane Mallarmé (1842-1898) se mostró muy atento a los símbolos del esoterismo: su interés se debía, sin duda, a su relación con la francmasonería, que le permitió acercarse mucho al simbolismo hermético. Frecuentó la Librairie de l'art indépendant, lo cual contribuyó a alimentar su búsqueda del conocimiento alquímico. Su amistad con Debussy, apasionado también por el esoterismo, desempeñó un papel importante en las decisiones que tomó. Hablaremos de ello más adelante. Para el poeta, «el mundo no es más que un sistema de símbolos que reflejan, como un espejo, esta gran verdad». Su búsqueda esotérica, muy intensamente inspirada en su estructura por la cábala, acompañará sus reflexiones poéticas; y encontrará en el universo de la literatura el material para demostrar que la obra artística es el resultado de una especie de ritual y constituye el «soporte» sobre el cual siempre hay un mensaje esotérico.

el paso de la oralidad a la escritura (*verba volant scripta manent*), perdiendo así una parte de su aura mágica, pero adquiriendo poco a poco valores cada vez más esotéricos, debido al aumento de las posibilidades semánticas procedentes de las combinaciones de varias palabras. En este sentido, las experiencias de numerosos artistas serán reveladoras, vueltas hacia la liberación de las palabras, de los límites sintácticos y de la tipografía. Sus trabajos intentan alcanzar una dimensión estética en fuerte contraste con los conceptos de belleza, escritura e imaginación, superando las convenciones, y en virtud de este comportamiento, harán nacer nuevas formas de esoterismo. «Un esoterismo de la escritura», percibido como tal gracias a la transformación de la palabra escrita en forma geométrica.

D'Annunzio y la alquimia de las palabras

«La transmutación de las palabras es una obra de alquimia». Bastaría con esta afirmación de Gabriele d'Annunzio (1863-1938) para incitar a buscar huellas de la cultura esotérica en su amplia producción literaria. Un fondo de misterio caracterizó a muchos de los poetas decadentes y simbolistas de finales del siglo XIX y principios del XX. D'Annunzio, no obstante, demostró varias veces su voluntad de beber del simbolismo hermético insertando indicios muy claros en su escritura. Por ejemplo, en la novela *El placer*, en una poesía del protagonista, Andrea Sperelli, hallamos unos versos muy representativos:

[...] Yo soy la esfinge, yo soy la quimera,
oh, tú que sueñas que entre mis dedos
la trama de tu sueño está prisionera,
el ideal hermafrodita era ella,
el pensamiento andrógino ella era.

> Esfinge, quimera, hermafrodita y andrógino son figuras simbólicas muy presentes en el esoterismo y la alquimia, y D'Annunzio las utiliza con un gran énfasis yuxtaponiéndolas en el interior del recorrido literario que percibe como una «transmutación de las palabras».
> Y es que, en el fondo, «la vida es una obra mágica que huye bajo la influencia de la razón, y cuanto más rica es más se aleja de ella, realizándose por lo oculto y a menudo contra el orden de las leyes aparentes» *(La Leda senza cigno)*.

Esta transformación no es una prerrogativa de las vanguardias históricas; su origen es muy antiguo, y hunde sus raíces no en el interior del mundo del arte, sino en el de la tradición mágico-religiosa. Pensemos, por ejemplo, en la arquitectura de la palabra *abracadabra*, estructura de triángulo invertido, o en el cuadrado mágico constituido por el anagrama SATOR, al que nos hemos referido anteriormente.

El valor mágico y evocador de la palabra se manifiesta en el Verbo de tradición evangélica (Juan 1, 1): la vida comienza con el Verbo, y Dios expresa en él todo su poder, como lo representaron bastante prosaicamente los pintores medievales, que dieron un significado físico al Verbo en forma de cono que alcanza la tierra desde la boca del Señor. Un poder generador que reencontramos en numerosos motivos iconográficos, entre los cuales destaca el de la fecundación auricular de la Virgen por el Espíritu Santo por ser el más emblemático.

El papel creado por la palabra se encuentra también en el Sitre Otiyot (el secreto de las letras) contenido en el Zohar (Libro del esplendor), comentario mítico de la Torá, que pone en evidencia la participación de las letras en la creación del mundo.

Talismán árabe con inscripciones que celebran a Alá

Sin embargo, cuando la palabra representa el caos, tanto en su forma como en su significado, se convierte en instrumento de desorden: la fórmula mágica pronunciada por las brujas es un ejemplo destacado de ello. Entonces podemos preguntarnos lo siguiente: ¿el poder destructor de la palabra debe buscarse en las dificultades para comprender su significado o en la problematización de la persona que la profiere? En esencia, ¿una misma palabra puede ser buena o mala en función de la persona que la pronuncia?

La respuesta resulta casi evidente: el espacio semántico de un término siempre está condicionado por su contexto, y quien escribe o habla añade un matiz de valor simbólico que condiciona el significado, sin por ello alterar el significante. En la práctica, la relatividad del significado es el auténtico generador del esoterismo de la palabra. Su simbolismo se transforma también en una especie de hipertexto en que la intervención del lector resulta imprescindible para desvelar los significados que se ocultan bajo la apariencia.

Encontramos un claro ejemplo de ello en los libros de alquimia, en que palabras y dibujos se combinan en un lenguaje totalmente alejado de modelos y fórmulas canónicas, mientras se acentúa un profundo hermetismo marcado por múltiples claves de lectura.

> Es probable que la aglutinación visual de la palabra y de la figura en los logogramas y cosmogramas —lo cual ha constituido la práctica específica con la que la escritura hermética, mágica y alquímica ha dado lugar a una voluntad de lenguaje más complejo que el de la comunicación literaria/filosófica o la de la invocación religiosa— haya comenzado en la época del libro y de las tipografías con el emblema de la *Philosophia pauperum* de Alberto el Grande.[30]

Las investigaciones iconológicas del Warburg Institut y las que son modeladas sobre la búsqueda de arquetipos por C. G. Jung y sus seguidores han permitido lecturas más problemáticas y racionales del texto esotérico.

Nunca hay que olvidar que el mensaje simbólico de la palabra puede expresarse fuera del texto eminentemente esotérico, como un manual de alquimia. Algunos autores famosos, en efecto, han dejado transparentar alusiones profundas a la cultura hermética en obras tan grandiosas como *La divina comedia* de Dante Alighieri (1265-1321) o, por el contrario, en obras más modestas cuyo hermetismo no es perceptible más que por algunos expertos.

El mundo de las fábulas y las leyendas

La caverna es un lugar particularmente apreciado por los esoteristas, porque constituye un ambiente misterioso muy vinculado a lo sagrado. Desde siempre ha sido objeto de las descripciones del ser humano.

---

30. M. Diacono, «Il linguaggio della magia, la magia del linguaggio», en C. Parmiggiani, *Alfabeto in sogno. Dal carne figurativo alla poesia concreta*, Milán, 2002, p. 162.

Desde los templos subterráneos dedicados al dios Mitra hasta la gruta de Belén, estos lugares oscuros y cerrados han sido relacionados con frecuencia con el vientre materno y representan simbólicamente lugares de nacimiento y renacimiento.

La leyenda de los siete durmientes, narrada por Grégoire de Tours, es un ejemplo del simbolismo de la caverna en la literatura. En época de Diocleciano, siete jóvenes, Clément, Primus, Leto, Théodor, Gaudenzio, Quiriaco e Innocent, sobrinos de Martin de Tours, pasaron la primera parte de su vida sumidos en la pobreza, dedicándose a ayudar a los miserables. Luego se dirigieron a Tierra Santa, donde entraron en posesión de numerosas reliquias. Tras su peregrinaje, se retiraron a una gruta y vivieron en plegaria durante cuarenta años, alimentándose únicamente de pan, agua y raíces. Una noche, San Martín, fallecido veinte años antes, se les apareció en sueños. El santo predijo que iban a morir al día siguiente, sin sufrir. Y es lo que ocurrió. Al día siguiente entregaron su alma a Dios en la más absoluta paz. Los fieles que iban a verlos no se dieron cuenta de nada y siguieron pensando que los siete dormían. Sus cuerpos inmaculados siguieron siendo objeto de culto durante cuatro siglos, y la caverna de los siete durmientes se convirtió en un lugar al que acudían enfermos y personas que sufrían para pedir un milagro. Hasta aquí nos hemos basado sólo en la tradición hagiográfica.

La exégesis esotérica ha superado el objeto de devoción en el que se había convertido la leyenda y ha llegado a emitir la hipótesis de un vínculo entre los siete durmientes y los enanos de Blancanieves...

El punto de partida está constituido por el hecho de que, más allá del mundo bizantino y árabe, la leyenda se extendió por Occidente a partir del siglo V; encontramos rastros de ella hasta el siglo XIX en las literaturas nacionales de Goethe y los hermanos Grimm.

Conocemos el lugar en el que se desarrolla la leyenda: Éfeso. Es la misma ciudad en la que la Virgen pasó la última parte de su vida, y es la primera de las siete (la cifra 7, de nuevo) Iglesias de Asia a las que se dirige el Apocalipsis de Juan. Asimismo, la ciudad de Éfeso, según la tradición, es uno de los lugares de culto a María Magdalena más antiguos de Asia Menor. Su tumba está, a juzgar por algunas fuentes bizantinas, a la entrada de la gruta de los siete durmientes. Los siete jóvenes dormían, en efecto, en una gruta cercana a la sepultura de María Magdalena: esta imagen, para algunos especialistas del folclore, habría proporcionado a los hermanos Grimm la inspiración para crear la fábula de Blancanieves.

No son analogías demasiado convincentes, pero continuemos.

La leyenda de los siete durmientes fue creada para reforzar la fe en la resurrección de los cuerpos, puesta en duda por las corrientes heréticas.

El vínculo entre la leyenda y el cuento de los hermanos Grimm podría hallarse en la *Historia Langobardorum* («Crónica de los lombardos») de Paul Diacre, que estudió el acontecimiento y tuvo algunas repercusiones en Alemania. El historiador de los lombardos escribió que la «sepultura de los siete durmientes» se hallaba en Alemania; recordemos que luego el propio Goethe dedicó un poema a esta leyenda hagiográfica.

En la práctica, la fábula de Blancanieves se configuraría como la transposición mágica en Europa de la mujer que muere y luego renace en Éfeso. Una interpretación esotérica libre capaz, por la articulación complicada de los símbolos y el uso de la comparación, de poner religión y fábula en el mismo plano. Casi como si fuera un juego...

El lenguaje alquímico de Pinocho

Cuando en 1881 Carlo Lorenzini (1826-1890), cuyo nombre artístico era Collodi, publicó el primer episodio de *Las aventuras de Pinocho* en el *Journal pour enfants*, seguramente no imaginaba que este pequeño ser de madera, capaz de vivir sorprendentes experiencias, iba a dejar una profunda huella en la historia de la literatura. Partiendo del mundo encantado de los libros para niños, Pinocho alcanzó los niveles más significativos de las novelas para adultos, suscitando numerosos análisis sobre un universo simbólico en el que el bien y el mal intentan constantemente ponerse uno por encima del otro.

Sin embargo, el tema principal, el que domina toda metáfora presente en la exasperante moral de Collodi u oculta en los entresijos de la historia, es la iniciación, la metamorfosis escandida por toda una serie de obstáculos que aseguran su validez.

Gepetto decide fabricar un autómata, un ser que será un hijo ficticio y un dócil sirviente consagrado a su utilidad de creador: «He pensado que podría hacer una bella marioneta de madera, pero una marioneta extraordinaria, capaz de bailar, de desenvainar la espada y de dar saltos peligrosos. Con ella, podría recorrer el mundo consiguiendo aquí y allá un pedazo de pan y un vaso de vino. ¿Qué me dicen?».

El títere, ya en el proyecto de su creador, es un ser inferior cuya alteridad se expresa por la elección de un nombre: «¿Cómo puedo llamarlo?, se preguntaba. Lo llamaré Pinocho. Este nombre le dará felicidad. He conocido a toda una familia Pinocho. El padre, la madre y los hijos, todos vivían felices. Y el más acomodado de ellos se limitaba a mendigar» (capítulo II).

La transformación, casi alquímica, da vida a la materia inerte: desde el momento en que Gepetto trabaja con la madera, las diferentes partes anatómicas extraídas de la materia natural se ven dotadas de una vida propia y exigen autonomía. El títere de madera es un mito moderno desde cualquier punto de vista y evoca un mito antiguo, que parte de Prometeo y llega a Frankenstein. Sin embargo, el pequeño ser creado por Gepetto ha sufrido la domesticación de la tradición cristiana, entre moralidad y educación. El estado de Pinocho es todavía el de un títere, como confirman en el capítulo X sus semejantes, otros seres del Pequeño Teatro de Marionetas, metáfora infernal controlada por Mangefeu-Satan y descrita en la narración ambigua de Collodi: «No era un mal hombre». Se emociona, en efecto, ante los gritos de Pinocho títere, que afirma de manera paradójica: «¡No quiero morir, no quiero morir!». El títere demuestra claramente haber comprendido que su estado puede cambiar (¿quizás ese era ya el caso?): teme la muerte como una criatura viva. Una muerte que, en la interpretación paroxística del relato, debía marcar el fin de *Las aventuras de Pinocho*; sin embargo, por insistencia de los lectores, las aventuras prosiguieron hasta la versión actual.

El títere, una vez que ha dejado atrás este rito de paso, puede continuar su viaje evolutivo hacia la adquisición de una humanidad que de ahora en adelante no le es impuesta desde el exterior. En efecto, es este ser de madera sin identidad el que, como la criatura del doctor Frankenstein, comprende por completo el peso de su diferencia e intenta liberarse de él. La evolución de un neogolem a un «niño normal», purificado del estado de la madera, cuyo valor humano se expresa virtualmente en los razonamientos, pero que es negado por la forma y la apariencia, que debe progresar más antes de llegar al fin del viaje. Tiene que pasar por el estado de la animalidad para poder alcanzar la plena posesión del estado humano, siguiendo un recorrido de transmutación que confiere la vida a la materia informe, pero en el que la moral y la memoria parecen nacer de un poder superior.

Antes de convertirse en un niño como los demás, Pinocho será transformado en asno, porque la animalidad, que el ser humano se muestra a menudo capaz de poseer, siempre es más inocente y noble que cualquier mecanismo. Aquí podemos recordar *El asno de oro*, ya presente en el mito de Apuleyo, en el que la transformación en asno representa una metamorfosis que precede al conocimiento.

En el capítulo XXXIV tiene lugar el auténtico nacimiento de Pinocho. Vendido por el director de circo porque cojea (el títere sigue teniendo el aspecto de un asno), Pinocho es comprado por alguien que quiere obtener su piel, pero que, al no saber cómo matarlo, le ata una piedra a la pata y lo arroja al mar para ahogarlo. Y es en el agua donde tiene lugar la mutación. Al término del viaje, en el momento en que Pinocho cambia de estado dentro del vientre del monstruo marino/atanor, alcanza al fin su condición de «amable jovencito». El títere ya no da señales de vida, «apoyado en un asiento, con la cabeza vuelta hacia un lado, los brazos colgando y las piernas enredadas y dobladas por la mitad; hubiera sido un milagro verlo de pie» (capítulo XXXVI).

ALICIA EN EL PAÍS DE LAS MARAVILLAS

Cuando Lewis Carroll (1832-1898), seudónimo de Charles Lutwidge Dodgson, escribió *Alicia en el país de las maravillas* y *Al otro lado del espejo*, probablemente no deseaba crear unas novelas dirigidas sólo a los más pequeños. En la arquitectura de estos volúmenes hay mucho más que eso. Sobre todo en *Alicia en el país de las maravillas*, estructurado de tal modo que los personajes poseen un papel simbólico que supera ampliamente su simple apariencia. Una opción descriptiva así justifica, sin duda alguna, una novela esotérica en que el significado de cada personaje se halla en relación directa con un plano paralelo que sólo un profundo análisis permite sacar a la luz. En realidad, Carroll, matemático de profesión, crea un mundo hecho de paradojas, de seres imposibles que vehiculan valores «distintos», en el que conviven elementos mágicos, religiosos y oníricos. Un mundo a dos alturas, la de la narración pura y simple y la esotérica, formada por símbolos accesibles si se levanta el velo de la apariencia que lo cubre.

El complejo universo de La divina comedia

Aunque no se posea ninguna noción de historia de la literatura y nunca se haya abierto *La divina comedia*, nadie puede evitar constatar, ante las más hermosas páginas de la literatura medieval, que esta obra extraordinaria se apoya fuertemente en una estructura de tradición esotérica. Esta característica es reforzada por el uso de la alegoría (metáfora continua), que confiere a la narración una posición fundada en la alusión, el símbolo y el significado que hay detrás de la apariencia de las imágenes evocadas.

Iniciada en 1307 y terminada en los últimos años de vida del autor, *La comedia* (el adjetivo *divino* fue añadido en 1373 por Bocaccio) está dividida en tres partes: *El Infierno, El Purgatorio* y *El Paraíso* (para un total de cien cantos), y su estructura refleja el sistema tolomaico, que sitúa a la Tierra en el centro del universo.

El viaje emprendido por Dante, «a mitad del camino de nuestra vida», refleja la búsqueda de lo divino a través de un recorrido que va de abajo arriba y que, casi como en un recorrido alquímico, se inicia en el estadio de la imperfección y se dirige hacia la perfección, de la que el viajero saldrá purificado, transformado.

Para afrontar este intrépido itinerario, el debutante necesita un guía (Virgilio) que no sólo sepa mostrarle el camino, sino que también pueda traducirle los símbolos ocultos en el rudo mundo de las almas.

El primero en proponer una interpretación esotérica de la obra de Dante fue Gabriele Rossetti (1783-1854) en su ensayo *Misticismo della Divina Comedia*, en la que subrayaba cómo la estructura del libro, aunque se desarrollaba en medio de un auténtico bosque de símbolos, se basaba, sobre todo, en el enfrentamiento ontológico entre el bien y el mal, apoyándose en una estructura de tradición esotérica.

> El lenguaje secreto, que se deriva de los dos principios del bien y del mal, se establece ante todo en la antítesis que transforma las ideas opuestas en cosas opuestas. Toda esta gran máquina figurada se eleva para ello por encima de un enlosado de mosaicos, conocido como enlosado egipcio, formado por piedras negras y piedras blancas que significan físicamente tinieblas y luz, moralmente vicio y virtud, intelectualmente error y verdad.

Además, para Rossetti, la obra de Dante estaría llena de referencias al rito de la iniciación: el investigador, en efecto, entreveía en la obra modelos y símbolos que comparaba con la práctica francmasona.

Más tarde, René Guénon (1886-1951), uno de los maestros de la tradición esotérica contemporánea, aislará determinados temas herméticos principales de *La divina comedia* en su libro *El esoterismo de Dante*.

La convicción de que Dante configuró su obra como una construcción esotérica parece evidente, para Guénon, en las palabras del ilustre poeta en el canto IX de *El Infierno*:

> Vosotros que tenéis la mente sana,
> observad la doctrina que se esconde
> bajo el velo de versos enigmáticos.

Guénon no tiene ninguna duda: «En estas palabras, Dante indica de manera muy explícita que existe un sentido oculto en su obra, propiamente doctrinal, cuyo sentido exterior y aparente no es más que un velo, y que debe ser buscado por quienes son capaces de penetrar en él».[31]

Dante, en efecto, ya en *El banquete*, había puesto de relieve el papel esotérico de la literatura: «La escritura puede comprenderse y debe desarrollarse al máximo para los cuatro sentidos» (II, 1).

Los estudiosos que se han lanzado a la ardua tarea de conseguir encontrar una única trayectoria esotérica que caracterice *La divina comedia* a menudo han tenido que renunciar a su empresa. Y es que la obra maestra de Dante propone toda una serie de pistas de lectura en una perspectiva hermética y, por tanto, resulta bastante difícil definir un único itinerario exegético.

Dante fue acusado de herejía e, incluso, de ser un pagano; sin embargo, cabe destacar que los especialistas en esoterismo sostienen que la metafísica no es pagana ni cristiana, sino universal.

El Museo de Viena alberga un indicio singular que sostiene la hipótesis de un Dante particularmente abierto a la búsqueda de un lenguaje poético estrechamente vinculado al esoterismo. Se trata de dos medallas: la primera representa a Dante y la segunda al pintor Pietro da Pisa; ambas, en el reverso, presentan la inscripción FSKIPFT, que algunos interpretan como el acrónimo de *Frater Sacrae Kadosch, Imperialis Principatus, Frater Templarius*.

Según René Guénon, esta interpretación es totalmente incorrecta, sobre todo en lo relativo a las primeras letras, que deberían ser interpretadas de este modo:

> *Fidei Sanctae Kadosch*. La Asociación de la Santa Fe, de la que Dante parece haber sido uno de los líderes, era una orden de filiación templaria, lo cual justifica el sobrenombre de *Frater Templarius*, mientras que sus dignatarios llevaban el nombre de *Kadosch*, término hebreo que significa «santo» o «consagrado», y que ha sido conservado hasta nuestros días en los grados más elevados de la francmasonería.
>
> Se comprende así por qué Dante tomó a San Bernardo como guía para el fin del viaje celestial, ya que fue quien estableció la regla de la Orden del Temple; y Dante parece haber querido indicar de este modo cómo sólo gracias a este, en las condiciones propias de su época, era posible el acceso al grado supremo de la jerarquía espiritual.[32]

El vínculo con la Orden del Temple añade un aspecto esotérico al trazado de *La divina comedia*, y ofrece múltiples temas de reflexión a los investigadores que pretenden descubrir en ella una base histórica para sostener la tesis que considera el poema dantesco como una obra hermética.

---

31. R. Guénon, *L'ésoterisme de Dante*, Galllimard, 1957.
32. R. Guénon, *op. cit.*

Si observamos de forma global la morfología de los lugares en que se desarrolla el viaje de Dante, nos daremos cuenta de que, desde el punto de vista estructural, el recorrido implica una especie de rito de paso de tradición iniciática:

Infierno (mundo profano) ☐ Purgatorio (lugar de iniciación) ☐ Paraíso (mundo perfecto)

En el simbolismo alquímico, las tres fases del pasaje iniciático hacen alusión a los tres elementos constitutivos de los metales (azufre, mercurio, sal), que, a través de su separación y su fusión («se disuelve y coagula: esta es la divisa que designa la operación alquímica»), permiten el cambio de estado y el acceso a un nivel más elevado. Además, el «ternario alquímico» ha sido asimilado a menudo al de los elementos constitutivos del ser humano: espíritu, alma y cuerpo.

El recorrido, que es lineal desde un punto de vista topográfico, se vuelve cada vez más complejo en un despliegue que, casi en cada palabra, parece proponer esquemas de lectura muy diferentes. Tomemos, por ejemplo, los tres versos (127-129) del canto XXX de *El Paraíso*:

> Como a aquel que se calla y quiere hablar
> me llevó Beatriz y dijo: «¡Mira
> el gran convento de las vestes blancas!».

Decir callando es la prerrogativa del saber esotérico, no sólo en la literatura, sino en todos los lenguajes y las formas en que se expresa. Y, además, está el *convento delle bianche stole* («convento de las vestes blancas»): una alusión más a los templarios y una filiación posible al seno de la francmasonería. Y es que, una vez más según Guénon, «el término "convento" es utilizado en la francmasonería para indicar sus grandes empresas».

Las implicaciones políticas de *La divina comedia*, varias veces subrayadas por los historiadores especialistas en literatura, no excluyen nunca las del esoterismo.

> La obra del gran gibelino es una declaración de guerra al papado por la revelación audaz de los misterios. La epopeya de Dante es johanita y gnóstica, es una aplicación audaz de las figuras y los números de la cábala a los dogmas cristianos, y una negación secreta de todo lo que hay de absoluto en estos dogmas; su viaje a través de los mundos sobrenaturales se lleva a cabo como la iniciación a los misterios de Eleusis y de Tebas.[33]

El descenso a los Infiernos y luego la nueva ascensión, a través de la resurrección simbólica, hacia el cielo son fases complementarias, necesarias la una para la otra, y presentes en la

> [...] gran obra hermética; y lo mismo se afirma claramente en todas las doctrinas tradicionales. Así, en el islam, encontramos el episodio del viaje nocturno de Mahoma, que corresponde asimismo al descenso a las regiones del infierno, y luego la

---

33. É. Lévi, *Histoire de la magie*, en *Secrets de la magie*, Robert Laffont, 2000, p. 563.

ascensión a los diferentes paraísos o esferas celestiales; y algunas relaciones de este viaje nocturno presentan semejanzas sorprendentes con el poema dantesco, hasta el punto de que hay quien ha querido ver en ellas una de sus fuentes principales de inspiración.[34]

Este tipo de «ecumenismo esotérico» hace que la obra de Dante sea todavía más universal, pero complica sin duda alguna su interpretación, sobre todo en lo referente a la búsqueda de las fuentes que han alimentado la creatividad del ilustre poeta.

La topografía místico-esotérica de *La divina comedia*, si la observamos de cerca, propone básicamente un viaje al interior del ser humano, en armonía con los principios esotéricos más elevados, en el intento de alcanzar una mayor conciencia de nuestro papel en la relación entre microcosmos y macrocosmos.

El recorrido iniciático se convierte así en un intento de restauración de un estado primordial marcado por numerosas ciencias herméticas, que van de la alquimia a la astrología. Y es precisamente el simbolismo astrológico, según Guénon, el que ocupa un lugar muy destacado en el orden alegórico de *La divina comedia*:

> Resulta notable que las tres partes del poema acaben con la palabra «estrellas», como para afirmar la importancia tan particular que tenía el simbolismo astrológico para Dante. Las últimas palabras de El Infierno, «a contemplar de nuevo las estrellas», caracterizan el retorno a un estado propiamente humano, en el que es posible percibir como un reflejo de los estados superiores. [...] En cuanto al verso final de El Paraíso, «aquel que mueve el Sol y las estrellas», designa el término final del viaje celestial, el centro divino que supera todas las esferas y que, según la expresión de Aristóteles, es el motor inmóvil de todo; el nombre Amor que le es atribuido podría dar lugar a interesantes consideraciones con relación al simbolismo propio a la iniciación de las órdenes de caballería.[35]

Según Edy Minguzzi, especialista en historia de la literatura e interesado especialmente por los aspectos esotéricos del texto escrito, Dante habría obtenido una gran inspiración para su obra en *De Nuptiis Philologiae et Mercuri* de Marciano Capella, historiador del siglo V. El mensaje de Capella, profundamente neoplatónico, habría abierto a Dante vías insólitas para dar cuerpo a una obra accesible sólo a los letrados más atentos a las implicaciones herméticas del texto escrito. Minguzzi concluye:

> Si existe una vena esotérica en *La divina comedia*, debería ser trasladada a un ámbito muy preciso: el del hermetismo alquímico. [...] Las tres obras alquímicas (al Negro, al Blanco y al Rojo) se superponen perfectamente al Infierno, el Purgatorio y el Paraíso en los movimientos, el simbolismo y el significado. Además, únicamente a la luz de las prácticas alquímicas adquieren sentido numerosos pasajes oscuros e inertes desde un punto de vista semántico, confiriendo asimismo al sentido general un horizonte mucho más amplio.[36]

---

34. R. Guénon, *op. cit.*
35. R. Guénon, *op. cit.*
36. E. Minguzzi, *L'enigma forte*, Gênes, 1988, p. 6.

El misterio de Marciano Capella, por tanto, podría haber ofrecido a Dante ideas esenciales para construir la estructura de *La divina comedia*, en la que los símbolos religiosos y filosóficos ocultan los vinculados a la alquimia.

«Quinci su vo per no essere più cieco» («Subo para no estar ya nunca ciego»), de *El Purgatorio*, XXVI, 58: la subida es, por tanto, la metáfora de la ascensión que lleva al conocimiento, es decir, a «dejar de ser ciego». En realidad, cada terceto de *La divina comedia* abre una nueva vía esotérica: aventurarse a potenciales interpretaciones constituye una de las empresas más complejas y problemáticas de la historia de la cultura.

Las pocas observaciones que hemos recogido en este apartado, aunque fragmentarias, demuestran, a pesar de todo, lo difícil que es acceder a la obra de Dante sin correr el riesgo de perderse. De hecho, la inmensa bibliografía que existe sobre el tema constituye la prueba tangible de la dimensión del universo esotérico que *La divina comedia* despliega ante el lector, a menudo desorientado en este mundo de símbolos y alegorías, en que la apariencia no es más que el vago presagio de otras dimensiones llenas de conocimientos que tal vez nunca lleguen a ser accesibles.

Rimbaud, poeta atormentado

Se ha escrito mucho sobre la azarosa vida de Arthur Rimbaud (1854-1891), consumida en poco tiempo entre el furor de la poesía y el deseo de derribar las barreras humanas que se interponen entre la sensación y la acción. Rimbaud llegó a concretizar su violencia creativa en la transgresión y dio cuerpo a los remolinos de su torturada alma. Un alma fuertemente comprometida con el conflicto de los opuestos, y en que la elevación hacia la búsqueda estética no consiguió convivir con la necesidad casi física de infiltrar los abismos del ego, cayendo así en el laberinto de la perdición sin retorno.

Para captar la influencia del esoterismo en la poesía de Rimbaud, observaremos su soneto *Vocales*, en que se detecta, sin duda, la presencia del simbolismo alquímico, en un *crescendo* de alusiones alegóricas.

> A negro, E blanco, I rojo, U verde, O azul: vocales,
> diré algún día vuestros nacimientos latentes:
> A, negro corsé velludo de las moscas brillantes
> que zumban alrededor de hedores crueles,
>
> golfos de sombra; E, candor de los vapores y de las tiendas,
> lanzas de los glaciares orgullosos, reyes blancos, escalofríos de umbelas;
> I, púrpura, sangre escupida, risa de labios bellos
> en la cólera o en las borracheras penitentes;
>
> U, ciclos, vibraciones divinas de los mares verdosos,
> paz de las dehesas sembradas de animales, paz de las arrugas
> que la alquimia imprime en las grandes frentes estudiosas;

> O, supremo clarín lleno de estridencias extrañas,
> silencios atravesados por mundos y por ángeles:
> —O el Omega, ¡rayo violeta de sus ojos!

Intentemos analizar con detalle los versos de Rimbaud y captar su función dentro de la esfera alquímica.

Para empezar, es posible percibir que el poeta, en el primer verso, asocia un color a cada vocal: la elección cromática no es fruto del azar, porque el negro, el blanco, el dorado, el verde y el azul remiten a una especie de progresión alquímica que refleja, en el terreno de la coloración, las fases del *Opus Nigredo, Albedo, Citrinitas, Rubedo*. Los «momentos» de la transmutación, por tanto, pueden ser provisionalmente puestos en correlación con las vocales en la secuencia siguiente: A, E, I, U, O.

Las «moscas brillantes» evocan de nuevo la transmutación que lleva a la regeneración de la materia; he aquí, por tanto, la posibilidad de descubrir una segunda lectura además de la del proceso creativo de la palabra.

Partiendo de la obra, las palabras hallan la fuerza de ser insertadas en una nueva fase, convirtiéndose así en el instrumento fundamental del mecanismo de la transmutación.

En los versos del poeta simbolista, tenemos la posibilidad de recorrer de nuevo las distintas fases de la obra gracias a un mecanismo simbólico definido estructuralmente, que, sin embargo, no pierde de vista el papel evocador que tiene la poesía.

La fase inicial empieza en una dimensión que está dominada por la sombra, atormentada por «hedores crueles»: el mecanismo protoquímico del trayecto hecho de «escalofríos de umbelas» conduce al candor en que tomará forma y podrá renacer. Y así se pasa a la fase de la «sangre escupida», que, entre cólera y ebriedad, intenta liberarse de un cuerpo nuevo.

La evolución de este crecimiento alcanzará la conciencia de la armonía visiblemente transmitida en la «paz de las dehesas sembradas de animales». Sin embargo, detrás de la apariencia de la visión se encuentra una paz más profunda, hecha «de las arrugas que la alquimia imprime en las grandes frentes estudiosas». Es la paz del conocimiento, el equilibrio de un saber que permite al hombre no crear chirridos con su ser hasta que alcance la manera de estar en simbiosis con el todo.

La posesión del equilibrio, purificada de las enfermedades de la materia, lleva al «Omega», desde el cual es posible observar los «mundos» sin tener que formar parte de ellos, consiguiendo así captar la grandeza de las cosas con una mirada que puede llamarse Amor, Arte, Equilibrio...

Según Ambesi, «el arte combinatorio con el que [Rimbaud] sueña y al que vuelve en otros escritos tiene la exacta fisonomía alquímica en las líneas principales y puede distinguirse o yuxtaponerse a la técnica parecida de la agresión y de la disociación del discurso próximo a criterios cabalistas, en otras palabras, arquitectónicos».[37]

---

37. C. A. Ambesi, *Scienze, Arti e Alchimia*, 1991, p. 160.

> **BAUDELAIRE, HERMÉTICO**
> Rimbaud afirmaba que Charles Baudelaire (1821-1867) era «el primer vidente, rey de los poetas». ¿Por qué «vidente»? Según algunos intérpretes, su poesía está atravesada por características que la convierten en un testimonio particularmente rico de ideas que pueden dejar entrever una dimensión esotérica. «Los acentos insólitos que barren sus textos lo aproximan, sin embargo, a la familia de los gnósticos; en él se percibe la desesperación más profunda (como para los cátaros, podríamos decir que no pertenece a este mundo), pero esto no le impide conservar las ocasiones de belleza».[38]

El esteticismo hermético de Oscar Wilde

Se ha señalado que el esteticismo de Oscar Wilde (1854-1900) tal vez redujera en el autor la atención por los aspectos esotéricos más profundos. Es una hipótesis creíble que se adapta perfectamente a este personaje extraordinario y único de la Inglaterra victoriana. Los aspectos esotéricos que se traslucen en todos sus escritos son, en realidad, huellas destacadas por los intérpretes, condicionadas, sin duda, por la profundidad y la exactitud del pensamiento de uno de los intelectuales más fascinantes de la historia.

Wilde estaba seguro de que su infatigable búsqueda de la belleza correspondía a una ascensión hacia una especie de Condenación eterna comprensible en un terreno esotérico, algo que correspondía, por tanto, a una especie de pasaje, destinado a alcanzar la muerte de las miserias humanas y el renacimiento de la espiritualidad.

Su célebre frase «Quien ha contemplado la belleza con sus propios ojos está destinado a la muerte» puede ser considerada una declaración sobre la necesidad de perder los límites de lo humano a través del recorrido iniciático. Un camino que puede ser afrontado mediante la superación de las apariencias y la búsqueda de los significados herméticos de la obra de arte.

Por otra parte, como Wilde indica en el prólogo de *El retrato de Dorian Gray*, «todo arte es a la vez superficie y símbolo. Quienes se sumergen bajo la superficie lo hacen por su cuenta y riesgo. Quienes descifran los símbolos lo hacen por su cuenta y riesgo».

El escritor, por tanto, estaba convencido de que detrás de la apariencia había algo más. No obstante, a diferencia del enfoque esotérico puro, Wilde consideraba la belleza como el único medio de captar los mensajes más profundos del lenguaje del arte.

---

38. A. Nataf, *I maestri dell'occulto*, Roma, 1989, p. 206.

En *El retrato de Dorian Gray*, Oscar Wilde pone de relieve el papel esotérico del arte al trasladarlo al interior de una narración que corresponde a la tradición inglesa de las novelas de terror, aunque estas suelen estar caracterizadas por valores muy distintos. Como un nuevo Fausto, Dorian Gray consigue oponerse a las leyes de la naturaleza conservando inmutable su aspecto, mientras que el tiempo se ensaña con el retrato, fetiche del cuerpo del protagonista. El alma, en cambio, sigue siendo una prerrogativa de Gray, que soporta su peso hasta el aplastamiento.

Lo que el retrato revela es sólo la apariencia (aspecto exotérico), pero oculta algo más profundo, la verdadera esencia del individuo representado (aspecto esotérico), comprensible sólo por el adepto, capaz de descifrar el lenguaje del símbolo. Un símbolo que en *El retrato de Dorian Gray* llega hasta la apoteosis, ilustrando lo que Wilde designaba como el deber más importante del artista: «Hacer comprender la belleza de la derrota».

Volvemos así al binomio inicial belleza/muerte que aparece en muchas páginas de Wilde y que cristaliza límpidamente en las ilustraciones que Aubrey Beardsley realizó para algunas de sus obras.

Belleza y muerte serán las compañeras del gran intelectual irlandés, en particular en los últimos años de su vida, antes y después de su terrible experiencia en prisión, donde fue encerrado por mantener una relación homosexual.

Misticismo, cábala y símbolo en Kafka

El pensamiento de Franz Kafka (1883-1924) está marcado por un aura simbólica extremadamente densa que dificulta su interpretación, sobre todo cuando se tiene en cuenta la influencia de la cultura hebraica cabalística que a menudo trasciende en su obra.

El esoterismo hebraico

Kabbala es un término hebreo que significa «tradición» y designa las doctrinas esotéricas del hebraísmo; representa la interpretación mística de la Torá (Ley mosaica) y existe desde el siglo XII. La cábala está dividida en dos partes: la parte antigua (española), que se inscribe en el Zohar (Libro del esplendor), y la parte palestina, en la que encontramos temas de carácter apocalíptico y mesiánico. Según los expertos en el Talmud, también están presentes otras indicaciones esotéricas importantes. El término proviene de la raíz hebrea *imd* («estudiar») e indica la actividad exegética efectuada en la Mishna (la ley moral transmitida por Moisés). El Talmud presenta dos variantes: la babilonia y la palestina.

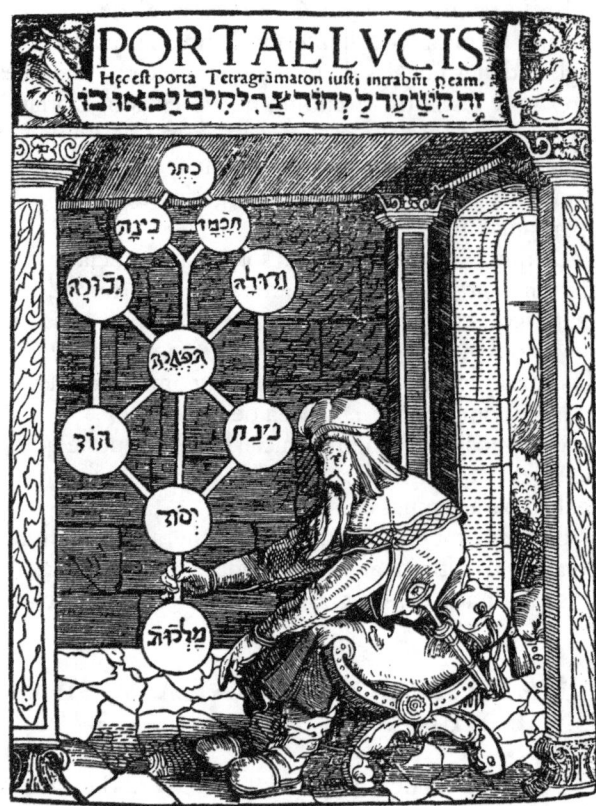

Representación del árbol de la cábala hebraica

Diversos eruditos han propuesto considerar la obra de Kafka como un mensaje esotérico fragmentado en sus novelas, estructurado según el simbolismo gnóstico (*gnôsis* en griego significa «conocimiento»). La gnosis, que se extiende por la región mediterránea en los siglos I y II a. de C., está considerada por el cristianismo como una herejía, y se divide en varias sectas.

La fuerte vena esotérica de Kafka está particularmente presente en su novela inacabada *El castillo* (1926), en la que el protagonista representa la figura del adepto deseoso de acceder a los secretos de la gran obra (guardados en el castillo); a pesar de sus esfuerzos, sólo consigue errar por el pueblo que rodea al castillo hasta que, en el momento en que tiene una oportunidad de llegar al conocimiento, fracasa frente al tan ansiado objetivo por falta de preparación.

Veamos la interpretación esotérica de *El castillo*, que describe, de hecho, la historia de un hombre empujado a aceptar un empleo en un aparato administrativo dominado por un misterioso patrón y cuya sede se halla en el interior del castillo. A pesar de sus intentos por penetrar en él, el protagonista no lo consigue y, por tanto, permanece en el pueblo que hay más abajo, de cuya comunidad entra a formar parte. Cuando un responsable acude a buscarlo, está durmiendo y no se da cuenta de nada, perdiendo así la oportunidad de entrar en ese misterioso lugar. La espera en el pueblo también puede ser interpretada como una especie de intermedio iniciático que el personaje de la novela debe superar para poder acceder a un nivel superior. Tal vez la novela acabada preveía, tras un periodo de aprendizaje en el seno de la comunidad, su entrada en el impenetrable castillo. Estamos obligados a imaginarnos un final así...

«De momento, esto es lo esencial: una vez el hombre está acostado en la cama y la cama en movimiento, el rastrillo desciende hasta el cuerpo. Se desplaza de manera que no lo toca más que con el extremo de sus puntas...». Este es un fragmento de una de las novelas más problemáticas de Franz Kafka: *En la colonia penitenciaria* (1914). En ella aparece una máquina de tortura, fruto de la industria del dolor, que parece expresar, ante todo, el miedo a la tecnología, que es vista como la autora de la destrucción del ser humano. La máquina de la colonia penitenciaria ejecuta de manera autónoma las condenas a muerte, escribiendo la sentencia directamente sobre el condenado, según un proyecto tecnológico delirante que, no obstante, el protagonista de la novela considera una obra maestra de la técnica y la creatividad. En la continuación del relato, sin embargo, el papel de este objeto improbable cambia radicalmente y la historia termina con el suicidio del oficial y, en el fondo, también con la muerte de la máquina, que acabará como el hombre, hecha mil pedazos.

Cabe destacar hasta qué punto la máquina de Kafka sintetiza la angustia del hombre frente a las posibilidades que ofrece la tecnología, cuando esta se convierte en un instrumento abiertamente utilizado por el poder. La máquina, triunfo de la mecánica, recrea una estructura típica del instrumento de tortura medieval. Aunque mucho más evolucionada, gracias a la tecnología, sigue funcionando según los modelos arcaicos cuyo fin es producir dolor utilizando el símbolo, yendo del sufrimiento físico del individuo al de la colectividad, y convirtiéndose en una metáfora de la potencia malévola del poder. La máquina de Kafka no es fruto de una fantasía inquieta, hasta tal punto aterrorizada por la idea del sufrimiento que imputa su origen a la ejecución libre de un invento mecánico que parece dotado de una existencia propia, exterior al hombre encargado de gobernar sus movimientos.

LA METAMORFOSIS DE KAFKA

¿En qué sentido el relato de *La metamorfosis* puede presentar una profunda particularidad esotérica? Una característica así procede, sobre todo, de la ambigüedad que envuelve la transformación del protagonista en insecto: una experiencia que puede tener diferentes lecturas. En efecto, detrás de esta mutación física puede ocultarse un cambio interior, transmitido por la metamorfosis espectacular que reduce a un hombre a ser un monstruoso coleóptero. Esta otra lectura del relato de Kafka, por tanto, puede ser esotérica, porque es portadora de significados susceptibles de ser descodificados únicamente por quienes desean levantar el velo de la apariencia.

Le grand verre de Duchamp

A menudo se han comparado la gran máquina descrita en *En la colonia penitenciaria* de Kafka y *Le grand verre* («El gran vidrio»), la obra abstracta de Marcel Duchamp. *El gran vidrio* está constituido por dos placas de vidrio superpuestas pintadas al óleo. La obra se yergue verticalmente en una sala del Museo de Arte de Filadelfia; mide 2,75 m de alto y 1,75 m de ancho. No se trata de un cuadro pintado sobre vidrio, sino de una obra sui géneris, en la que predomina la transparencia: las formas y los objetos presentes parecen colgar en un espacio vacío, paralelo. No hay figuras humanas, sino presencias ambiguas en las que la estructura mecánica se repite como *leitmotiv*, aunque las diferentes partes están dispuestas de tal forma que no ofrecen una visión coherente que pueda explicar ningún tipo de funcionamiento apto para producir una acción práctica.

El título original es más complicado que el que se ofrece habitualmente: *La mariée mise à un par ses célibataires, même* («La casada desnudada por sus solteros, incluso»). Un título enigmático, difícil de interpretar.

Cuando se observa en su conjunto, pero también en los detalles, *El gran vidrio* constituye una metáfora alquímica muy clara. Tomemos, por ejemplo, *La broyeuse de chocolat* («La trituradora de chocolate») —dispositivo con tres rodillos que se encuentra en la parte inferior, en el centro de la obra—, que presenta singulares correspondencias con la muela de la *Melancolía I* de Durero. En la obra del artista francés, como en la de Kafka, hay elementos de comparación en los que el cociente alquímico parece convertirse en un instrumento de conjunción y significado gracias a la hipérbole psicoanalítica.

En *El gran vidrio*, la transfiguración tiene lugar en la *broyeuse de chocolat*, aparato sin fisonomía sexual particular, atanor en el que «la casada desnudada» podría hallar el sentido de su sacrificio, antes de ser fagocitada por las ruedas disgregantes de la máquina.

Las páginas esotéricas de Pessoa

El portugués Fernando António Nogueira Pessoa (1888-1935) está considerado una de las personalidades más complejas y representativas de la literatura europea del siglo XX. Su vida estuvo caracterizada por una ausencia casi total de la escena cultural. Solitario por naturaleza, Pessoa se hizo famoso como ensayista e historiador de la literatura a través de su participación en la revista *Aguia* y, luego, en *Orpheu*, intentando, sobre todo a través de esta última, abrir la literatura portuguesa a los horizontes europeos. Toda su vida se dedicó a la poesía; realizó una serie de colecciones que se consideran grandes obras literarias. Recordemos *Oda marítima* (1915), *Poemas ingleses* (1921) y *Mensaje* (1933); también es autor del manifiesto futurista *Ultimátum* (1917).

En el amplio corpus textual, constituido por más de veinticinco mil documentos escritos por Pessoa y conservados en la Biblioteca Nacional de Lisboa, encontramos textos de un valor esotérico evidente. El interés del poeta portugués por el mundo de lo oculto desde los comienzos de su actividad literaria es visible en determinados artículos y poesías, pero fue tras el descubrimiento de la teosofía (1915), después de haber traducido un texto sobre el tema para la editora Livraria Classica, cuando inició el viaje por el universo esotérico.

La relación epistolar que mantuvo con el ocultista Aleister Crowley ejerció una gran influencia en Pessoa. Llegaron a verse en persona, pero, al parecer, el poeta no soportaba la tensión que le imponía de forma bastante penosa la personalidad dominante de Crowley.

Las opiniones de Pessoa sobre la francmasonería son significativas. La defendió en público en varias ocasiones, sin, no obstante, llegar a formar parte nunca de ella. Fue, sobre todo, la vertiente oculta y simbólica de la francmasonería la que lo sedujo. La transfirió en parte a la práctica literaria, descubriendo analogías entre la escritura poética y la iniciación esotérica:

> El grado de neófito consistirá en la adquisición de los elementos culturales con los que el poeta deberá contar al escribir poesía y que serán respectivamente, en lo que puede parecer una analogía perfecta, gramática, cultura general y cultura literaria específica.
> El grado de adepto consistirá, al desarrollar la analogía, en escribir poesía lírica sencilla como en una obra lírica común, escribir poesía lírica compleja y, por último, escribir poesía lírica ordenada o filosófica como en la oda.
> El grado de Maestro consistirá, por su parte, en escribir poesía épica, escribir poesía dramática, fusionar toda la poesía, lírica, épica y dramática, en una síntesis superior a los tres géneros.

Aunque se sentía seducido por el esoterismo, Pessoa mostró mucha atención por las problemáticas relacionadas con el significado de los símbolos:

> El camino de los símbolos es peligroso porque es fácil y tentador, y es fácil y tentador sobre todo para quienes, dotados de imaginación, son sin duda más proclives a caer por error y a inventar historias para los demás, creando falsedades, a veces inocentes, a veces menos inocentes.

Pessoa, en cualquier caso, insistía en el hecho de que los textos esotéricos, a menudo codificados, poseen la prerrogativa de alejar en lugar de acercar:

> Nadie lee los libros de ciencia hermética que se han publicado. Quienes los leen los dejan de lado riendo, o los abandonan, cansados de no conseguir comprenderlos. Es en la esencia misma de la magia —ciencia suprema— donde se halla la imposibilidad providencial de ser publicado como ciencia.

Partiendo de la consideración anterior, el poeta transfiere con pesimismo esta observación al plano humano, cubriendo de esoterismo y en ocasiones de tristeza el recorrido iniciático de cada uno de nosotros:

> Nacemos sin saber hablar y morimos sin haber sabido decir. Nuestra vida pasa entre el silencio de quienes se callan y el silencio de quienes no han sido comprendidos, y en torno a todo ello, como una abeja en un lugar sin flores, yerra un destino inútil.

El amor ardiente por el misterio, por lo irreal, por el sueño, se unía en Pessoa al amor por la verdad. Por este motivo, su entrada en el universo de los símbolos esotéricos hace notar al autor portugués que:

> El bien y el mal son términos creados para simbolizar cosas que, en sí, no contienen ni bien ni mal. El ocultismo es una política de la Voluntad absoluta, en la que figura como mal, como contrario a sus intereses trascendentales, todo lo que es Inteligencia; pero la Inteligencia es un mal sólo para quien la considera un enemigo.

Para Pessoa, el esoterismo se convierte en parte integrante de este tipo de ascesis que conduce al hombre deseoso por superar la apariencia en dirección al saber. Este itinerario puede desarrollarse a través de tres direcciones, todas ellas marcadas por el lenguaje esotérico, aunque cada vez con particularidades y efectos distintos: la magia, el misticismo y la alquimia, «la más difícil y la más perfecta de todas [las vías], porque llega a incluir una transmutación de la persona que se prepara a ella, sin por ello comportar riesgos, sino, por el contrario, defensas que otros no tienen».

Esoterismo y arte

El vínculo entre el arte y lo que denominamos, aun de manera arbitraria, como esoterismo tiene orígenes muy antiguos. Para algunos estudiosos, podría incluso remontarse a las pinturas rupestres de la prehistoria.

Este vínculo no ha perdido consistencia y ha dado lugar a numerosas tesis, pero también a muchas conjeturas sin significado, que han llegado hasta nuestros días, aunque cuando más se afirmaron fue durante el Renacimiento.

En las láminas de Giorgione o El Bosco, en los frescos del palacio Schifanoia o en el laberinto iconográfico de la Capilla Sixtina, así como en otras muchas obras de diferentes periodos, los investigadores han captado toda una serie de símbolos esotéricos singulares.

Erwin Panofsky (1939) realiza una investigación iconológica que retoma las tesis de Cesare Ripa, autor cuatro siglos antes de una *Iconología* (1593) en la que se indica el camino que permite considerar el arte como «un razonamiento por imágenes». La investigación de Panofsky se ha basado en gran medida en el valor mágico y esotérico del arte. Considerada un método de interpretación histórica capaz de superar los aspectos puramente descriptivos y clasificadores del análisis, la iconología se presenta como el instrumento más apropiado para superar la apariencia y la representación en sí.

Esta clave de lectura es la que ha permitido a los eruditos descubrir, por ejemplo, unos vínculos sólidos entre El Parmigianino y la alquimia, entre Rembrandt y el satanismo, entre Leonardo da Vinci y la magia sexual, y así sucesivamente hasta llegar a Pollock, sin olvidar a Duchamp, De Chirico o Magritte.

Sin duda alguna, este tipo de lectura se afirma a través de dos directivas: para empezar, la relación atávica entre el artista y el universo del misterio y de lo sobrenatural, y, luego, el uso de una cultura esotérica en el enfoque de la tradición pictórica.

El artista mago

Plinio narra el encuentro de dos pintores griegos, Zeuxis y Parrasio, durante el cual el primero muestra al segundo una pintura que acaba de terminar y que representa un racimo de uvas: «Y en estas que unos gorriones revolotean alrededor del cuadro y, engañados por el parecido perfecto de la reproducción, intentan picotear los granos». En ese instante, Parrasio invita a Zeuxis a su taller para mostrarle los prodigios de su arte. Cuando llegan al taller, Zeuxis le pide a su colega que aparte el velo que cubre el cuadro, pero en realidad el velo forma parte del cuadro, y Zeuxis no puede evitar reconocer la superioridad de Parrasio: «Yo he engañado a los gorriones, pero tú me has engañado a mí». En el Renacimiento, esta versión de la anécdota fue atribuida a Sodoma, y en el siglo XVII, a Annibal Carrache.

Sabemos por Estrabón que un semental intentó montar a una yegua pintada por Apeles, que un grupo de codornices voló hacia una codorniz pintada por Protógenes y que la representación de una serpiente hizo que unos pájaros dejaran de gorjear... Pero hay casos mejores: un carnero pintado por Tiziano hizo balar a las cabras y un retrato realizado por Durero fue confundido por un perro con su propio amo. El retrato del papa Pablo III, de Tiziano, que se había dejado secar en el saliente de una ventana, provocó el saludo de los transeúntes. Vasari describe esta última anécdota y cuenta otra similar sobre Giotto: el gran pintor, cuando todavía era aprendiz con Cimabue, pintó un insecto sobre un cuadro del maestro, quien, al no darse cuenta del engaño, intentó espantarlo.

En la práctica, el deber del artista, en la línea de la teoría platónica del arte, es superar siempre el modelo de la naturaleza para mejorarlo. Por ejemplo, durante el siglo VI a. de C., se decía que las estatuas de Dédalo debían ser atadas porque, de lo contrario, saldrían huyendo. El artista, por tanto, es un mago en todos los sentidos: conoce la técnica para rivalizar con la naturaleza, posee el don de mejorarla y tiene el poder para dar vida a la figura.

El artista mago crea la obra y le da vida. La representación se convierte así en el medio de efectuar la acción ritual, según este tipo de enfoque simbólico que Frazer ha definido como «magia homeopática».

Es interesante observar que:

> Cuanto más fuerte es la creencia en la función mágica de la imagen, en la identidad entre realidad efectiva y representación figurada, menos importante es el carácter de la imagen en sí misma [...]; cuando se atribuye a un objeto un alto grado de poder mágico, su parecido con la realidad no es de una importancia decisiva [...]; cuanto más íntimas son las relaciones entre el símbolo (la representación figurada) y el objeto simbolizado (la realidad efectiva), menos notable es el parecido externo, y, por el contrario, este es tanto mayor cuanto más débil es el grado de las relaciones.[39]

El parecido, por tanto, no corresponde a una total fidelidad a la naturaleza, sino que radica más bien en el potencial que tiene la obra de conservar en ella la esencia, positiva o negativa, del tema representado.

---

39. E. Kris y O. Kurz, *La leggenda dell'artista*, Turín, 1982, p. 75.

Es también a partir de esta creencia como San Agustín condenaba las «artes demoniacas», capaces de «hacer entrar los espíritus invisibles en los objetos visibles hechos de materia».

La interpretación de San Agustín fue influenciada por el hábito satanizador que veía en las efigies del paganismo imágenes peligrosas, auténticas representaciones satánicas. La estatua de Diana o la de Júpiter eran, de hecho, representaciones del demonio adoradas por los adeptos a Satanás.

Por otra parte, las características físicas del diablo (cuernos, patas de cabra, cola, etc.) eran tomadas de las representaciones recurrentes de las divinidades silvestres paganas, adoradas en regiones en que, en la Edad Media, se decía que se reunían las brujas para celebrar el sabbat.

> **SALVATOR ROSA, EL «PINTOR DE LAS BRUJAS»**
> Salvator Rosa (1615-1673) es conocido por sus telas sobre brujería, que figuran entre las más vivas representaciones del sabbat, según la interpretación que caracteriza la cultura del siglo XVII. Son representaciones oscuras, poderosas, a veces intensamente escenográficas, en las que encontramos imágenes y símbolos presentes también en sus paisajes más elaborados, llenos de ambientes evocadores, en los que la matriz naturalista y la elaboración fantástica se mezclan sin solución de continuidad.
> Bernardo de Dominici, en su libro *Vida de los pintores, escultores y arquitectos napolitanos* (1742), cuenta que Salvator Rosa pertenecía a un grupo llamado Congregación de la muerte, cuya tarea consistía en matar a soldados españoles durante rápidas acciones nocturnas. Además, se decía que este misterioso grupo practicaba la nigromancia.

Sin duda alguna, la idea de que el artista es capaz de mantener el control sobre su obra insuflándole una energía extraordinaria se remonta a la tradición mágica y demuestra, una vez más, la antigua alianza entre arte y esoterismo. No es menos interesante «observar cómo la imagen del artista que da la vida, que anima sus cuadros con su propio trabajo, nos lleva también a la fe hacia el poder creador de la divinidad que da aliento vital a formas de arcilla».[40]

Durante el Renacimiento se divulgó la anécdota según la cual algunos pintores evitaban pintar los ojos de determinados rostros presentes en sus obras para impedir que tomaran vida y se salieran del perímetro del fresco o del retablo en el que estaban representados.

---

40. E. Kris y O. Kurz, *op. cit.*, p. 81.

La sonrisa de la Gioconda

Es una obra al óleo sobre madera de álamo que mide 77 x 53 cm y fue pintada por Leonardo da Vinci (1452-1519). En la actualidad esta obra maestra pertenece al Museo del Louvre. El cuadro es conocido con el nombre de *La Gioconda*, pero en muchos países se denomina *La Monna Lisa*. ¿Se trata de una obra esotérica? Sí, quizá, debido sobre todo a la dificultad a la hora de descubrir la identidad de la modelo y captar el sentido del cuadro.

Tal vez el retrato represente a Lisa Ghirlandini, la mujer del comerciante florentino Francesco del Giocondo, o quizá se trate de una misteriosa dama de Florencia cuyo retrato fue encargado por Julián de Médicis, hermano de Lorenzo. También podría tratarse de una misteriosa mujer de Nápoles. En realidad, esta obra, que algunos consideran un autorretrato de Leonardo con rasgos femeninos, siempre ha suscitado múltiples interrogantes. La modelo no lleva ninguna joya, a diferencia de la moda de la época. *La Gioconda* se caracteriza por una sonrisa llena de ambigüedad y de misterio. Hay quien aventura la hipótesis de que se trata de la sonrisa del iniciado que conoce secretos vetados a la mayoría de las personas. Este singular cuadro puede ser objeto de un ejercicio intelectual de gran efecto si se intentan descubrir los valores esotéricos más o menos latentes que hay en él. Desde esta perspectiva, el vínculo entre el sujeto y el paisaje es fundamental. Ambos parecen unidos en una especie de lazo simbólico constituido por la unión de los colores y la luz según un programa estético y alegórico que es posible consultar en el *Tratado de la pintura*, escrito por Leonardo.

La hipótesis que sostiene la existencia de un significado esotérico en el origen de la misteriosa obra del genio Da Vinci se basa en la dificultad de descubrir la identidad de esta mujer cuyo rostro oculta un misterio que sigue sin explicación.

La ira de los dioses es otro tema recurrente en las anécdotas sobre artistas: los pintores y escultores son castigados por haber querido sustituir a Dios con sus obras.

El episodio de la torre de Babel (Génesis 11, 4) es, sin duda, el ejemplo más conocido de la presunción constructiva del hombre que acaba por enfrentarse a las reglas celestiales.

Hay que recordar que el papel del artista esoterista depende del entorno en el que vive, que puede atribuirle dones extraordinarios por su comportamiento y su lugar en el seno de la sociedad.

La naturaleza esotérica del arte se expresa a través del lenguaje del símbolo, sirviéndose de signos organizados según un esquema nunca caótico, pero perceptible por niveles, en el que se puede penetrar con los instrumentos de la observación. El arte, fortalecido por su simbología intrínseca, se revela «una vez más como el lugar entregado al pensamiento mítico, tanto como lugar de exhibición del símbolo como dentro de las artes figurativas o como el lugar en el que el pensamiento poético dibuja la duplicidad de lo real en el despliegue de la narración».[41]

Para el psicoanálisis, la actividad artística es el indicador de un malestar interior (también lo son el recurso a la magia y al pensamiento mágico según la crítica racionalista). Así es como Sigmund Freud definía, en su ensayo *El creador literario y el fantaseo* (1908), las instancias en el origen de la búsqueda creativa: una insatisfacción destinada a buscar en otro espacio un posible en el que incluso la apariencia y las certezas inalienables puedan ser puestas en duda y reconstruidas si es necesario.

> Podemos afirmar que las personas felices no fantasmean nunca; sólo los insatisfechos lo hacen. Las fuerzas motrices de los fantasmas son deseos insatisfechos, y cada fantasma es la realización de un deseo, una corrección de la realidad insatisfecha.

Es probable que, como sostenía Proust, «sin enfermedad nerviosa no haya grandes artistas». Y tal vez sea a causa de ello por lo que «el arte exterioriza en los colores del espectro la composición íntima de estos mundos que denominamos "individuos" y que sin el arte no conoceríamos nunca» (*La prisionera*).

La cuestión fue posteriormente desarrollada por C. G. Jung en su ensayo *Psicología y poesía* (1930):

> En la obra de arte, la visión representa una experiencia más profunda y más fuerte que la pasión humana. [...] En el sentimiento, vivimos lo que es conocido, pero la intuición nos lleva hacia lo desconocido y lo escondido, hacia cosas ocultas por naturaleza; estas cosas, aunque las hayamos conocido, han sido luego intencionadamente enmascaradas y convertidas en algo misterioso; por este motivo, desde los tiempos más remotos, se consideran algo enigmático, confuso y equívoco.

Los universos imposibles de Escher

El arte de Maurits Cornelis Escher (1898-1972) representa uno de los universos más complejos y fascinantes que relacionan el modelo geométrico-abstracto con una dimensión marcada por estructuras formales regulares, más cercanas a un juego matemático u óptico que a una obra de arte en sentido estricto. Y es que los universos imposibles de Escher se construyen sobre la ilusión, sobre la anomalía de la perspectiva que se convierte en un signo marcado por un significado propio que no es comprensible a primera vista.

El esoterismo del artista holandés, que recupera determinados modelos del arte medieval, se concretiza en un trazado gráfico que contrasta notablemente con la evaluación racional y que, por esta particularidad, se transforma en mensaje cifrado, oscuro. En ciertos aspectos, Escher es muy próximo a los autores de los artificios complejos e inextricables de la miniatura medieval, en parte presentes en la decoración arquitectónica románico-gótica.

41. G. C. Benelli, *Il mito e l'uomo*, Milán, 1992, p. 313.

Arriba y abajo,
obra de M. C. Escher

Jung llega más tarde a una importante conclusión que, incluso desde la óptica que tiende a evaluar la compleja relación entre arte y magia, sigue siendo muy actual: «El misterio de la creatividad, como el del libre albedrío, es un problema trascendental que la psicología no puede resolver, sino sólo describir. La personalidad creadora es un enigma cuya solución será buscada de numerosas maneras, pero siempre en vano». ¿Igual que la magia? Desde la óptica psicoanalítica freudiana, «el arte, que no ha empezado como arte por el arte, está en un principio al servicio de tendencias que, en la mayoría de los casos, hoy han desaparecido. Precisamente podemos afirmar que, entre estas, muchas son intenciones mágicas».

Y, como la magia, «el arte está hecho para trastornar; la ciencia, por su parte, tranquiliza...», decía Georges Braque.

La Melancolía I de Durero

Entre las numerosas obras de arte del Renacimiento vinculadas al universo de la alquimia y el esoterismo, la *Melancolía* (1514) de Alberto Durero (1471-1528) ocupa un lugar de honor. El artista alemán, autor de importantes obras pictóricas, es conocido sobre todo por su gran producción de grabados de notable valor estético, fruto de una técnica de ejecución muy precisa.

Melancolía I es, sin duda, el grabado de Durero más estudiado y el que, a pesar de los análisis a los que ha sido sometido por ilustres historiadores de arte, conserva intacto su misterio.

Uno de los estudiosos más interesados en los aspectos herméticos del arte, Maurizio Calvesi, ha dedicado un libro de más de doscientas páginas a esta singular obra, demostrando el estrecho vínculo que existen entre el grabado y la alquimia.[42]

En realidad, las relaciones entre esta obra y el universo del esoterismo ya habían sido señaladas por el gran investigador de iconología Erwin Panofsky, primero, y por C. G. Jung, después, abriendo nuevas vías para la interpretación de los múltiples significados de una piedra angular del hermetismo en el arte.

Describir esta obra no es una tarea fácil. Basta pensar que este singular trabajo al buril está constituido por unas cuarenta figuras simbólicas que envuelven el sujeto central: una mujer representada en actitudes típicas de quienes sufren melancolía.

El estado melancólico es muy ambiguo, porque es la expresión de una condición muy precisa y, sobre todo, porque su valor simbólico unifica aspectos que pueden estar muy alejados entre sí. En general, la melancolía puede ser utilizada para indicar una enfermedad mental que se caracteriza por la ansiedad, la depresión y el agotamiento, aunque una visión así se limita a un nivel superficial. *Melancolía I*, por tanto, es un territorio rico y complejo en el que símbolos y alegorías se mezclan en un tejido figurativo que, todavía hoy, no ha sido completamente descifrado.

---

42. M. Calvesi, *La melanconia di Albrecht Dürer*, Turín, 1993.

> **LOS CUATRO HUMORES**
>
> La teoría de los cuatro humores, que podemos atribuir a Hipócrates, médico del siglo V, condicionó intensamente la cultura de la Antigüedad y de la Edad Media. Según una teoría de tradición clásica, los cuatro elementos que constituyen el universo (aire, agua, fuego y tierra) hallan su equivalente en el cuerpo humano en forma de cuatro humores: sangre, bilis amarilla, bilis negra y flema. En función del humor que domina, la persona puede tener un carácter sanguíneo, colérico, melancólico o flemático. Según esta teoría, la enfermedad puede ser vencida devolviendo el equilibrio a los cuatro humores. Su unión en el organismo humano es posible por el pneuma, una supuesta zona inflamada que se difunde por los vasos sanguíneos y calienta de manera adecuada los cuatro humores.

Ante la obra de Durero, surge espontáneamente la pregunta de por qué es señalada con un «I»: la alusión se refiere a la «obra en negro», que es el estadio inicial del *opus* alquímico. En sustancia, se trataría de la *nigredo*, la primera de las cuatro fases que caracterizan la transmutación alquímica: *nigredo* (negro), *albedo* (blanco), *citrinitas* (amarillo) y *rubedo* (rojo).

Así pues, el grabado del artista alemán podría ser considerado la primera etapa del recorrido que el adepto debe emprender para llegar al nivel superior; el suyo, por tanto, es un trabajo difícil que debe ser afrontado con un gran equilibrio y con la conciencia de que el itinerario está cubierto por un bosque de símbolos.

Recordemos algunos de los más representativos del grabado. A la derecha, arriba, encontramos el limbo mágico hecho con dieciséis tampones numerados: un símbolo esotérico que, girado 45 grados, también está presente en otro grabado que representa al famoso alquimista Paracelso. Además, encontramos, en parte oculto por la gran piedra cuadrada (símbolo presente en numerosas religiones y perteneciente a las alegorías francmasonas), el crisol, instrumento indispensable en la práctica alquímica, cuya forma triangular está ampliamente documentada en la iconografía esotérica de los siglos XVI y XVII. Al crisol se une el atanor (el horno en cuyo interior tiene lugar la transmutación de la materia), que en el grabado ocupa las dimensiones de una torre y prevalece sobre toda la composición, certificando así el papel protagonista que la alquimia desempeña en *Melancolía I*.

No podemos examinar con detalle todos los símbolos del grabado, porque sería demasiado largo. Nos limitaremos, pues, a observar que Durero ha codificado en su obra más famosa una intención esotérica evidente al servirse de la cultura alquímica. Las motivaciones que llevaron al artista a utilizar el lenguaje característico de la gran obra hay que buscarlas en la necesidad de comunicar un saber poco accesible, pasarela posible entre la apariencia y el misterio. Podríamos incluso preguntarnos si «una especie de alianza ideológica no se habría perfilado, entre algunos artistas y teóricos o adeptos a la alquimia, para la defensa de la actividad imaginaria común».[43]

Cabe añadir que, si bien desde cierto punto de vista *Melancolía I* puede ser considerada una alegoría de la primera y más oscura fase del proceso alquímico, también es posible dar otra lectura de esta obra sin que ello reste nada a sus aspectos esotéricos. Podría representar, en efecto, el proceso creativo del artista, inmóvil aquí en el estadio más bajo e inicial (la melancolía es el estado de humor más característico de los artistas), que espera elevarse hacia la creación obtenida a través de la transformación de la materia. Desde este punto de vista, el paralelismo con el «proceso alquímico» amplifica el sentido mágico y misterioso que, según la interpretación esotérica, gobierna la actividad artística.

GIORGIONE Y LA CUESTIÓN DEL «TRES»

Giorgione fue, ante todo, el pintor de los filósofos. Su marcada vena simbólica se expresa en un recorrido que ha llevado a muchos estudiosos a pensar en la pista de la alquimia, que a veces parece incluso más marcada que en la obra de otro artista fascinado por la gran obra: El Parmigianino.

De Giorgio da Castelfranco (1477-1510), llamado Giorgione, no poseemos mucha información; sabemos, por supuesto, que sus contemporáneos le reconocieron cierto prestigio, como se ve en *El cortesano*, de Baldassare Castiglione, donde el nombre del pintor aparece junto a los de Leonardo, Mantegna, Rafael y Miguel Ángel. Tal vez Giorgione fuera alumno de Giovanni Bellini; estudió las obras de Antonello de Messine y es posible que conociera a Leonardo durante su estancia en la laguna veneciana. Hoy la crítica reconoce que Giorgione no tuvo una formación típica marcada por el aprendizaje en un taller, sino que concretizó su talento mediante las estrechas relaciones mantenidas con el ambiente humanista y pudo, sobre todo, fortalecerse con el estudio de la música y la poesía, lo cual es confirmado por Vasari.

Las últimas obras de su vida son fascinantes y misteriosas. En *La tempestad* (1508) y *Los tres filósofos* (1507-1510) se puede recorrer un itinerario simbólico que habría alcanzado cotas extraordinarias si la peste no se hubiera apropiado de la vida de este genial joven artista.

Vasari termina así su capítulo sobre Giorgione en *Vidas de los más excelentes pintores, escultores y arquitectos*: «Enfermó de peste [...], enfermedad que en poco tiempo, a la edad de treinta y cuatro años, le hizo pasar a la otra vida, no sin el infinito dolor de un gran número de sus amigos, que lo amaban por sus virtudes...».

Al trazar los preceptos alquímicos, Giorgione, en *La tempestad*, desveló, sin ocultar jamás significados ni símbolos, la autonomía de los cuatro elementos (tierra, agua, aire y fuego), que, en el retablo expuesto en las galerías de la Academia de Venecia, destacan por un uso extraordinario del color.

---

43. M. Calvesi, *op. cit.*, p. 63.

Sin embargo, Giorgione probablemente sabía que, según la tradición esotérico-alquímica, no se pueden alcanzar las formas más o menos evolucionadas en el origen de la vida más que con una especie de mezcla de los cuatro elementos. Una vida bien expresada en la mujer que amamanta, una vida que ha adquirido forma a través de la unión de los elementos, todos ellos presentes en el retablo y siempre bien separados, dispuestos a mezclarse en este gran atanor representado por la superficie en la que el pintor traza las alegorías y transforma los pensamientos en colores.

Los tres filósofos

Los tres filósofos (Viena, Kunsthistorisches Museum) es una de las obras de Giorgione en que mejor se manifiesta la influencia de una cierta tradición esotérica. Es como si este cuadro pudiera desvelar la voluntad del artista de contener en él los niveles de la «triple sabiduría», mediante el simbolismo de los Reyes Magos dando respuesta a las instancias de la alquimia...

Durante los siglos XVI y XVII, la obra fue interpretada de forma distinta y, por consiguiente, designada con varios títulos: *Los tres matemáticos* (1659) o *Los tres magos esperando la aparición de la estrella del pastor* (1783).

La estructura y composición de la obra son bastante simples. A la derecha, tres personajes de edades diferentes aparecen representados delante de un árbol de gruesas ramas. También a la derecha, se halla la entrada a una caverna; un escorzo central presenta un paisaje constituido por colinas detrás de las cuales se entrevé un atardecer, y algunas casas hacen más concreto este contexto extratemporal.

El más anciano de los tres hombres sostiene una hoja sobre la cual aparecen claramente unos dibujos geométrico-astrológicos. El más joven está sentado y mira hacia la caverna; sostiene en su mano una escuadra y traza con un compás unos dibujos sobre una hoja que tiene sobre las rodillas. El último hombre no posee ningún objeto y su ropa lo sitúa en la línea de los personajes «orientales».

Las interpretaciones más inspiradas de esta obra se remontan al siglo XIX: en pleno Romanticismo, se vio en esta tela a «Evandro y Palante indicando a Eneas el lugar en el que se erguirá el Capitolio» o a «Marco Aurelio con dos filósofos».

En general, sin embargo, las diferentes interpretaciones han tendido a identificar a los tres personajes con «tres pensadores en contemplación de la naturaleza, cada uno para sí, pero unidos por un deseo común de conocimiento».[44]

Hasta aquí, la relación con los Reyes Magos podría parecer forzada, poco lineal, constituida por sugerencias esotéricas, sin una base objetiva ni fundamentada sobre indicaciones históricas palpables.

Un gran historiador del arte, Lionello Venturi, pudo analizar la tela utilizando rayos X. El resultado fue extremadamente interesante: la figura de la derecha al principio estaba pintada con una gran diadema oriental; la del centro, como si se

---

44. G. C. Lensi Orlandi Cardini, *Giorgione. Tres capolavori alchemici*, Carmagnola, 1986, p. 21.

tratara de un moro, y la de la izquierda llevaba un turbante. Según Venturi, puesto que los Reyes Magos venían de Oriente y, según la interpretación más habitual, la figura central era un moro:

> Es probable que la primera idea de Giorgione fuera representar a los Reyes Magos. Es cierto que nunca se ha visto en la iconografía una escena que representara a los Magos sin su llegada ante Jesús. Pero pesamos que Giorgione, para dar un pretexto a su imaginación, se inspiró en una leyenda apócrifa en la que los Magos eran aficionados a los misterios celestes, es decir, eran astrólogos que esperaban la aparición de la estrella fugaz. Es evidente que, en la versión definitiva, Giorgione pretende no dejar que se refleje su primera inspiración de la leyenda y transforma a los Reyes Magos en filósofos.[45]

En la práctica, Giorgione habría decidido transformar la representación de los Reyes Magos, basada en una tradición apócrifa, confiriendo a los tres personajes un aspecto diferente, que, sin embargo, no choca con sus significados simbólicos originales. Basándose en esta superposición, algunos investigadores sostienen que estos personajes representan las tres edades del hombre, pero también las tres formas de la existencia contemplativa (búsqueda, meditación y enseñanza). Quizá con sus dibujos, su escuadra y su compás, estos tres personajes efectivamente están efectuando cálculos astronómicos complicados para definir el instante preciso del paso del cometa. Y también la cueva oscura podría ser el símbolo de la nada a la que se enfrenta cada día el ser humano cuando piensa en su condición mortal sin el consuelo de la fe. Podría tratarse, asimismo, de la caverna del monte Vittoriale, citado por algunos apócrifos. Todas estas suposiciones parecen de entrada gratuitas, pero es interesante intentar profundizar un poco en ellas.

Si observamos atentamente el cuadro, notaremos que de la caverna sale una fuente: alusión a la historia descrita en el libro *El libro de la caverna de los tesoros*.

El libro de la caverna de los tesoros

Este texto de origen sirio en el siglo VI sufrió unos cambios debidos a los nestorianos y los monofisitas. La redacción original podría datar de antes del siglo V. Existe también una traducción árabe más tardía (siglo X) titulada *Kitab al-Magall*. La obra se caracteriza por una presentación en forma de didascalia en la que el autor se dirige a un «hermano Nemesio» que se convierte en su interlocutor.

El *Gadla Adam* (o *Vida de Adán*) y el *Qalementos* son obras que se considera que derivan del *Libro de los tesoros*: son bastante cercanas cronológicamente hablando y ambas están escritas en etíope. En la segunda, el *Libro de los mandamientos* aparece claramente citado (un texto escrito por Set por dictado de Adán, su padre).

45. G. C. Lensi Orlandi Cardini, *op. cit.*

El color de este arroyo es insólito, como «fuego incandescente»: un elemento de lo más curioso «que se desliza como una corriente de lava y que no halla otra explicación que la de una erupción volcánica»...

¿Se trataría de una referencia más o menos oculta a la alquimia? Muchos especialistas están convencidos de ello, sobre todo teniendo en cuenta que en los colores de los tres grupos étnicos representados por los Reyes Magos se ha querido ver los diferentes grados de la transmutación alquímica: *nigredo* (llamado también «etíope»), *albedo* y *rubedo*.

Para los alquimistas, en la tela hay muchos símbolos que dan a *Los tres filósofos* un significado vinculado a la gran obra:

— el anciano de barba blanca cubierto de oro es el hermano Basilio Valentino de la Orden de San Benito, monje de la abadía de San Pedro de Erfurt en el electorado de Magonza, que vivió en 1413, el más famoso alquimista de su tiempo [...];
— el árabe con turbante es un maestro, mucho más antiguo que el hermano Basilio Valentino; se trata de Djabir Hajjan, llamado Djabar, conocido entre nosotros como Geber [...];
— la presencia de los dos filósofos detrás del joven artista confirma que no se puede alcanzar la iniciación más que mediante la enseñanza de un maestro que asiste.[46]

Aunque se basen únicamente en suposiciones esotéricas, según estas fascinantes hipótesis, Giorgione «transformó» a los Magos y elaboró su significado primitivo a la luz de un itinerario alegórico y simbólico en conformidad con la cultura hermética de su tiempo.

Las interpretaciones recientes de la obra de Giorgione tienden a ver en el personaje más anciano la alegoría de la Teología. En efecto, en la hoja que sostiene se puede percibir una representación del eclipse de sol, símbolo, según León Hebreo:

[...] de una conjunción mística del alma (la Luna) con Dios (el Sol), dejando en la oscuridad el cuerpo (la Tierra). Las radiografías han revelado, además, que el personaje, en la primera versión, llevaba en la frente una diadema luminosa en forma de rayos de sol y, por tanto, divinos. El teólogo muy probablemente sea Moisés.[47]

El hombre más joven, con sus instrumentos de medida, observador atento concentrado en la entrada de la caverna, representa las ciencias naturales. Va vestido «a la griega», porque fue en Grecia donde «nacieron la ciencia y la filosofía de la naturaleza».

El personaje que está entre los otros dos, de piel más oscura, inquietante, va vestido «a la oriental» y simboliza las artes mágicas, la astrología y la alquimia.

---

46. G. C. Lensi Orlandi Cardini, *op. cit*.
47. M. Calvesi, «La "morte di bacio". Saggio sull'ermetismo di Giorgione» en *Storia dell'arte*, n.º 7/8, 1970, p. 202.

HERMES TRIMEGISTO

Los textos atribuidos a Hermes Trimegisto, que antiguamente se creía que databan del tiempo de los faraones, tras una atenta revisión filológica, han sido resituados en los siglos II y III. El importante papel simbólico que se reconoce a Hermes Trimegisto proviene, entre otras cosas, de la apropiación de esta figura por la cultura cristiana. Como los Reyes Magos, la figura de Hermes Trimegisto se ha teñido de cristianismo. Pensemos, por ejemplo, en la teoría que lo considera una alegoría de Moisés. Para confirmarla, hay que desplazarse a la catedral de Siena. Aquí, en un trabajo de marquetería realizado sobre el suelo de mármol se halla representado Hermes Trimegisto; es una obra de Giovanni di Stefano que data de la década de 1480. El personaje mítico está en el centro de la representación, con su mano puesta sobre una losa sostenida por dos esfinges en la que aparece grabado un pasaje abreviado del *Asclepio* en que se habla del hijo de Dios: es la profecía de Hermes. Su mano derecha sostiene un libro abierto en que está escrito *Suscipite O Licteras et Leges Egiptii*; se trata de una referencia a la definición de los egipcios ofrecida por Cicerón: *Licteras et Leges*. El libro es ofrecido por Hermes a un personaje que se inclina hacia él, mientras que detrás aparece una tercera figura. En total, tres personajes: ¿acaso es una alusión a la «trinidad» de Hermes? La triple grandeza de Trimegisto, en efecto, es una expresión de los papeles del sacerdote, del filósofo y del legislador. Una vez más encontramos el simbolismo de las tres figuras, de los tres niveles de conocimiento... Los tres estadios del conocimiento —la práctica (el más bajo, el de las leyes), el humano (el del centro, el de la filosofía) y el divino (el superior, el de la religión)— son los mismos que los de *Los tres filósofos* de Giorgione, en los que se apoyan los tres personajes representados.

Retrato ideal de Hermes Trimegisto

Así es como se definía la *triplex evita* sobre la que meditaron con frecuencia los filósofos del Renacimiento: tres comportamientos para conocer la vida que reflejaban otras tantas fases de la edad humana, en conformidad con lo que afirmaba Marsilio Ficino: «Hay tres tipos de vida: contemplativa, activa y voluptuosa»... Esta afirmación tiene su equivalente humano en el personaje egipcio de la Antigüedad Hermes Trimegisto (tres veces el más grande).

Sin embargo, para Agrippa von Nettensheim (1486-1535), personaje difícil de definir y profundo conocedor del hermetismo, las tres partes de la sabiduría

Retrato de Agrippa von Nettensheim   El círculo mágico atribuido a Agrippa

eran la teología, las matemáticas o la astrología y la física. Estas tres ciencias correspondían a las tres partes del mundo: intelectual (teología), celestial (matemáticas/astrología) y elemental (física). Los tres niveles de la sabiduría mantenían un estrecho vínculo con los tres grados del conocimiento designados por Ficino: *imaginatio* (con relación a eventuales acontecimientos naturales), *ratio* (con relación a la esfera de lo humano) y *mens* (todo lo que guarda relación con lo divino).

En esencia, descubrimos que en *Los tres filósofos* de Giorgione se ha introducido toda una tradición hermética cuyo punto de partida puede situarse en la cultura de los Reyes Magos de influencia zoroastriana y a la que, poco a poco, se han incorporado las interpretaciones del simbolismo esotérico del Renacimiento que han conferido al modelo de los «tres personajes a la espera» un significado cada vez más amplio y complejo que el otro, mucho más simple, que se basaría sólo en la astrología. El único punto inmutable sigue siendo la cuestión del tres, cifra de la perfección y del conocimiento.

El secreto alquímico de El Parmigianino

Empecemos por recorrer de nuevo determinadas etapas de la vida de Francesco Mazzola, llamado El Parmigianino (1503-1540), que hacen referencia a las palabras de Giorgio Vasari extraídas de *Vidas de los principales pintores, escultores y arquitectos italianos*, que es la única fuente a partir de la cual han nacido numerosas hipótesis y reconstituciones sobre la misteriosa relación entre El Parmigianino y la alquimia.

Empezó por abandonar la obra, o cuando menos, a trabajar de forma extremadamente lenta [...] porque, al haber empezado a estudiar las cosas de la alquimia, había dejado de lado todas las cosas de la pintura, convencido de tener que enriquecerse más bien congelando el mercurio. Se torturaba el cerebro, no por pensar en bellos inventos con pinceles y aparejos, y perdía todo el día manipulando carbón, madera, bolas de vidrio y otros cachivaches similares, que le hacían gastar en una jornada más de lo que ganaba en una semana [...]; en mala situación, convertido en una persona melancólica y extraña, se vio afectado por una grave fiebre y un flujo cruel que le hicieron pasar en poco tiempo a mejor vida [...]; fue enterrado desnudo con una cruz de ciprés en lo alto del torso.

Vasari, que se sirvió de informaciones transmitidas por Girolamo Bedoli, marido de una prima del pintor, señala que el joven artista parmesano estuvo torturado gravemente por una manía, fue arrastrado por la búsqueda de «enriquecimiento congelando el mercurio».

Y esta búsqueda fue tan alocada que lo llevó a la tumba en muy poco tiempo: murió a los treinta y siete años, por una enfermedad, o tal vez por algún otro motivo. ¿Se envenenó con el mercurio? ¿Fue asesinado porque había descubierto la manera de transformar el plomo en oro? ¿O quizá desvelara, a través del lenguaje de su pintura, conocimientos que no debían ser revelados?

El vínculo con la alquimia ha dado vía libre a numerosas hipótesis sobre la figura de El Parmigianino, un artista que sigue estando envuelto en un aura a menudo difícil de atravesar. Pero ¿qué sabemos realmente del pintor Francesco Mazzola?

Sabemos que creció en contacto íntimo con el arte. Fue criado por sus tíos, unos modestos pintores de provincia, y fue una persona muy próxima (¿aprendiz?) a Corrège.

Sorprendió a todo el mundo por su precocidad: en 1523 pintó el ciclo dedicado a la fábula de Acteón en la fortaleza de Fontanellato, propiedad de los Gonzaga. Al año siguiente lo encontramos en Roma, donde descubrió la obra de Miguel Ángel y Rafael (este descubrimiento fue decisivo) y donde pudo definir su personalidad adquiriendo esa sólida poética que lo convirtió en uno de los más vivos intérpretes del manierismo italiano.

Después de abandonar Roma en 1527, se trasladó a Bolonia y, luego, a Parma, donde fue encarcelado a causa de las deudas que había contraído para hacer frente a los gastos necesarios para la actividad alquímica. Consiguió escapar de prisión y refugiarse en Casal Maggiore, donde murió, afectado por una profunda desesperación y quizá llevándose a la tumba la conciencia de haber desperdiciado un talento que la historia no olvidaría.

El número limitado de obras dejadas por El Parmigianino no ha afectado a su importancia. Su herencia artística, transmitida por sus alumnos y seguidores, ejerció una gran influencia en la pintura francesa de la época. Entre sus obras más conocidas, además del ciclo de Acteón, del que ya hemos hablado, cabe citar *La virgen de la rosa*, *La dama del turbante*, *Antea* y la enigmática *Madonna del largo cuello*. Creaciones que, según los críticos, constituyen un momento fundamental para la historia del arte. Para los esoteristas, en cambio, algunas de estas obras poseerían elementos particularmente significativos para descubrir el vínculo entre Francesco Mazzola y la alquimia.

Como sabemos, los mensajes dejados por los alquimistas en forma de dichos, epígrafes, citas y dibujos simbólicos constituyen uno de los enigmas más complejos y fascinantes del universo esotérico.

¿Es posible distinguir estos mensajes en las obras de El Parmigianino? Muchos están convencidos de que sí. Sin embargo, dando muestras de un exceso de racionalidad podemos formularnos la siguiente pregunta: si Mazzola abandonó la pintura para dedicarse a la alquimia, ¿cómo pudo «escribir» antes en su obra lo que intentó conocer más tarde?

Existe una gran cantidad de respuestas posibles para esta pregunta y, al mismo tiempo, no existe ninguna... Nunca sabremos si El Parmigianino se interesó por la alquimia a causa de una voluntad banal de transformar el vil metal en oro y, así, enriquecerse para pagar las deudas que lo asaltaban o si, por el contrario, su búsqueda fue más profunda, alquímica en el sentido junguiano del término.

Sabemos que para proseguir con la alquimia abandonó el trabajo que se le había encargado, es decir, pintar la capilla de Santa Maria della Steccata, en Parma, una empresa importante que los instigadores quisieron luego confiar a Julio Romano. Nos remitimos de nuevo a las memorias de Vasari: «Los hombres de la Steccata, viendo que había abandonado por completo el trabajo y habiéndole pagado más de lo necesario, iniciaron un proceso tras el cual fue encerrado en prisión. Una noche huyó con algunos de sus amigos a Casal Maggiore».

Si observamos el *Autorretrato en un espejo convexo* realizado por El Parmigianino en 1524, actualmente en Viena (Kunsthistorisches Museum), que se remonta al tiempo de los frescos de Santa Maria della Steccata, encontraremos una representación muy alejada de la que debía corresponder al artista de entonces: «Con su barba y su larga cabellera mal ordenada, casi un salvaje», recuerda Vasari. En realidad, en el autorretrato el autor se idealiza, aparece como un noble pensador, con rasgos que para algunos críticos de arte recuerdan los del rostro de Cristo, muy próximos a la interpretación de Durero de una generación anterior.[48]

Otro supuesto autorretrato (óleo sobre papel pegado sobre tela, conservado en la Galería Nacional de Parma) lo representa con rasgos muy diferentes, muy envejecido y con tonos que encontramos frecuentemente en las descripciones denominadas «melancólicas».

El Parmigianino, por tanto, se «veía» diferente a como lo veían los demás: se había transfigurado sirviéndose del lenguaje simbólico de la fisiognomía para convertirse en la figura emblemática del filósofo. Por así decirlo, Francesco Mazzola había entrado en el personaje. Quizás el motivo y la acción resonaran a distintas frecuencias, pero lo cierto es que este artista no puede ser considerado simplemente un loco, él, que tuvo la ilusión de encontrar en la alquimia la solución para el desastre de sus finanzas. Había algo diferente... ¿acaso sus incesantes búsquedas tenían motivaciones de carácter religioso?

Sydney Freedberg, en el libro *Parmigianino. His work in painting*, editado en Cambridge en 1950, subraya que la obsesión alquímica del pintor «podría haber sido inspirada, en un último análisis, por motivos religiosos».

---

48. R. M. Wittkower, *Nati sotto Saturno*, Turín, 1988, pp. 99 y 100.

La alquimia

Es una tarea de lo más ardua intentar definir la alquimia en unas pocas líneas, puesto que se trata de una de las experiencias más complejas y problemáticas del universo esotérico. Para algunos se trata de una especie de lejano antepasado de la química moderna, pero esta es una interpretación que no gusta en absoluto a los esoteristas, para quienes la alquimia es una ciencia sagrada. Para ellos, el proceso alquímico debe ser considerado una actividad de carácter simbólico, practicada con el objetivo de conducir al ser humano hacia las más altas cumbres del conocimiento.

El concepto de base de la alquimia, el que es conocido por todos (exotérico), es representado por la búsqueda de la piedra filosofal que permite transformar la vil materia (plomo) en materia noble (oro). En realidad, se trata de una metáfora, ya que detrás de la transformación se oculta, en verdad, una búsqueda de la perfección intrínseca que el alquimista persigue a través del camino del conocimiento. El alquimista, por tanto, es quien sabe interpretar los símbolos de la naturaleza y quien es capaz de transferirlos al interior del lenguaje esotérico. Tal vez la alquimia representa el punto más alto del esoterismo de todos los tiempos, una materia muy complicada que sólo algunos conocen en profundidad y que presenta sin cesar dos categorías: lo conocido y lo secreto. El alquimista dice o escribe una cosa para indicar otra: su lenguaje es típicamente esotérico, incomprensible para la mayoría de nosotros.

Jung: psicoanálisis y alquimia del alma

La alquimia, en virtud de su estructura simbólica articulada, ha sido objeto de análisis serios por parte de psicólogos y psicoanalistas. La aproximación se ha hecho de manera natural, ya que los procesos mentales que están en el origen del arte sagrado hallan repercusión en los instrumentos establecidos por los estudiosos del alma.

Carl Gustav Jung (1875-1961) ha sido el más famoso de los intérpretes de la alquimia. Propuso su propio método de investigación y «otra» forma de considerar la transmutación y sus símbolos. Antes de Jung, E. A. Hitchcock (1798-1870) propuso una lectura «psicológica» al indicar que la alquimia no debía ser considerada la memoria de una especie de protoquímica, sino la expresión de una técnica muy superior: el hombre es el sujeto principal de la ciencia sagrada, y su perfeccionamiento o, cuando menos, su mejora, es el fin fundamental de todas las operaciones ocultas en el laberinto del símbolo.

Y fue el símbolo el que activó en Jung el interés por este universo misterioso, compuesto por referencias continuas a universos paralelos y basado en la voluntad constante de poner en relación el imaginario y la historia, la ciencia y la metafísica. Jung estableció una correspondencia profunda entre los símbolos de la alquimia y las imágenes procedentes del universo onírico, lugar en el que la dimensión interior del hombre se expresa con la voz del inconsciente.

> Antes de descubrir la alquimia, tuve una serie de sueños que trataban sin cesar del mismo tema. Cerca de mi casa había otra, es decir, otra ala o un cuerpo extranjero. Me preguntaba cada vez por qué no conocía esta casa a pesar de que aparentemente había estado siempre en este lugar. Luego soñé que llegaba hasta esa ala y descubría en ella una magnífica biblioteca de los siglos XVI y XVII. Grandes y amplios volúmenes en papel forrados con piel de jabalí aparecían por las paredes. Entre ellos había un determinado número de libros decorados por inscripciones extrañas en cobre y cuyas ilustraciones contenían símbolos que yo no había visto hasta entonces. En aquella época no sabía a qué hacían referencia; no fue hasta mucho más tarde cuando los reconocí como símbolos alquímicos. En el sueño yo era consciente sólo de la fascinación que sentía ante ellos y ante la biblioteca entera.[49]

Asimismo, resulta muy interesante, en la mecánica que caracteriza el enfoque del gran psicólogo suizo de la alquimia, la forma en que la reina de las ciencias se ha revelado útil en un enfoque distinto de la cultura del cristianismo:

> Una noche me desperté y vi a los pies de mi cama, aureolada por una cegadora luz, la figura del Cristo en la Cruz. No parecía completamente viva, pero era extremadamente nítida y clara; vi que su cuerpo estaba hecho de oro tintado de verde. La visión era maravillosamente hermosa, pero yo estaba profundamente conmovido. Llegué a la conclusión de que había olvidado algo en mis reflexiones, la analogía de Cristo con el *aurum non vulgi* y la *viriditas alchimistica*. [...] El oro verde es la cualidad vital que los alquimistas descubren no sólo en el ser humano, sino también en la naturaleza orgánica. Es una expresión del espíritu de la vida, el *anima mundi* o *filius microcosmi*, el *Anthropos* que anima el cosmos por completo. Este espíritu se ha divulgado por todas las cosas, incluso en la materia inorgánica; está presente en el metal y en la piedra. Mi visión, por tanto, era una unión de la imagen del Cristo y de su equivalente en la materia, el *filiius macrocosmi*.[50]

Como revelan numerosos textos herméticos, la alquimia puede ser una disciplina espiritual y cristiana, sin por ello perder de vista su propio lenguaje práctico.

En *The Sophic Hydrolith*, se compara la vida de Jesús con la transformación de la piedra en la obra alquímica:

> El fuego que calienta el material es como la hoguera de la aflicción por la que tuvo que pasar Jesús cuando fue rechazado e insultado por los hombres. El periodo de digestión química, la gestación de la semilla durante cuarenta días en el recipiente, es como el ayuno de Jesús durante cuarenta días y cuarenta noches en el desierto. Y la vida de Cristo nos ha proporcionado los elementos necesarios para nuestra redención personal, ya que su bautizo y su crucifixión son el agua y el espíritu que nos regenerarán cuando tengamos que pasar a través de la hoguera y alcanzar la verdad del Cuervo Negro, la mortificación que se sufre con la pérdida de la belleza y de la reputación y cuando se experimenta un profundo sufrimiento.[51]

---

49. C. G. Jung, *Ma vie, souvenirs, rêves et pensées*, Gallimard, 1973.
50. C. G. Jung, *op. cit.*
51. C. Gilchrist, *L'alchimia. Una scienza segreta*, Milán, 1990, p. 88.

Es posible, en efecto, creer banalmente que la alquimia ha surgido del solo principio de querer producir oro por métodos heréticos y artificiales. En sus veleidades de conocimiento, sin duda hay una necesidad diferente, quizás incluso una instancia inconsciente, que lleva al ser humano hacia la luz.

Sin embargo, el camino hacia la luz pasa por la conquista de la materia y por lugares apropiados en los que se medita acerca de las características de la apariencia, lo cual permite acercarnos a las dimensiones del espíritu, ya que se adquiere la conciencia de los límites humanos, a menudo no considerados, mientras el hombre se contenta con seguir su propia presunción de ser la criatura más evolucionada. Así pues, también a través de la materia el ser humano puede entrar en la dimensión de lo sagrado, reconsiderando objetivamente su propio papel en la historia. Para El Parmigianino, esta materia estaba constituida por la pintura. Para muchos eruditos, el primer indicio de los intereses esotéricos debería captarse en los frescos de la fortaleza de Fontanellato, donde el pintor realizó la *Historia de Acteón*, extraída de las *Metamorfosis* de Ovidio.

La historia es trágica y abundante en símbolos. Acteón, durante una batida, sorprende a Artemisa desnuda, dispuesta a «rociarse el cuerpo con gotitas de agua». La diosa lanza agua al cazador, que es transformado en ciervo y, al instante, es devorado por sus perros. Una historia mítica como tantas otras, pero que representaría el final de quienes, como el alquimista, son alentados por el deseo de conocer secretos casi divinos y que acabarán por ser víctimas de este mismo deseo. Existe algo de profético en este relato que recuerda la muerte de El Parmigianino, tal vez él también víctima del deseo de poseer los secretos de la ciencia sagrada y envenenada por ella en cuerpo y alma.

El misterioso número 72

El misterio se intensifica en *El retrato del conde Gian Galeazzo San Vitale*, en que el gentilhombre sostiene una moneda en la mano derecha en la que aparece el número 72. Se han formulado numerosas hipótesis sobre el valor simbólico de dicho número.

Confiemos en un experto, Giordano Berti, para descubrir algo más:

> Es una alusión hermética evidente; si tenemos en cuenta las relaciones entre los números y los planetas, el 2 correspondería a Júpiter y el 7, a la Luna. En esencia, el 72 simbolizaría la realización de la *coniunctio oppositorum*, que es uno de los fines de las prácticas alquímicas.

Empecemos por el 2. El 2 tiene el papel simbólico de la pareja que alimenta, particularmente en la tradición esotérica, alquímica y religiosa, el valor del dualismo, que indica claramente las diferencias y señala por una demarcación precisa la existencia de dos niveles, a menudo opuestos entre sí, pero también simplemente diferentes, cuyo encuentro es la base de la dinámica cultural.

En el Éxodo se dice que Dios ordenó a Moisés que sacrificara 2 corderos; Moisés golpeó 2 veces la roca de la que brotó el agua para su pueblo. Sabemos, además, que el Señor podía devolver la vida después de 2 días (Oseas 6, 2); Herodes quiso que fueran asesinados todos los niños de menos de 2 años (Mateo 2, 16); Pedro escuchó 2 veces el canto del gallo después de haber negado por tercera vez a su maestro (Marcos 14, 72).

El 7 también contiene un valor sagrado importante, ya que está formado por la unión del ternario y del cuaternario, un binomio que en la tradición esotérica constituye el signo divino. De este modo, el simbolismo divino (3) y el de la universalidad (4) están unidos en una sola dimensión en la que lo espiritual y lo físico conviven.

El 7 es el número de los pecados capitales y de las virtudes. Hay 7 sacramentos, 7 dones del Espíritu Santo y 7 preceptos de la Iglesia. El 7 es también la cifra de los signos de la Pasión de Cristo, quien, además, exhorta a perdonar a sus enemigos 70 veces 7 (Mateo 22).

Asimismo, cabe recordar que las ceremonias dedicadas a Apolo se celebran el séptimo día de cada mes.

En la cosmología compleja de los antiguos egipcios, el 7 correspondía esotéricamente a la vida eterna.

En el *Libro de los muertos* también encontramos esta indicación sobre el simbolismo del 7: «En los campos de los bienaventurados, la cebada crece hasta 7 varas»; «una serpiente vive y su nombre es Rerek, su espalda mide 7 codos de longitud, se alimenta de los muertos y los extermina».

Esta armonía cósmica parece evidenciarse en el hecho de que el 7 es también el número de las notas musicales y de los colores del arco iris. Un ejemplo para la ciencia, un motivo simbólico muy preciso para los esoteristas, que, como hemos visto, consideran el 7 como una referencia fundamental.

En la tradición hindú, hay 7 rayos de sol: el séptimo, el del centro, es la expresión divina que alcanza la tierra con un inmenso poder y da a los hombres la fuerza de Dios.

En la Biblia, el 7 es utilizado 77 veces. Las 77 apariciones del número 7 no dejan duda alguna sobre su papel simbólico: es un número siempre próximo a los hechos y acontecimientos fundamentales; el candelabro *(Menhorà)* tiene 7 brazos, la bestia del Apocalipsis tiene 7 cabezas y 7 son los ojos de Dios de los que habla Zacarías.

Así pues, se trata de comprender si El Parmigianino era realmente consciente del valor de los símbolos que introdujo, sin significado aparente, en una obra por desgracia limitada.

La ciencia sagrada

La Madonna del largo cuello, expuesta en la Galería de los Uffizi, en Florencia, es otra obra maestra que ha suscitado numerosos análisis.

«Tu cuello es como una torre de marfil», se clama en el Cantar de los Cantares (7, 4): la referencia a la Virgen por el cuello efectivamente desproporcionado pintado por El Parmigianino es casi demasiado simple, pero ello no explica, sin embargo, el vínculo con la alquimia. La relación es posible para algunos al considerar esta figura como una especie de jarrón filosofal, espacio en el que tiene lugar la transmutación: una vez más, ciencia sagrada y religión cristiana estarían vinculadas por el hilo de un simbolismo sin duda fascinante pero difícil de aceptar sin reservas justificadas.

En definitiva, más allá del valor superficial práctico y materialista, descubrimos que detrás del mensaje esotérico de la alquimia se ocultan significados más profundos impregnados de una experiencia sagrada de corte cristiano.

Una observación así puede llevar a lecturas a contracorriente y heréticas, que, al mismo tiempo, ofrecen caminos que hacen que el ser humano se sienta en relación con todas las expresiones de la cultura.

La relación atávica, pero sobre todo la armonía entre el microcosmos y el macrocosmos, asume así un tono fundamental en la experiencia mística del ser humano, porque le ayuda a derribar los muros estancos que caracterizan su experiencia cotidiana y le señala un camino capaz de hacerlo libre de escuchar las numerosas voces que, en la óptica esotérica, deberían llevar al conocimiento.

Vasari, más pragmático, no tenía en cuenta el importante papel de esta búsqueda del conocimiento y afirmaba perentoriamente: «Si hubiera dejado a un lado las tonterías de los alquimistas, seguramente habría sido uno de los más excelentes y poco frecuentes pintores de nuestra época».

La muerte se lo llevó antes incluso de que alcanzara los cuarenta años: no nos quedan más que las obras que los historiadores de arte fechan, interpretan y juzgan; sin embargo, nunca conoceremos el fruto de otra obra, la que los depositarios de la ciencia sagrada califican como «regia».

Quizá nunca conseguiremos hacer hablar a sus cuadros, mudos para la mayoría, fuente sagrada para otros.

André Breton y los surrealistas

El surrealismo se basa en la idea de un grado de realidad superior relacionado con determinadas formas de asociación hasta entonces olvidadas, en la omnipotencia del signo, en el juego desinteresado del pensamiento...

Esto es lo que dice el *Manifiesto del surrealismo,* escrito en 1924 por André Breton (1896-1966), un documento que resulta fundamental en la historia del arte contemporáneo, cuyo autor supo observar atentamente las teorías innovadoras del inconsciente.

El fundador del surrealismo subrayaba que el arte debe expresarse «sin el control de la razón, más allá de toda preocupación estética y moral».

André Breton invocaba «la absoluta necesidad de cerrar definitivamente toda relación con el idealismo propiamente dicho» y confirmaba la adhesión del movimiento al principio del materialismo histórico haciendo referencia a Agrippa y apelando a «determinadas prácticas de alquimia mental».

Breton subrayaba, además, que «las búsquedas surrealistas presentan una notable analogía de intenciones con las búsquedas alquímicas». Numerosos artistas e intelectuales que formaban parte del grupo, aunque se basaran ideológicamente en el racionalismo, fueron atraídos por la cultura esotérica y sus diferentes niveles simbólicos. No hay más que pensar en las obras de René Magritte (1898-1967), que presentan la profundidad del papel simbólico y esotérico en el seno de la búsqueda surrealista.

¿Por qué el surrealismo ha sido considerado esotérico? Sin duda, a causa de sus estrechos vínculos con el universo de la magia: una práctica presente en múltiples obras surrealistas que halla su apoteosis en *El arte mágico* de Breton, un volumen en el que el autor explora la historia del arte desde una óptica surrealista, poniendo en evidencia el peso del pensamiento mágico en el interior de la aventura creadora del ser humano.

El libro está tejido con referencias esotéricas, tanto en lo que concierne al lenguaje como a la elección de las imágenes; el autor reflexiona en particular sobre el arte prehistórico y primitivo, a menudo surgido de una creatividad espontánea y que refleja sin deformaciones las órdenes del inconsciente.

Gracias a esta prerrogativa el arte se vuelve esotérico: para comprender su significado, en efecto, es necesario superar las apariencias y penetrar en los aspectos más ocultos.

La apoteosis del lenguaje esotérico en el interior del movimiento surrealista tiene lugar con artistas como Max Ernst y Salvador Dalí.

Max Ernst (1891-1976) realizó una verdadera obra esotérica con su tela *Attirement of the bride* (1939-1940). La apariencia de la mujer casada, en primer plano, es monstruosa; aparece totalmente cubierta por un abrigo que le confiere el aspecto de una lechuza, criatura de la noche, pero también, según el saber esotérico, símbolo de sabiduría y emblema de Minerva. Junto a la esposa se encuentran una mujer desnuda, que es alejada por la primera, y un pájaro antropomorfo que sostiene una lanza rota, símbolo de la castidad perdida. A sus pies, se halla una pequeña criatura con cuatro senos, el vientre hinchado, órganos genitales masculinos y pies palmados: tal vez sea una alusión a la androginia, en que hombre y mujer se revelan en un mismo cuerpo.

Bajo un prisma hermético, la obra de Max Ernst podría ser la representación de un proceso iniciático expresado a través de la yuxtaposición de determinados símbolos fácilmente comprensibles para quienes saben sopesar las manifestaciones inconscientes transformadas en la poética surrealista en representaciones esotéricas.

El lenguaje pictórico alcanza una dimensión todavía más articulada en el terreno simbólico con Salvador Dalí (1904-1989). Artista ecléctico dotado de una extraordinaria creatividad y de una técnica irreprochable, Dalí insertó en la mayoría de sus obras individuos y formas que se prestan a varias interpretaciones, a menudo contradictorias. Los temas del tiempo, la visión y el sueño son «materiales» muy presentes en el psicoanálisis que aparecen de manera casi obsesiva en la pintura de este gran surrealista. Así, algunos símbolos esotéricos por excelencia reaparecen constantemente en sus obras; por ejemplo, el huevo (*Metamorfosis de Narciso*, 1937; *Niño geopolítico observando el nacimiento del hombre nuevo*, 1943) o las múltiples representaciones de animales híbridos procedentes de la mitología y elaborados a través de un lenguaje creativo que les confiere significados nuevos y misteriosos.

Los misteriosos retratos de Arcimboldo

El misterioso Giuseppe Arcimboldo (1527-1593) ocupa una posición muy particular en el seno de la relación arte-esoterismo. Realizaba retratos reuniendo diferentes elementos simbólicamente coherentes con el papel del sujeto representado.

La mezcolanza del mundo vegetal, animal y mineral no produce únicamente un puro *divertissement*, sino que oculta un conocimiento y un análisis psicológico profundos. Inscrita en un gusto artístico difuso, la obra de Arcimboldo resuena como una concepción unitaria del mundo. La no separación de las formas, el paso por lo humano, lo vegetal y lo animal «no denuncia, como en El Bosco y Bruegel, una condición de desorden moral, expresión del mal que se extiende por este mundo, sino que más bien revela la presencia de un orden distinto, manifestación de la esencia unitaria de todo lo que existe».[52]

Efectivamente, la estructura artística de Arcimboldo, casi un caso único en la historia de la cultura, propone una visión psicológica que se opone al modelo del Renacimiento: el pintor milanés plantea una posición geocéntrica de lo humano, situando en la base de la estructura antropomorfa animales y vegetales nítidamente dispuestos en los recorridos formales de los retratos.

El análisis de la obra de Arcimboldo supera indefectiblemente la perspectiva de este libro, por lo que nos limitaremos a constatar que, sin duda, el artista conocía la tradición esotérica. Así pues, en el retrato alegórico titulado *La Tierra*, la frente del modelo humano está representada por un zorro, porque «el más astuto de los animales se adapta bien a formar una frente humana, sede de la pillería: es ahí, en efecto, donde el hombre feliz finge a veces el dolor y, aun detestando, finge a menudo amar»... La mejilla, sin embargo, «sede» de la vergüenza, está constituida por un elefante, «de la que Plinio escribe en el octavo libro de su *Historia natural*: "la vergüenza, ser maravilloso, puesto que, vencida, esquivó la voz del vencedor y no se unió nunca en público a la mujer, sino sólo en lugares en los que no era vista por los demás».[53]

---

52. A. Carotenuto, *Il fascino discreto dell'orrore. psicologia dell'arte e della letteratura fantastica*, Milán, 1997, p. 187.
53. G. Comancini, *Il figino*, Mantua, 1591.

Esoterismo, música y teatro

La música es una experiencia cultural en que el lenguaje esotérico halla numerosas oportunidades para expresarse, sirviéndose a menudo de las múltiples facetas que constituyen la estructura formal y estética de su lenguaje.

Asimismo, cabe decir que la música, debido a su notable complejidad, no es comprensible más que para los expertos y, por tanto, puede convertirse en «esotérica» para quienes no poseen los conocimientos técnicos y culturales que constituyen el sustrato de esta experiencia artística.

Según los expertos, el repertorio lírico representa el territorio en el que el esoterismo puede expresarse con mayor fuerza: a través del simbolismo articulado que marca la obra lírica, el teatro y la música están unidos en una sola estructura poética en que los aspectos estéticos se mezclan con el símbolo de manera indisoluble.

La obra teatral también es muy potente, desde las antiguas ceremonias religiosas hasta las formas modernas de teatro de vanguardia, donde texto y mímica consiguen por sí solos reemplazar la coreografía, tornándose altamente simbólicos y creando entre el personaje y el espectador una corriente vital subterránea capaz de hacer emerger con fuerza las emociones humanas, como si de incontrolables fuerzas de la naturaleza se tratase.

Las nueve etapas iniciáticas de Beethoven

Según E. Bordeaux, uno de los biógrafos de Beethoven (1770-1827), para el gran músico alemán las nueve sinfonías son «lo que el Sermón de la montaña es para la vida de Jesús: sus sinfonías son la lucha intensa de Jesús en el huerto de Getsemaní». Una aproximación adecuada a la personalidad del gran músico que ya

Retrato de Ludwig van Beethoven

componía a la edad de doce años y que se quedó sordo a los treinta y dos. Beethoven vivió casi toda su vida en Viena, en condiciones a menudo precarias, y murió a los cincuenta y siete años, cuatro años después de componer la 9.ª *Sinfonía*.

Estas extraordinarias creaciones constituyen una de las piedras angulares de la historia de la música.

Además, según algunos esoteristas, representarían una especie de trayectoria iniciática, una ascesis en la que los expertos en simbolismo han visto un perfecto equilibrio entre alma y cuerpo, entre lo sagrado y lo profano.

En la *1.ª Sinfonía* estaría encerrado el mundo físico: los cuatro movimientos constituirían una alegoría de los cuatro elementos (aire, fuego, tierra y agua), activos en la turbación primordial de la tierra.

La *2.ª Sinfonía* designaría el mundo etéreo: la música expresaría el movimiento de los espíritus de la naturaleza que envuelven la existencia natural.

En la *3.ª Sinfonía*, llamada *Heroica*, se plasmaría la lucha entre el espíritu y la materia, caracterizada por una tensión que los esoteristas consideran la aplicación del adepto a sustraerse de los límites del materialismo.

El equilibrio y la búsqueda de la belleza serían el sustrato de la *4.ª Sinfonía*, en la que cuatro movimientos son designados como Serenidad, Felicidad, Belleza y Paz. En la práctica el adepto encontraría en estas notas los elementos necesarios para llevar una existencia correcta.

La *5.ª Sinfonía* está considerada una especie de síntesis alquímica en la que tiene lugar el choque entre los elementos; este estado es necesario para alcanzar la perfección, una perfección absoluta en que la materia no ejerce ningún peso sobre el espíritu.

La *6.ª Sinfonía*, llamada *Pastoral*, introduce al adepto en el universo de la luz, cuyo valor depende, naturalmente, del tipo de lectura que se desee hacer de la obra en sí. Para la persona de fe, es el conocimiento de Cristo; para el alquimista, la conquista de la piedra filosofal.

La *7.ª Sinfonía*, designada por Franz Liszt (1811-1886) como «la apoteosis de la danza», decretaría «el ritmo del camino iniciático que concluye, con un momento divino, en la luz eterna».

La *8.ª Sinfonía* se convertiría en palabra para lo que las palabras no saben decir: es la lengua anónima del adepto que ha captado ya la esencia de la materia y sabe escuchar las voces interiores, las de los espíritus de la naturaleza evocados con la *2.ª Sinfonía*.

La *9.ª Sinfonía* sería la etapa final, el punto de llegada para el adepto que ha atravesado el largo recorrido que lleva al equilibrio. Tal vez no sea casualidad que esta obra fuera encargada por una logia francmasona y que, por consiguiente, esté repleta de significados esotéricos accesibles sólo para quienes saben liberarse de las ilusiones de la materia.

Música y francmasonería

No cabe ninguna duda: el binomio música-masonería es una de las relaciones más características de las prerrogativas del esoterismo.

Sabemos que ya en el origen de la denominada francmasonería moderna (Londres, 1717), la música tuvo un papel importante, en especial como «base» de determinadas actividades y ritos.

Además, la música fue el soporte de los coros entonados por los masones; en general, los instrumentos privilegiados eran los de viento (clarinetes, trompas, fagots), y el órgano no se utilizaba, debido a su relación con la música religiosa.

Los ejemplos más antiguos de música masónica se remontan a 1723. Son cuatro himnos oficialmente inscritos en las *Constitutions of the Freemasons*; a partir de ahí tomaron forma muchísimas otras experiencias musicales, a menudo producidas por las diferentes logias.

En la mayoría de los casos, estas obras eran muy sencillas y estaban constituidas por frases y versos masónicos adaptados a aires y motivos ya conocidos. En algunas ocasiones las músicas eran elegidas porque se consideraban esotéricas y, por tanto, caracterizadas por símbolos masónicos ocultos para la mayoría de los hombres, identificables sólo para los iniciados. Entran en este grupo obras como *Zoroastro* y *Las Indias galantes* de Jean-Philippe Rameau (1683-1764) o la *Lucile* de André Modeste Gréty (1741-1813). Más tarde se reconocieron símbolos masónicos también en *La Marsellesa*.

Más allá del aspecto eminentemente ritual, cabe señalar que la música tuvo una función importante en los horizontes masónicos; y es que numerosas logias se convirtieron en promotoras de conciertos públicos.

El interés radicaba, por un lado, en ofrecer una ayuda a los compositores menos conocidos y, por otro, en que las sociedades filarmónicas podían ser una tapadera útil para las propias logias.

Algunas logias se dedicaron a encargar músicas ad hoc, a músicos conocidos e importantes. Recordemos las once sinfonías (de la 82 a la 92) de Joseph Haydn (1732-1809), compuestas para la Logia Olímpica de París, y los seis cuartetos de Wolfgang Amadeus Mozart (1756-1791). En general, sin embargo, se trataba de músicas encargadas por la francmasonería que no guardaban ninguna relación directa con el lenguaje simbólico de la sociedad esotérica.

El caso de las obras destinadas al público de los iniciados es distinto, puesto que poseen contenidos evidentes y alusiones masónicas. El ejemplo más emblemático es *La flauta mágica* de Mozart, de la que volveremos a hablar con detalle.

En cuanto experiencia de una cultura esotérica negada a los no iniciados, no conocemos qué particularidades eran necesarias para transformar la música en algo propiamente masónico. Quizás en la mayoría de los casos este contenido concernía a los textos; algunos especialistas señalan, además, la posibilidad de que estas músicas hubieran sido marcadas por una secuencia métrica particular.

Algunas obras fueron inscritas en la tradición masónica en virtud de la pertenencia del autor a una logia. Ese fue el caso de la *Música fúnebre masónica* de Mozart, que no debía relacionarse con la muerte física, sino considerarse una alegoría del adepto iniciado en los secretos masónicos. La obra de Haydn también puede inscribirse aquí, así como *Los elementos* y *Lecciones de tinieblas* de J. F. Rebel (1666-1747).

El cuarteto K. 465 de Mozart está relacionado con el simbolismo masónico. Al ser un «hermano» de la logia vienesa, «A la beneficencia», quizá Mozart escribió algunas obras con la voluntad real de atribuirles connotaciones mediante símbolos esotéricos.

Algunos ejemplos que indican un comportamiento así son *La alegría masónica* (K. 471), *El viaje del compañero* (K. 468) y la *Pequeña cantata masónica* (K. 623). Mozart, que llegó al tercer grado de la jerarquía en la logia, inició en la masonería a Léopold y Haydn.

Y encontramos a muchísimos otros músicos entre sus miembros. Recordemos, por ejemplo, a los siguientes: C. W. Gluck (1714-1787), J. S. Bach (1732-1795), F. Geminiani (1687-1762), G. B. Viotti (1755-1824) y A. Salieri (1750-1825).

De este último, citaremos una obra, *Tarare* (escrita en el libreto de Pierre-Austin Caron de Beaumarchais y representada en la Ópera de

Retrato de Léopold Mozart, padre del genial Amadeus

París el 8 de junio de 1787), considerada por los expertos rica en símbolos masónicos. Quizá Beethoven también estuviera afiliado a la francmasonería: sin duda existen algunas alusiones esotéricas en *Fidelio* o en la *9.ª Sinfonía*. La última sinfonía fue encargada por la Philarmonic Society de Londres, detrás de la cual se ocultaba una poderosa logia que obraba en la clandestinidad porque en aquella época, en Alemania y Austria, la masonería no estaba bien vista. El famoso *Himno a la alegría*, con música de Beethoven y texto de Schiller, a menudo es designado como la «banda original» masónica de los años en que Beethoven colaboró estrechamente con algunas logias, si bien carecemos de elementos sólidos para certificar que perteneciese a ninguna.

La música, por tanto, desempeñó una función importante en la tradición masónica: «Los hermanos la observaban con una atención particular como la materia en que parecían concretarse los ideales de universalidad y de unión de los espíritus perseguidos por la Orden».[54]

---

54. A. Basso, *La invenzione della gioia. Musica e Massoneria nell'età dei Lumi*, Milán, 1994.

Mozart da vida a La flauta mágica

Beethoven consideraba *La flauta mágica* como la obra maestra de Mozart. Wagner expresó la misma idea. Para muchos musicólogos, en esta obra «cada individuo y cada generación encuentran algo distinto: sólo a quien es simplemente cultivado, o al puro bárbaro, *La flauta mágica* no dice nada».[55]

No obstante, sin duda el simbolismo masónico constituye el *leitmotiv* de esta obra. Desde hace años, los especialistas se preguntan acerca de las motivaciones que llevaron al gran músico, que vivía sus últimos días (Mozart murió en 1791, año del estreno de *La flauta mágica*) a musicalizar un texto tan denso en símbolos y no siempre interpretable según un único punto de vista. Para algunos, *La flauta mágica* representa el auténtico testamento de ópera del gran compositor; para otros, expresaría su necesidad de introducir el mito en una obra «todavía racional y, sin embargo, ya anunciadora del romanticismo».[56]

En el libreto, de E. Schikaneder, podríamos encontrar las influencias de esa tradición mítica egipcia tan apreciada por la francmasonería. Según Massimo Mila, el terreno a partir del cual adquirió forma y sustancia *La flauta mágica* fue la novela francesa *Sethos*, publicada en París en 1731 y escrita por el abad Jean Terrasson (1670-1750).

Retrato de Wolfgang Amadeus Mozart

> [...] era un texto sobre los misterios de Egipto. Las analogías con la acción de *La flauta mágica* son evidentes, aunque algunos pongan en duda su influencia, y en dos ocasiones el libreto de Schikaneder extrae citas literales. El tema de *Sethos* es la educación de un príncipe sabio, que vivió cien años antes de la guerra de Troya, y comprende una introducción a los misterios, descrita con una gran exactitud.[57]

La obra presenta dos claves de lectura: una más superficial, una verdadera fábula para los espectadores poco proclives a la reflexión sobre los símbolos, y otra más

---

55. A. Einstein, *Mozart*, Gallimard, 1991.
56. P. Stefam, *Die Zauberflöte*, Viena, 1937, p. 17.
57. M. Mila, *Lettura del Flauto magico*, Turín, 1989, p. 13.

> ## La trama de la flauta mágica
> En resumen, la acción se desarrolla en un Egipto antiguo imaginario. Tamino, perseguido por una gran serpiente, es salvado por tres damas y por la Reina de la Noche. Sin embargo, no se da cuenta de ello, y Papageno, que entra en ese momento en escena, aprovecha para hacerle creer que lo ha salvado él.
> Enseguida es desenmascarado por las tres damas, que muestran a Tamino el retrato de Pamina, raptada por el mago Sarastro. La Reina de la Noche, madre de Pamina, pide a Tamino que la salve: si lo consigue, podrá casarse con ella. En su aventura, Tamino será acompañado por Papageno.
> El castillo del mago posee tres puertas (Razón, Naturaleza y Sabiduría); la tercera se abre tras una serie de acciones que conducen a la liberación de la joven. Luego Tamino y Pamina entran en el templo de la prueba. Entonces tienen lugar varios acontecimientos, que, como en un recorrido iniciático, llevan a los dos personajes a adquirir conciencia de que sólo la vía del amor permite alcanzar la auténtica felicidad. Todo ello, enriquecido con una serie de símbolos egipcios que contribuyen a conferir un ambiente en ocasiones misterioso y siempre repleto de fantasía.

cercana a la dimensión esotérica y, por tanto, destinada a espectadores atentos a los signos herméticos y para quienes la francmasonería adquiere un papel importante.

Una lectura profunda de la obra y la búsqueda de relaciones con la historia contemporánea han llevado a Massimo Mila a considerar que *La flauta mágica* es, en realidad:

> Una queja velada sobre el destino de la asociación secreta. Hay que ver en Tamino al propio José II (que pertenecía a la francmasonería, a diferencia de Leopoldo II, que le fue hostil); en Pamina, al pueblo austriaco; en Sarastro, al gran sabio francmasón Ignaz von Born, ex jesuita, fundador en 1781 de la logia vienesa «Zur wahrer Eintracht» («A la auténtica concordia»), fallecido en Viena el 24 de julio de 1791, en el mismo momento en que se componía la obra. Según esta interpretación fantasiosa, que nos viene del teólogo y francmasón Moritz Alexander Zille (1814-1872), en una publicación de 1866, la Reina de la Noche sería la encarnación de la emperatriz María Teresa, y el malvado Monostato, el clero, sobre todo los monjes y los jesuitas, o bien Léopold Aloys Hoffmann, francmasón renegado que en 1792 intentó convencer al emperador de un revolución orquestada por los francmasones.[58]

El saber oscuro del doctor Fausto

Fausto es, sin duda, uno de los personajes que más ha estimulado la fantasía de escritores y músicos. Y es que el fondo de la historia de este inquieto doctor no

---

58. M. Mila, *op. cit.*, pp. 23 y 24.

se limita al tema de vender el alma al diablo. Según una hipótesis interpretativa más profunda, Fausto se convierte en un personaje que quiere ir más allá de las apariencias y que desea, como el esoterista, conocer lo que está reservado a un reducido número de elegidos, aunque se exponga a importantes riesgos.

Existen múltiples interpretaciones de la historia de Fausto; su expresión más reveladora se halla en la obra homónima de Charles Gounod (1818-1893), extraída de la obra de Johann Wolfgang Goethe (1749-1832).

La historia es conocida: Fausto, viejo y cansado, pero consciente de su sabiduría y de su experiencia, invoca al diablo; Mefistófeles aparece y le promete darle todo lo que desee a cambio de su alma. Toda la historia se desarrolla en torno a la búsqueda desesperada del amor que no podrá ser satisfecho por Fausto.

En efecto, el personaje principal persigue durante toda la obra a su Margarita amada sin conseguir nunca conquistar su corazón. La mujer, antes que aceptar el compromiso de una existencia dominada por el mal, prefiere morir y salvar así su alma.

En la obra encontramos claras referencias a la tradición esotérica: una de las más reveladoras está constituida por la escena en que Margarita y Fausto asisten a la noche de Walpurgis. La leyenda cuenta que todas las noches, en las laderas del monte Brocken, en Harz, tendrá lugar la *Walpurgisnacht*, la mítica noche de Walpurgis: un gran sabbat en el que participan brujas procedentes de todas partes.

Paradójicamente, el origen de la fiesta hay que buscarlo en la figura de una santa, Walpurgis (710-779), de origen anglosajón, que llegó a Alemania para ser abadesa del monasterio de Heidenheim, donde vivió hasta su muerte. Aproximadamente un año después de su desaparición, las reliquias de la santa produjeron una esencia particular que resultó ser milagrosa. Según las creencias más divulgadas, en la noche del 30 de abril al 1 de mayo, los amantes de Satanás se reúnen para celebrar extraños ritos que los inquisidores consideran sabbat, pero que en realidad representan características muy cercanas a los cultos primaverales.

Fausto, gracias a su pacto con el diablo, asiste a la *Walpurgisnacht*, dentro de la categoría de adeptos a los que les está permitido conocer secretos ocultos, prohibidos para la mayoría de los mortales.

Producto del teatro de Christopher Marlowe (1564-1593), el mago Fausto no fue una creación original surgida de la imaginación de su autor, sino la reelaboración de un texto publicado en Frankfurt en 1587, *Faustbuch*. En este se narran las calaveradas de un teólogo, Johannes Faust, que, con ayuda de un libro mágico, invoca al demonio y le ven-

Retrato imaginario del doctor Fausto

de su alma; la obra termina con la muerte de Fausto, que es arrastrado por los demonios hasta el fondo del abismo del infierno.

Cabe decir que antes del *Faustbuch* circulaban numerosos relatos sobre el tema del comercio del alma con el diablo. Además, numerosas personas, a veces incluso respetables e influyentes, afirmaban haber conocido al diabólico doctor.

Aunque desde entonces se le considera un personaje histórico que vivió de 1480 a 1540, los datos sobre Fausto son limitados. Las fuentes hablan de un *Magister Georgius Sabellicus, Faust junior, fons necromanticorum, astrologus, magus secundus, chiromanticus, aeromanticus, pyromanticus, in hydrea arte secundus*.

Théophile Gautier (1811-1872) realizó una versión cómica de *Fausto*. En su obra, el diablo es un elegante *dandy*, muy esmerado en su apariencia y sus modales; una especie de chichisbeo detrás del cual obra socarronamente Belcebú.

Como ya hemos dicho, fue Goethe quien confirió la versión definitiva de la leyenda al escribir su famoso *Fausto*.

Han sido muchas las interpretaciones de este personaje realizadas por grandes compositores como Wagner, Boito, Busoni y J. S. Bach.

Las leyendas sobre Fausto y las tradiciones han continuado divulgándose durante mucho tiempo. Generalmente, se le ha calificado como «el más destacado brujo de toda Alemania»,[59] aunque en realidad ha tenido un papel marginal en la historia del arte mágico.

Fausto es un símbolo con dos rostros: el primero, el que lo convierte en un ser negativo, mágico y nigromántico, ha sido utilizado para construir una figura emblemática del mal y el pecado; el segundo, en cambio, ha conferido a Fausto la imagen de un ser insatisfecho en búsqueda permanente de un saber secreto que pueda proporcionarle las respuestas que su condición humana no puede alcanzar.

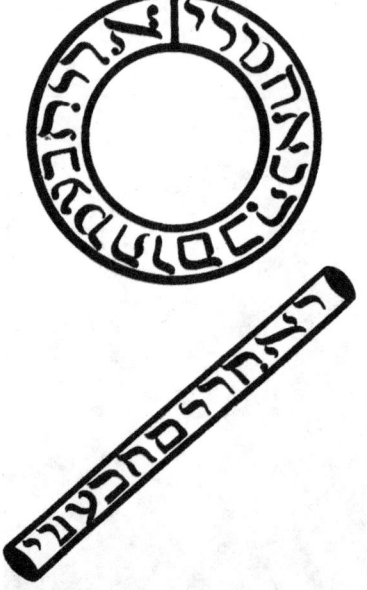

El anillo y la varita mágica atribuidos al doctor Fausto

El mundo pagano de Stravinski

Existe una obra singular en la producción de Igor Stravinski (1882-1971) que ha sido calificada como influenciada por una matriz esotérica de tradición pagana: *La consagración de la primavera*. Este es el título más conocido, si bien sería más correcto traducir *El rito de la primavera*, porque en esta versión, efectivamente, la

---

59. P. M. Palmer y R. P. More, *The sources of the Faust tradition from Simon magus to Lessing*, Nueva York, 1936.

posible vacilación relativa a un universo eminentemente folclórico deja lugar a tonos mucho más reveladores de la dimensión de culto, de tradición pagana.

Presentado el 29 de mayo de 1913 en el Teatro de los Campos Elíseos de París, este ballet fue uno de los mayores fiascos de la historia de la música del siglo XX.

La referencia evidente al universo primitivo y a una dimensión entonces considerada como «bárbara» comportó una reacción igual de bárbara entre el público. Veamos cómo describió el acontecimiento Jean Cocteau: «La gente reía, escupía, silbaba, imitaba gritos de animales; tal vez el jaleo habría cesado si el grupo de estetas y algunos miembros de la orquesta, empujados por un celo excesivo, no hubieran replicado con insultos y amenazas dirigidos al público de los palcos».

La reacción del público fue provocada por la ruptura completa de la obra con los cánones tradicionales, tanto en la sonoridad como en los decorados, sin olvidar el tema, que, sin duda, desempeñó un papel crucial en la satanización del trabajo de Stravinski. La suerte del ballet cambió por completo al año siguiente y, a partir de ese momento, *La consagración de la primavera* ha pasado a engrosar el canon de las principales obras de la historia de la música.

La alusión al sacrificio, a la danza iniciática, a la muerte y al renacimiento de la naturaleza no se inspira simplemente en las formas del folclore, sino que intenta producir una dimensión esotérica en que los símbolos de la naturaleza ritualizados por la danza y la música entren en una obra mágica.

El ballet de Stravinski, en efecto, celebra un rito bárbaro y cruel, poniendo en evidencia el valor mágico de la primavera, pero la obra está organizada según un ritmo en el que nada es casual y todo está dominado por las prerrogativas del ritmo pagano.

La estructura de *La consagración de la primavera*, en apariencia elemental, puede ser percibida según un enfoque típicamente esotérico; de este modo, la muerte de la joven, sacrificada para favorecer el renacimiento de la naturaleza, no es ya un espectáculo pagano cruel, sino el diseño insinuado de la transmutación a la que puede conducir la música.

A través del símbolo, el ballet se desarrolla siguiendo una vía que se convierte, poco a poco, en una especie de recorrido iniciático destinado a conducir, a través de la metáfora del sacrificio, a la conciencia del papel determinante que desempeña la tradición en el mecanismo de los ciclos de la naturaleza y de nuestra existencia.

DEBUSSY, SATIE Y EL SIMBOLISMO

Quienes, como A. C. Ambesi, saben identificar las sutiles relaciones que existen entre música y esoterismo, evidencian la atención preeminente que prestaba Claude Debussy (1862-1918) al lenguaje simbólico. Su amistad con E. Satie (1866-1929) fue determinante en este sentido, puesto que estaba vinculado a la tradición de la Rosacruz y era autor de algunas músicas de gran valor simbólico, como *Los hijos de las estrellas* o *Sonnerie de la Rose-Croix*.

Debussy se aproxima al esoterismo con *La señorita elegida*, dando música a un texto de D. G. Rossetti. Sin embargo, es en la obra lírica *Pelleas y Melisanda*, escrita a partir del drama de Maeterlinck, donde el músico, formado a través de la poesía de Verlaine y Mallarmé, realiza su obra maestra del simbolismo. Una obra lírica en la que la referencia al estado que conduce al conocimiento está intensamente trazada ya en la primera escena, llena de potentes imágenes alegóricas, como el bosque y la fuente. Ahí es donde Melisanda inicia su camino de aprendizaje, partiendo del nivel más bajo, aquel en el que «ella ya no es nada»; ella afirma realmente no recordar nada de su propio pasado y se lanza en busca de una identidad todavía misteriosa.

El teatro alquímico de Artaud

Antonin Artaud (1896-1948) es una de las personalidades más fascinantes y extrañas de la historia del teatro contemporáneo. Fue actor, autor, teórico, pero, sobre todo, un pensador refinado del hecho teatral como actividad no únicamente relacionada con la idea de espectáculo.

En sus profundas especulaciones, que culminan en «El teatro de la crueldad» (cf. *El teatro y su doble*), plantea una hipótesis simbólica insólita que tiende a vincular la acción escénica con la alquimia.

Veamos algunas consideraciones de Artaud que pueden ser objeto de reflexiones para todos los apasionados del esoterismo:

> Entre el principio del teatro y el de la alquimia hay una misteriosa identidad de esencia. [...] Por otra parte, antes de ir más lejos, hay que señalar la extraña afección que profesan todos los libros que tratan de la materia alquímica por el término *teatro*, como si sus autores hubieran sentido desde el origen todo lo que hay de representativo, es decir, de teatral, en la serie completa de los símbolos por los que se realiza espiritualmente la Gran Obra, esperando que se realice de forma real y material [...]. Todos los auténticos alquimistas saben que el símbolo alquímico es un espejismo, como también lo es el teatro.

GRUPOS Y COFRADÍAS ESOTÉRICOS

En nuestra cultura occidental el grupo esotérico suele asociarse a la sociedad secreta y a la secta, lo cual constituye una aproximación poco precisa, si bien es cierto que no siempre se pueden separar claramente los tres conceptos, puesto que pueden producirse algunas interconexiones y convergencias. Antes de continuar, evaluemos las diferencias.

• *Sociedad secreta:* grupo de personas que practican ritos que están prohibidos para los no iniciados; los miembros no revelan su identidad al exterior y, en ocasiones, ni siquiera a los propios afiliados; otras veces, en cambio, la revelan sólo a determinados miembros siguiendo una rígida estructura jerárquica. En general, se entiende por sociedad secreta una organización de carácter esotérico sobre fondo religioso caracterizado por expresiones distintas. Las sociedades secretas están presentes en ámbitos geográficos y culturales muy variados.

• *Secta:* derivada del latín *secta* («serie»), esta palabra define, generalmente, a un grupo de personas separado de la comunidad religiosa primitiva por desacuerdo o por cuestiones doctrinales o disciplinares. Encontramos sectas en todas las religiones, y se expresan mediante reglas y prácticas muy diferentes entre sí.

• *Grupo esotérico:* los eruditos modernos subrayan la imprecisión terminológica del concepto de «sociedad esotérica» y, por tanto, la imposibilidad de establecer una definición precisa. Grosso modo, podemos mencionar esquemáticamente varios tipos de grupos esotéricos:

— grupo secreto: es selectivo a la hora de acoger a nuevos adeptos, a los que exige unas particularidades específicas; los objetivos son culturales, políticos y sociales;
— grupo iniciático: se forma con arreglo a la edad (típico de las culturas carentes de escritura), la profesión (por ejemplo, la francmasonería original) o los emblemas de culto (clan totémico);
— grupo religioso: nace en el seno de religiones constituidas y suele ser portador de una tradición sincretista con características culturales opuestas a la teología de la religión con la que guarda relación;

— grupo con orientación sociopolítica propia cuyas motivaciones, aunque se llamen religiosas, se basan en valores de otra naturaleza;
— grupo que persigue una posición religiosa en fuerte contraste con los esquemas religiosos oficiales y que se reconoce como depositario de tradiciones más antiguas; en algunos casos, los modelos culturales defendidos pueden oponerse a los valores sociales y jurídicos compartidos por la comunidad.

Aun siendo conscientes de las dificultades inherentes a cualquier intento de generalización, tendemos a designar bajo la denominación *grupo esotérico* a las formaciones constituidas por una asociación de individuos que, en el interior de su colectividad natural o de pertenencia (étnica, política, religiosa, sexual, de edad, de clase, etc.), tienden a separarse de los demás.

En general, el grupo esotérico se caracteriza por determinados aspectos distintivos:

— acceso limitado a personas que poseen particularidades definidas;
— necesidad absoluta de secreto;
— estructura iniciática jerarquizada.

Así pues, la asociación secreta esotérica es la expresión de una tradición mucho más compleja extendida por culturas diversas: desde las denominadas «primitivas» hasta las más estructuradas y basadas en interpretaciones intelectuales del universo fenomenológico y espiritual.

El misticismo de los sufíes

El sufismo constituye una de las expresiones más fascinantes del esoterismo islámico; con este término se designa tanto a las formas más moderadas del misticismo como a las más extremas, que, en algunos casos, superan los límites de la ortodoxia. Los tres elementos del sufismo son:

— *tawakkul* (juicio de Dios);
— *faqr* (pobreza);
— *dhikr* (alabanza continua de Dios).

La estructura iniciática sólida y los métodos de formación de los adeptos, basados en un posicionamiento esotérico evidente, hacen del sufismo una de las expresiones más vivas del misticismo.
En el mundo musulmán, se denomina *derviches* (derivado del término *darwis*, que significa «mendigo» y, por tanto, análogo a *faquir*, que quiere decir lo mismo) a los miembros de grupos y cofradías religiosas. Los derviches utilizan diferentes prácticas para alcanzar estados de conciencia alterados y entrar en relación con Dios (en este sentido es emblemática la danza giratoria de las ceremonias denominadas *diktat*, que significa «oculto»).

Los Fieles de Amor

Los Fieles de Amor, si nos servimos exclusivamente de las palabras de Dante, serían aquellos que, basándose en la tradición de los trovadores, habían reconocido en el amor esa fuerza capaz de permitir la transfiguración total del hombre, de su estatus terrestre, para acercarse a Dios. La mujer es la figura transfiguradora; se convierte en el espejo de las virtudes y la expresión celestial al transformarse a su vez en imagen divina.

En la práctica, se trataba de miembros del *stil nuovo*, una escuela poética italiana, y, por consiguiente, de letrados pertenecientes a una «corriente» literaria sin ninguna relación con el universo esotérico. O eso es lo que parece. Pero si profundizamos un poco en el análisis, descubrimos que bajo la superficie hallamos vínculos con la tradición esotérica.

Representación de un derviche en un grabado de Cesare Vecellio (1598)

Que los Fieles de Amor fueron algo más que un pequeño grupo de literatos nos lo indica Giovanni Villani en su *Crónica* (1308), en la que describe las fiestas de San Juan en Florencia en 1283. Señala la presencia de una cofradía denominada Fieles de Amor, cuyos miembros van vestidos completamente de blanco y desfilan por las calles de la ciudad guiados por un «señor llamado Amor».

En cualquier caso, las fuentes históricas son extremadamente escasas, y fue gracias a los estudios de G. Rossetti como se empezó a proponer una lectura sobre esta asociación en sentido hermético. Rossetti suponía que detrás de este misterioso grupo se ocultaban algunos contemporáneos de Dante que se dedicaban a los estudios alquímicos y, quizás en algunas ocasiones, heréticos.

Luego, otros especialistas, como Evola (1898-1974), emitieron la hipótesis según la cual los Fieles de Amor eran miembros de una rama del catarismo que había perdido su papel principal en el combate para encerrarse en una dimensión extática y contemplativa.

Otros expertos de la historia del esoterismo, como René Guénon, han pensado en una influencia islámica, más exactamente sufista. Esta lectura ha abierto la vía a numerosas interpretaciones diferentes que han hecho de los Fieles de Amor los portadores de elementos fuertemente anticristianos y protomasónicos.

Quizá nos sorprenda este conjunto de análisis que se apoyan en una base filológica poco precisa, pero todo ello adquiere sentido dada la escasa documentación existente.

De todos modos, es un hecho que los Fieles de Amor no podían ser conocidos como heréticos y todavía menos como cátaros, por los que Dante profesaba un violento odio. Tenemos indicios de esta aversión en *El Paraíso* (XII, 92-102), en el que el famoso poeta hace que San Buenaventura de Bagnoregio pronuncie una ferviente alabanza a Santo Domingo por su obra de defensa de la ortodoxia contra el catarismo. Además, también en *El Paraíso* (IX, 73), el propio Dante dirige una alabanza al obispo de Toulouse, que en el año 1205 se distinguió por su lucha contra los cátaros.

Así pues, parece bastante improbable que los Fieles de Amor fueran portadores de mensajes heréticos, ya que Dante no habría perdido la ocasión de «castigarlos» dentro de su universo alegórico esculpido con el ritmo de sus versos.

Sobre la base de los documentos que conocemos, parece difícil reconstruir el recorrido esotérico perseguido por los Fieles de Amor, que se dedicaban más a las especulaciones filosóficas que a las prácticas esotéricas. Prácticas que, para los especialistas en esoterismo, fueron tomadas prestadas por culturas lejanas y adaptadas a la francmasonería moderna.

¿Hasta qué punto podemos fiarnos de determinadas interpretaciones? No lo sabemos. Ni siquiera los más finos exegetas de *La divina comedia* llegaron a solucionar la cuestión. Habrá que resignarse a la idea de que para los Fieles de Amor, como para muchos otros grupos esotéricos, nunca será posible desvelar el papel real y el plan de sus búsquedas herméticas.

LAS COFRADÍAS DEL LIBRE ESPÍRITU

Muchos de los conocimientos y las leyendas que circulan sobre el grupo esotérico que responde al nombre de Libre Espíritu nos han llegado gracias al artista holandés El Bosco, uno de los miembros más singulares de la pintura esotérica.

Según algunos expertos, al parecer El Bosco fue un adepto al Libre Espíritu, una secta misteriosa que probablemente practicaba ritos sexuales y cuyas historias han provocado numerosas fabulaciones y suposiciones a cuál más fantástica.

Aunque no existen pruebas del vínculo entre El Bosco y este grupo, algunos especialistas han subrayado la solidez de una unión así, descubriendo en ello una de las principales razones que condujeron al pintor a realizar elecciones simbólicas que alcanzaron la apoteosis en *El jardín de las delicias* (1503-1504), tríptico conservado en el Museo del Prado de Madrid. Wilhelm Fraenger fue uno de los que sostuvieron la supuesta relación del artista con la secta; en su ensayo *The millennium of Hieronymus Bosch* (Chicago, 1951), considera el tríptico como una especie de manifiesto simbólico del grupo esotérico.

En realidad, las tesis de Fraenger no son más que parcialmente aceptables, ya que muchas de las interpretaciones propuestas también pueden ser aplicadas a contextos más amplios que el que se limita a los adeptos del Libre Espíritu. En realidad, no conocemos mucho sobre esta secta. Sus miembros también eran lla-

EL BOSCO

«A Hieronymus van Aken, llamado El Bosco, pintor residente en Bois-le-Duc, por lo que se debiera por una gran tabla pintada de nueve pies de altura y once pies de anchura. Tendrá que ser un juicio de Dios que presente paraíso e infierno: el que el Señor le ha ordenado hacer por su noble placer. Para ello, se abonará como anticipo la suma de treinta y seis liras...».

Con esta fría y burocrática forma contractual, el 25 de septiembre de 1504, Felipe II anticipó la suma de treinta y seis liras a El Bosco, para que realizara un *Juicio final*, una de las «especialidades» de este misterioso pintor.

El Bosco vivió entre Bélgica y Holanda durante la segunda mitad del siglo XV y principios del siglo siguiente. Fue un artista decididamente a contracorriente, que algunos han calificado de «diabólico» debido a su pintura: en sus obras dominan los monstruos y las criaturas fantásticas, si bien siempre se inscriben en una dimensión religiosa.

La interpretación de su obra suele ser deformada por una crítica que en el pasado quiso ver en El Bosco a un miembro de sectas oscuras, un adepto oculto al sabbat, un hijo del demonio capaz de introducir en la materia cromática los ambientes infernales. Un artista capaz, diabólicamente, como se indica, de insertar en el espacio limitado de una tabla las hipótesis improbables de un mundo «alternativo» dominado por el placer y la lujuria, un imperio de los sentidos *ante litteram* en que el pecado se oculta detrás de las estalactitas de la adulación.

Este extraño artista, que se llevó consigo su misterio, se apagó como buen cristiano el 9 de agosto de 1516. Las exequias solemnes tuvieron lugar en la catedral, ante los cofrades de Notre-Dame de Hertogenbosch, que definieron a El Bosco como un «ilustre pintor».

Sin duda influenciado por la cultura religiosa de su tiempo, siempre en busca de cabezas de turco, y sobre todo atormentado por el espectro de la herejía, El Bosco transfiguró los monstruos del pecado en obras maestras como *El Juicio Final* (1500) y *La tentación de San Antonio* (Lisboa, 1505). Los transfiguró mediante alegorías que tendían a ocultarse siempre, como, por ejemplo, en *La nave de los locos* (1480), en que la decadencia moral del clero aparece en toda su realidad dialéctica.

También el pueblo, con todas sus locuras cotidianas, siempre dirigido hacia un momento de bienestar para creerse en posesión de fragmentos de certeza, dispuesto a abandonar a su Dios para caer en la ciénaga del pecado, se contorsiona sin llegar a liberarse en *Carro de heno* (1500). En esta obra, El Bosco, parafraseando un dicho popular holandés, «La vida es como una carreta de heno, cada cual obtiene de ella lo que puede», nos lleva hasta las entrañas del malestar diario, cuando nuestra búsqueda ciega del bienestar material acaba por convertirse en instrumento de sufrimiento y de muerte para los demás.

mados *Homines Intelligentiae* o adamitas, a causa de la desnudez que caracterizaba sus ceremonias. Suponemos que deseaban recuperar la inocencia primitiva con una serie de prácticas basadas principalmente en la promiscuidad y el sexo, reflejo de una libertad total, en recuerdo de la anarquía atávica adámica. Los adeptos habrían buscado así, siguiendo un itinerario ritual misterioso, el amor espiritual y sensual expresado metafóricamente en la figura hermafrodita obtenida por la unión entre Adán y Eva.

Es posible que la creencia en la restauración universal del Libre Espíritu fuese incomprendida hasta tal punto que se convirtió en objeto de acusaciones virulentas y de evoluciones imprecisas a menudo desconectadas de la realidad.

Hoy quedan fuentes fragmentarias y, sobre todo, el inquietante *Jardín de las delicias*, dominado por una desnudez en que el combate eterno entre el bien y el mal no está en absoluto solucionado, sino que reaparece, de forma muy lúcida, en una espiral de símbolos sin fin.

Sin embargo, la «regla anunciada» se había iniciado ya antes incluso de que El Bosco entrara en la secta del Libre Espíritu. Aegidius Cantor confirmó esta hipótesis. Este laico dirigía, con su hermano Willen van Hildernissen, los *Homines Intelligentiae* de Bruselas. Tal vez este reinado fuera pintado por El Bosco casi un siglo después de las visiones heréticas de Cantor: «Soy [Cantor] el redentor de la humanidad, y a través de mí los hombres verán a Cristo, como ven a Cristo a través del Padre». El conocimiento de un solo hombre, de un iluminado, quizás había hallado en El Bosco la posibilidad de extenderse sin el uso de la palabra, por medio únicamente de la imagen, que, transfigurando el rito oscuro y misterioso en la espiral dialéctica de la pintura, describía a los adeptos las luces y las sombras del reino milenario.

Así pues, hay dos posibilidades: o El Bosco pintó el tríptico siguiendo las órdenes de alguien que conocía las bases teóricas de la secta y su sublimación en el magma del símbolo (¿un gran maestro?), o bien el pintor mismo ocupó entre los adamitas un puesto importante. Sólo nuevas investigaciones podrán resolver el dilema.

LOS FRANCMASONES

Gracias a una investigación efectuada hace unos años por el sociólogo Morris Ghezzi, sabemos que la información sobre la francmasonería es casi exclusivamente periodística. Sólo un dos por ciento de las personas interrogadas la consideran «una asociación libre con objetivos benéficos»; casi el cuarenta por ciento la ven como «un *lobby* de poder», y el veintisiete por ciento, como una «secta secreta». Los orígenes de la francmasonería son bastante vagos: para algunos se remonta a los tiempos del rey Salomón, cuando este colaboró con Hiram, considerado el padre espiritual de los francmasones, en la construcción del templo de Jerusalén.

Otros creen que hay que buscar el origen de esta asociación en los rituales secretos de los caballeros de la Orden del Temple o en los de la Rosacruz. En el estado actual de las investigaciones, es más razonable vincular el origen de la franc-

HIRAM, EL ARQUITECTO MÍTICO DE LA FRANCMASONERÍA

La tradición bíblica cuenta que el rey Salomón, que quería construir el templo de Jerusalén, se dirigió al rey de Tiro, su aliado. Este le envió del Líbano material apropiado y a un arquitecto, Hiram, que poseía antiguos saberes relativos a las edificaciones dedicadas al culto. Organizó la obra repartiendo a los diferentes obreros según sus conocimientos y pudo llegar a la construcción definitiva en perfecta armonía con los deseos de Salomón.

Según la interpretación masónica, Hiram, al término de su dura empresa, fue asesinado por los obreros, que envidiaban sus conocimientos; luego estos enterraron su cuerpo en un lugar desconocido.

Esta última circunstancia se conoce en la francmasonería como «la palabra perdida». En los ritos masónicos, Hiram es «resucitado» simbólicamente, y este privilegio ha llevado a algunos autores a ver en este rito analogías con la muerte y el renacimiento de Osiris y de Cristo.

Hiram murió por no haber querido revelar los secretos de su arte, secretos accesibles sólo para quienes saben «construir» el templo en ellos.

LA ROSACRUZ

Por Rosacruz se entiende la *Rosae Crucis Fraternitas* que hizo aparición en Europa entre los siglos XVII y XVIII y que ha mantenido su fisonomía hasta la actualidad. Su nacimiento oficial guarda relación con la publicación, en 1614, en Cassel, de un escrito anónimo, *Fama Fraternitatis*, considerado el manifiesto de la Rosacruz. Según este documento, la sociedad secreta habría surgido, a principios del siglo XV, de la obra de un tal Christian Rosencreutz, que quiso dar vida a esta sociedad para poder

Símbolo de los rosacruz

transmitir los secretos esotéricos que había acumulado a lo largo de los años, particularmente durante sus numerosos viajes a Oriente. Rosencreutz construyó, junto con tres amigos, una casa destinada a ser la sede de las reuniones del grupo, llamada *Domus Sancti Spiritus*.

Veamos un pequeño texto extraído de un rito iniciático rosacruz:

Este es el secreto del poder absoluto.
Decir lo que se hace.
Hacer lo que se dice.
No decir lo que no se hace.
Hacer lo que no se dice.

masonería a las corporaciones profesionales medievales y, en particular, a las que están relacionadas con la arquitectura sagrada.

Hay eruditos que consideran a los maestros escultores y arquitectos de los siglos XII y XIII los primeros en haber conferido un valor esotérico a su trabajo. Este tipo de posicionamiento se revelaría, en particular, en el lenguaje simbólico que caracteriza las catedrales, pero, una vez más, la historia se mezcla con la leyenda. Sin duda, hay determinados elementos de verdad en la tradición que une la francmasonería a las corporaciones de constructores, y una prueba de ello es la etimología. El término *masón* proviene del francés *maçon*, «albañil», y este, a su vez, del latín medieval *machio*, «tallador de piedra».

La francmasonería es una sociedad iniciática que busca el perfeccionamiento y la elevación del hombre sin distinción de lengua, etnia, religión o ideología política. Sus valores fundadores son la libertad, la tolerancia, la fraternidad y la trascendencia (creencia en una entidad superior definida como «Gran Arquitecto del Universo»). La francmasonería está estructurada en logias, término que hace referencia a la antigua sede de las corporaciones, es decir, la cabaña situada cerca del edificio en construcción en el que se aprendía y se perfeccionaba el arte. Las herramientas del arquitecto y del masón, como símbolos de construcción efectiva del progreso universal, constituyen los signos emblemáticos del francmasón: escuadra, compás, llana, plomada, etc. Sus matrices culturales se remontan a la sabiduría egipcia y al esoterismo (hebreo, cristiano, griego, romano) de la Antigüedad.

Como la francmasonería sigue una vía iniciática, está estructurada en grados y símbolos, para permitir la transmisión de valores y conocimientos útiles para el perfeccionamiento espiritual gradual del individuo.

La iniciación puede definirse conceptualmente como una búsqueda del sentido de la vida y del mundo, que el ser humano puede desear emprender para hallar su vía espiritual. El secreto masónico no debería afectar más que a los aspectos íntimos de esta búsqueda y seguramente también a los aspectos asociativos que deben ser conformes a las leyes de los países de origen.

La formación del iniciado tiene lugar en el desarrollo de tres momentos de vida interior que corresponden a los tres grados masónicos tradicionales:

— voluntad: aprendiz;
— intuición: compañero;
— conciencia: maestro.

En la Edad Media, la masonería, gracias a sus finalidades prácticas y a su composición, era denominada «operativa», por estar formada básicamente por constructores.

En la época moderna —ya en la segunda mitad del siglo XVI— cuando su función empezó a agotarse, las logias se dedicaron a acoger en su seno a intelectuales, librepensadores, hombres de cultura que no practicaban la masonería pero que fueron denominados «masones aceptables». Con el tiempo, representaron la mayoría de la composición de las logias y, al final, se convirtieron en su componente principal: se trata de la «masonería especulativa».

El 24 de junio de 1717, día dedicado al nacimiento de San Juan Bautista, en Londres, se reunieron cuatro logias y dieron vida a la Gran Logia de Londres, que luego pasó a ser la Gran Logia Unida de Inglaterra. Había empezado la francmasonería moderna. En Italia, la primera logia apareció en Florencia hacia el año 1733.

La Iglesia católica rechazó de inmediato la francmasonería: Clemente XII, en 1738, y León XIII, en 1884, expresaron en dos encíclicas diferentes su condena. Del Concilio Vaticano II (1962) a 1983, el magisterio pontificio dejó de citar la francmasonería. En 1983, el nuevo Código de Derecho canónico no menciona la francmasonería, lo cual es interpretado como una abolición de la excomunión. En realidad, el 26 de noviembre de 1983, una declaración de la Congregación

La bula de Clemente XII

El 28 de abril de 1738, Clemente XII emite la bula *In eminenti apostolatus specula* contra la francmasonería. Veamos el pasaje más significativo:

[...] para cerrar el camino muy ancho que de ahí podría abrirse a las iniquidades, y que se cometerían impunemente, y por otras causas justas y razonables conocidas de Nos, siguiendo el parecer de muchos de nuestros venerables hermanos cardenales de la Santa Iglesia romana y de nuestro propio movimiento de ciencia cierta, después de madura deliberación, y de nuestro pleno poder apostólico, hemos concluido y decretado condenar y prohibir estas dichas sociedades, asambleas, reuniones, agregaciones o conventículos llamados de francmasones, o conocidos bajo cualquiera otra denominación, como Nos los condenamos, los prohibimos por Nuestra presente Constitución valedera para siempre.

Por eso prohibimos seriamente, y en virtud de la santa obediencia, a todos y a cada uno de los fieles de Jesucristo de cualquier estado, gracia, condición, rango, dignidad y preeminencia que sean, laicos o clérigos, seculares o regulares, aun los que merezcan una mención particular, osar o presumir bajo cualquier pretexto, bajo cualesquiera color que este sea, entrar en las dichas sociedades de francmasones, o llamadas de otra manera, o propagarlas, sostenerlas o recibirlas en su casa o darles asilo en otra parte, y ocultarlas, inscribirse, agregarse y asistir o darles el poder o los medios de reunirse, suministrarles cualesquiera cosa, darles consejo, socorro o favor abierta o secretamente, directa o indirectamente por sí o por medio de otros de cualquiera manera que esto sea, como también exhortar a los demás, provocarlos, obligarlos o hacerse inscribir en esta clase de sociedades, a hacerse miembros y asistir a ellas, ayudarlos y mantenerlos de cualquiera manera que esto sea o aconsejárselas, pero nosotros les ordenamos en absoluto que se abstengan enteramente de estas clases de sociedades, asambleas, reuniones, agregaciones o conventículos, esto bajo pena de excomunión en que incurren todos contraviniendo como arriba queda dicho, por el hecho y sin otra declaración de la que nadie puede recibir el beneficio de la absolución por otro sino por Nos o por el Pontífice romano que entonces exista, a no ser en el artículo de la muerte.

Sagrada para la Doctrina de la Fe confirma que la inscripción en asociaciones masónicas sigue estando prohibida.

El 23 de febrero de 1985, un artículo del *Osservatore romano* señala que el método masónico sigue siendo incompatible con la fe católica, puesto que se basa en una concepción simbólica relativista absolutamente inaceptable para un cristiano.

Ni siquiera en el marco sumario de nuestras reflexiones podemos olvidar algunos aspectos de la estructura organizadora de la francmasonería que pueden parecer bastante confusos. En realidad, al no existir el derecho exclusivo de utilizar el término *masonería* y, aún menos, poder ser registrado en el tribunal, existen muchas organizaciones denominadas masónicas que se desea oficializar o constituir. Por tanto, un problema persiste: el de la «regulación masónica». Esto afecta a dos acepciones del término: una regulación de origen y una regulación de comportamiento.

Para la historia, hay que decir que una gran logia puede estar constituida por tres logias regularmente constituidas o mediante acta de una gran logia regular. La Gran Logia Unida de Inglaterra, fortalecida por su prioridad exclusiva, se ha autoproclamado desde siempre «obediencia madre», es decir, única depositaria de la autoridad masónica capaz de reconocer a las demás obediencias.

Esta posición fue contestada por el Gran Oriente de Francia, que reúne al noventa por ciento de los masones franceses, y por otras obediencias de Europa. Así fue como se formaron dos corrientes: la dogmática, que se declara de tradición inglesa, y la liberal, que se inspira en la tradición francesa, que, por otra parte, abolió la creencia en el Ser supremo.

Todas las obediencias europeas, que no se reconocen sin la tradición inglesa, están reunidas desde 1996 en el seno de la AML (Asociación de Masonerías Liberales), que ha reemplazado a la asociación análoga anterior de 1971, llamada CLIPSAS (Centro de Enlace y de Información de las Potencias masónicas Firmantes del Llamamiento de Estrasburgo).

Además de la regulación de origen, existe una regulación de comportamiento masónico que cada obediencia debe respetar. Está codificada en los principios de los «antiguos deberes» *(old charges)*, de los reglamentos que se remontan al periodo «operativo», contenidos en unos ciento veinticinco manuscritos masónicos. Entre los más importantes tenemos el *Poema Regius* de 1390, el *Manuscrit Cooke* de 1410 y los *Landmarks*, principios formalizados oficialmente por la Gran Logia Unida de Inglaterra en 1929.

Existen todavía 7.800 logias en Inglaterra y en el País de Gales, que engloban a 350.000 asociados (un hombre inglés de cada treinta es francmasón, y en Escocia la cifra llega a uno de cada veinte). En Estados Unidos había, en la década de 1990, 16.000 logias con 3.300.000 inscritos. En suma, la francmasonería anglosajona representa aproximadamente el noventa y cinco por ciento de la masonería mundial.

En Italia, las instituciones masónicas principales son el Gran Oriente de Italia (GOI), llamada Obediencia de Palazzo Giustiniani (con unos 15.000 inscritos), con sede actualmente en Roma, en Villa Médicis, y la Gran Logia de Italia, denominada Obediencia de Piazza del Gesù, surgida de una escisión del GOI en 1908 a causa de una votación parlamentaria sobre las lecciones de catecismo en las escuelas, y con sede en Roma, en el Palazzo Vitelleschi. En Italia no existe en la actualidad ninguna obediencia reconocida por la Gran Logia de Inglaterra. Podemos decir que la francmasonería italiana, después de haber sido implicada en 1980 en el escándalo de la logia Propaganda 2 (P 2), reconstruye con dificultades su propia credibilidad. Esta logia fue fundada en 1877 con el fin de desarrollar una actividad de proselitismo para con prestigiosas personas de la sociedad. En la década de 1970, esta logia se desvió de los principios institucionales bajo el mandato de Licio Gelli, que la convirtió en una logia «cubierta» (secreta) y la implicó en diferentes «asuntos» políticos oscuros (el caso Sindona, el supuesto «golpe burgués», etc.). Fue objeto de un expediente parlamentario que duró diez años, pero no comportó ninguna condena de sus afiliados.

En España la masonería moderna ha vivido diversas suertes: escasa presencia en el siglo XVIII, implantación de una masonería bonapartista a raíz de la invasión francesa, represión durante el reinado de Fernando VII, resurgimiento a partir de 1868 y prohibición desde 1937. Tras la muerte de Franco se sucedieron los intentos por reconstruir la masonería. En el panorama actual conviven logias y obediencias diversas: Gran Logia de España y Gran Logia Simbólica, de obediencia exclusivamente española, junto a la Federación Española del Derecho Humano y Gran Oriente de Francia, de obediencia internacional.

Las bases de la francmasonería nunca han sido puestas en duda por los secesionistas y siguen existiendo en la actualidad. Son las siguientes:

— creencia en una entidad superior, que no corresponde necesariamente al Dios cristiano y que es denominada Gran Arquitecto del Universo;
— en una logia hay tres luces (maestro venerable, primer vigilante y segundo vigilante) que corresponden a los tres símbolos fundamentales: el libro (habitualmente la Biblia, pero no en todos los ritos), la escuadra y el compás;
— fe inquebrantable en la inmortalidad del alma;
— presencia de, al menos, siete miembros, necesaria para la fundación de una logia;
— presencia en el templo de dos columnas, el candelabro de siete ramas, el triángulo con el ojo de Dios y otros símbolos inmutables.

Tras una lenta y compleja evolución, la masonería pasa de la dimensión típica de la corporación a la de sociedad de pensamiento, conservando determinados símbolos fundamentales (mandil, llana, compás y escuadra) y manteniendo como unidad de base la logia, término cuya raíz se remonta al sánscrito *loka* («universo») o al griego *logos* («palabra»).

La francmasonería conserva, de las primeras corporaciones medievales, los tres grados de la jerarquía: aprendiz, compañero y maestro. Las ceremonias masónicas más importantes se desarrollan en el templo, constituido por una estructura caracterizada por toda una serie de elementos simbólicos que subrayan la dimensión esotérica que flota sobre la ritualidad de los «hermanos masones».

La francmasonería tradicional permite una participación exclusivamente masculina, mientras que otras asociaciones, como la Gran Logia de Italia, aceptan a las mujeres entre sus adeptos.

Cuando se forma parte de la francmasonería, ya no es posible salir de ella; sin embargo, es posible «adormecerse», es decir, dejar de participar en las distintas actividades.

La misteriosa Golden Dawn

La asociación esotérico-ocultista Golden Dawn (cuya denominación completa es Order of the Golden Dawn in the Outher, «Orden del Alba de Oro Exterior») nació entre 1887 y 1889. Fue creada por un grupo de esoteristas que procedían de la francmasonería y mantenía relaciones con los rosacruz alemanes.

La tradición pretende que la Golden Dawn nació tras el descubrimiento fortuito de un manuscrito cifrado en el que estaban contenidas las indicaciones para entrar en comunicación con la misteriosa asociación de ocultistas Sapiens Donabitur Astris.

La Golden Dawn, que reunía al inicio a espíritus eclécticos y a artistas, como W. Butler y W. B. Yeats, se convirtió en un importante punto de referencia para los apasionados del esoterismo de alto nivel, es decir, para quienes querían comprender las influencias de la filosofía oculta en el seno del saber universal.

Luego se manifestaron en el grupo las primeras rupturas y diásporas, en particular con la entrada de Aleister Crowley (1875-1947), que se inició en 1898, tomando como divisa el término *Perdurabo* (Resistir). El «mago» de tendencia satánica alteró la estructura primitiva de la asociación en que la búsqueda espiritual desempeñaba un papel predominante.

La tradición original de la Golden Dawn desapareció, así como sus rituales. Sobre estas cenizas nacieron otros grupos que afirman proceder según los orígenes de esta orden, pero que, en realidad, amalgaman experiencias esotéricas que proceden de otras observancias, como por ejemplo la francmasonería.

¿Carbonarios esoteristas?

La *carbonería* (carbonarismo) ha sido objeto de estudio, sobre todo desde el punto de vista histórico, por su importancia durante el periodo del Risorgimento (unificación italiana).

En realidad, como afirman muchos expertos, el carbonarismo, aun siendo una organización que luchaba por la libertad de los pueblos que sufrían el yugo del invasor, poseía en su estructura íntima una fuerte conexión con la cultura esotérica.

Emblemática en este sentido, gracias a su retorno a la alquimia, la referencia al carbón estaba presente entre los fundadores de esta asociación secreta:

> El carbón es obtenido a partir de la madera salvaje, fuerte y libre; está hecho de madera verde, verde como la juventud y la esperanza; es negro como la conspiración, pero al igual que esta, está dispuesto a alimentar el rojo fuego de la revuelta, el calor del amor patriótico y la luz de la verdad.

El carbonarismo debe su nombre a la legendaria cofradía de San Teobaldo, que, a principios del siglo XVIII, vivía aislada en los bosques franceses y se dedicaba a la producción y venta de carbón. Según algunos expertos, en el origen de la sociedad secreta italiana hubo una filiación con los carboneros, que se inspiraban en el culto de San Teobaldo. Estos se reunían en una asociación artesana del Franco Condado con connotaciones mutualistas y religiosas y tal vez incorporaron ritos y símbolos de la francmasonería y del misticismo cristiano.

Dejando a un lado todos los aspectos históricos y concentrándonos exclusivamente en estos símbolos, cabe destacar que el carbonarismo ha sido asociado a menudo a la francmasonería, de la que algunos piensan que deriva, pero los exegetas han llevado más lejos esta tesis, hasta imaginar vínculos con los templarios. Esta última hipótesis sigue siendo bastante dudosa.

> Está demostrado que el nombre procede de los carboneros franceses del Jura, una modesta sociedad de oficio que se oponía al absolutismo de Napoleón. Inspirándose en la estructura masónica, los militantes italianos se habían organizado en pequeñas logias denominadas «ventas» (en referencia a la reventa del carbón) o «barracas». Contaban veinte hombres cada una y enviaban representantes a la Gran Venta central, la única que conocía toda la organización.[60]

La Gran Venta era depositaria de dos obras en las que se conservaban los secretos de la asociación: el *Libro de oro de las reglas* y el *Libro negro de los enemigos y traidores*. En el primer libro se habían incluido las fórmulas rituales y las prácticas simbólicas utilizadas por el grupo; en el segundo, en cambio, estaban recogidos los nombres de quienes, de distintas maneras, habían obrado contra el carbonarismo. Los nombres de estas personas eran leídos en voz alta y acompañados de maldiciones durante reuniones extremadamente secretas; en determinados casos, se llegaba a quemar públicamente las efigies de los enemigos: desde esta perspectiva, la asociación estaba impregnada de una fuerte tradición mágico-ocultista.

En 1830, en Marsella, un joven carbonario, Giuseppe Mazzini (1805-1872), fundó una nueva sociedad secreta, la Giovine Italia. Aunque aparecía con una fisonomía más moderna y, sobre todo, estaba caracterizada por una línea política más resuelta, tenía en su fundador a un miembro extremadamente vinculado a la cultura esotérica y al ocultismo. No faltan las pruebas de esta predisposición, especialmente sus escritos. Su interés por el espiritismo era muy elevado: «Lo que los hombres llaman muerte no es más que una transformación: un día volveréis a ver a quienes amáis y os aman».

El espíritu de Mazzini era a menudo invocado, de forma significativa, en las sesiones de espiritismo y se le consideraba una entidad particularmente disponible y siempre portadora de revelaciones importantes...

El pensador genovés es considerado por muchos esoteristas como el predecesor de esta espiritualidad alternativa hoy denominada New Age:

---

60. A. C. Ambesi, *Europa misteriosa*, Milán, 1983, p. 171.

Las palabras del profeta de la Giovine Italia parecen ser acordes al esoterismo contemporáneo. Las relaciones entre Mazzini y el esoterismo fueron explícitas: conoció a Blavatsky y fue amigo de John Yarker, Gran Hierofante de Memphis-Misraim, rito masónico esotérico al que pertenecía también Garibaldi.[61]

LOS PRERRAFAELISTAS

La cofradía prerrafaelista fue constituida en Londres en 1848 por algunos pintores e intelectuales que defendían un arte que pudiera oponerse al academicismo, a las convenciones victorianas y a los efectos de la sociedad industrial.

A primera vista, podría tratarse de una experiencia muy parecida a la de otros grupos y corrientes que proponían nuevas ideas artísticas destinadas a oponerse a la tradición. Hasta aquí, nada nuevo.

El vínculo con el universo del esoterismo parecería traslucirse principalmente en la elección de los temas y, en particular, en la notable cantidad de símbolos pertenecientes a la obra prerrafaelista.

Entre los principales personajes de la cofradía, recordemos a Dante Gabriel Rossetti, John Everett Millais, William Holman Hunt y Ford Madox Brown, personalidades muy distintas que muy pronto dieron origen a un grupo marcado por el sello de la heterogeneidad.

El gusto neomedieval que caracterizó al grupo se plasmaba en un verdadero interés por entrar en el lenguaje de los símbolos. Esto se percibe claramente en el cuadro de Millais *Orfeo* (1853), en el que dominan elementos iconográficos que, bajo la apariencia decorativa, ocultan en realidad alegorías alquímicas.

Retomando en parte la poética de los nazarenos alemanes, la cofradía prerrafaelista siempre intenta llenar las obras de sus adeptos con símbolos a menudo hábilmente ocultos en el seno de la composición pictórica. El caso de *El despertar de la conciencia* (1853) de Hunt es significativo. El tema principal del cuadro (una escena de amor) se ve contrapuesto a una pequeña imagen a látere (un gato que intenta atrapar a un pajarillo), metáfora de la seducción de la que la joven es visiblemente víctima, sentada sobre las rodillas del pretendiente.

El trazado prerrafaelista esotérico se expresa claramente en niveles más complejos y profundos: el uso de los colores es un ejemplo significativo. Sin embargo, para comprender hasta qué punto la cofradía consideraba su papel esotérico, resulta útil observar las pocas cifras de la revista *The Germ*, dirigida y editada por Rossetti, que fue, en realidad, el líder de los prerrafaelistas.

Dante Gabriel heredó de su padre Gabriel, profesor de italiano en el King's College, el amor por la poesía y el interés por el lenguaje esotérico, que su progenitor estudió con detalle. El artista alcanzó el paroxismo de su lenguaje simbólico con la tela *Beata Beatrix* (1864); el rostro es el de Elizabeth, su modelo, de quien estaba enamorado. Elizabeth se suicidó.

---

61. C. Gatto Trocchi, *Il Risorgimento esoterico*, Milán, 1996, p. 25.

[La mujer] aparece representada en éxtasis, y la silueta de Dante es como aspirada por la sombra, mientras que la luz alcanza las manos juntas y la amapola dejada por la paloma (la amapola es también la flor de láudano con la que Elizabeth se envenenó). Colores simbólicos: el rojo (color de la muerte), el verde (color de la vida), el púrpura (color del sufrimiento) nutren un sueño que es una reflexión poética sobre la vida y la muerte.[62]

El lenguaje esotérico de Rossetti se fragmenta en múltiples soluciones alegóricas, algunas de tradición medieval, como la que se refiere al ciclo artúrico. Emerge un universo compuesto por ambientes que imponen, a veces incluso ambiguos, en los que el sentido de cada obra parece superar la apariencia. Los artistas de la cofradía sintieron la necesidad de recurrir a una especie de desviación simbólica para «no decirlo todo». Con Hunt, esta voluntad se expresa perfectamente y deja al observador una impresión de extravío. Así ocurre, por ejemplo, con su cuadro *The lady of Shalott* (1859), en que el lenguaje comprometido del modernismo se presenta como el instrumento más adecuado para ocultar mensajes cifrados, donde es posible velar el hilo del discurso y encontrarse en un laberinto sin poseer brújula. Precisamente en esta ausencia continua de itinerario interpretativo, con un inicio y un fin, reside el «problema» del esoterismo prerrafaelista que acaba por desorientar al profano y anula sus expectativas.

La cofradía quiso utilizar un lenguaje esotérico hecho de imágenes y colores para defender su torre de marfil, y cuyo objetivo final era la búsqueda de lo hermoso y del conocimiento.

---

62. M. T. Benedetti, *I Preraffaelliti*, Florencia, 1986, p. 6.

Combatientes esotéricos

Con frecuencia, cuando se habla de sociedades secretas, se piensa indefectiblemente en la cultura occidental, y se asocia la imagen de estos grupos exclusivamente a la francmasonería, a las sectas de tradición religiosa o a los rosacruz. Experiencias todas ellas basadas en un enfoque del esoterismo esencialmente filosófico, estructurado según una manera de ver el misterio a menudo muy alejada de lo que algunas sociedades secretas entendían y entienden por esoterismo.

En particular, pensamos en grupos organizados sobre modelos esotéricos que, no obstante, combatían, implicados de manera distinta en la lucha y la guerra. Estos grupos están presentes en muy distintas culturas, activas en diferentes partes del planeta, y tienen en común la conciencia de ser depositarios de conocimientos muy antiguos, transmitidos a un reducido número de escogidos. Además, todas estas sociedades reconocen un papel dominante, en el terreno real y simbólico, a las armas, al combate físico, a la sangre.

Sociedades secretas y culturas arcaicas

En las culturas tradicionales por excelencia, constatamos que las sectas secretas, caracterizadas por una profunda huella esotérica, aunque con un papel que las hace inquietantes y misteriosas, se sitúan en la sociedad con posiciones funcionales muy precisas.

Tanto si se trata de los hombres leopardo como de la sociedad secreta Gelede entre los Yoruba, la función de estos grupos es mantener en equilibrio la tradición defendiendo sus raíces culturales. En la práctica, un papel «elevado» que, generalmente, alienta a todo grupo esotérico.

En las culturas a menudo designadas como «primitivas», las sociedades secretas hacían reinar el respeto y el miedo: en África y en Oceanía, en particular, se limitaban casi siempre a los hombres y eran depositarias de determinados privilegios fundamentales, que se negaban a los demás miembros de la sociedad.

En África, las sociedades secretas predominaban en el Sudán occidental, en particular en los territorios comprendidos entre Sierra Leona y Ghana, y entre Nigeria y Camerún.

En general, dos tipologías caracterizaban a estas sociedades: el libre acceso de todos los miembros de un grupo o el acceso limitado.

El primer grupo englobaba las sociedades en que la admisión era permitida a todos los hombres, pero sólo después de haber sido sometidos a la iniciación. Todos los hombres adultos (estado reconocido después de las pruebas iniciáticas) podían formar parte de la sociedad secreta y, por consiguiente, compartir el papel que les garantizaba el conocimiento de las prácticas religiosas, mágicas y médicas. Asimismo, podían esculpir las efigies de los ídolos y los antepasados. La parte esotérica de los conocimientos no podía ser transmitida a los miembros exteriores a la sociedad, que, de hecho, sólo tenían la posibilidad de observar su vertiente exotérica durante los ritos colectivos.

Todavía hoy, el lugar de encuentro es la «casa de los hombres», rigurosamente cerrada a los demás miembros de la sociedad: no está permitido a nadie acercarse y, en el pasado, quien infringía esta regla sufría severos castigos, incluso podía ser condenado a muerte.

Las sociedades secretas exclusivas, en cambio, acogían únicamente a individuos que, tras la fase determinante de iniciación necesaria para acceder a la categoría de adultos, debían soportar pruebas difíciles antes de poder acceder progresivamente a los conocimientos de los que el grupo era depositario.

En el pasado este tipo de sociedades secretas masculinas estaban muy extendidas por África central. En la actualidad sobreviven en la región occidental de la Melanesia, en Oceanía. Sus conocimientos esotéricos no se limitan a la religión, sino que, ante todo, están destinados a permitir que antiguos saberes no pasen a manos de toda la colectividad.

En muchos casos, estos grupos fundamentan su legitimidad en mitos de creación y fundación, que, por consiguiente, los ponen en relación directa con la divinidad. De este modo, su autoridad adquiere un poder notable y les confiere el derecho a asumir el papel de jueces.

En el pasado, utilizando disfraces y máscaras, los miembros de las sociedades secretas operaban según sus propias leyes, interviniendo en disputas interétnicas, en la administración de los bienes colectivos, y concediéndose el derecho de castigar a los individuos considerados culpables de infracciones y crímenes.

Las sociedades secretas femeninas eran poco habituales; había algunos grupos activos en Sierra Leona, pero al estar prohibido el acceso a los hombres, incluso a los antropólogos occidentales, su actividad es desconocida. En general, los miembros de estos grupos se ocupaban de la asistencia a mujeres que debían dar a luz y presidían los ritos.

El poder jurídico siempre ha estado en manos de los hombres. Por ejemplo, los miembros de la sociedad Njembe de los mpongwe de Gabón afirman poseer el conocimiento mágico que permite desenmascarar a los culpables de un delito. Entre los yoruba, en Nigeria, también había sociedades secretas que poseían esta particularidad: en algunos casos, en el pasado, los grupos instauraban un régimen terrorista que los llevaba a golpear sin distinción, empleando máscaras para ocultar su identidad. La Sociedad de los Oro, una de las más antiguas, junto con las de los yoruba, se atribuyó el poder de controlar las acciones de los soberanos.

Un sonido sobrenatural

Durante las ceremonias de los oro, durante las cuales los miembros se cubren el rostro con un polvo blanco, se sacrifica un carnero y se bebe su sangre. Algunos miembros hacen girar un plato que emite un silbido particular, considerado la voz de los muertos; este sonido tendría también la propiedad de alejar a las brujas. Encontramos un fenómeno similar en el antiguo losange, hecho de cuerno y piedra, y divulgado en las culturas de diferentes continentes. Se tocaba haciéndolo girar con ayuda de una cuerda atada a uno de sus extremos; el otro está agujereado. Para tocar este instrumento primitivo, se aprovechaba el rozamiento del aire sobre la superficie del material. Las variaciones sonoras venían determinadas por las dimensiones del objeto, la rapidez de rotación, el ángulo adoptado con relación al suelo y la longitud de la cuerda. En el instrumento ritual elemental, además de la función «musical», se han identificado especificidades simbólicas muy precisas que habrían servido para evocar a la divinidad a través de este sonido grave y algo inquietante.

Encontramos el losange en culturas diversas: desde los grabados rupestres del Sahara hasta la mitología australiana, pasando por el folclore rural occidental. El losange, como instrumento mágico, siempre ha ocupado una posición importante en la tradición ritual. En las culturas sepik, por ejemplo, el losange desempeñaba un papel iniciático muy preciso, puesto que servía para «ahuyentar» a los jóvenes que se introducían en el rito. El sonido era la voz del dios que les advertía de la gravedad del paso que estaban a punto de dar para entrar en su nuevo estado.

Entre los aborígenes australianos, Atnatu, el ser supremo de los kaitish, tenía predilección por los *allongalla* («losanges»), cuyo sonido le gustaba escuchar. Un día, unos niños que iban a ser sometidos a la iniciación se cansaron de hacer girar el instrumento; Atnatu, decepcionado, los atrajo hasta el cielo y devoró a uno de ellos, aunque no le gustaba particularmente la carne humana.

Entre los habitantes de las islas Salomón, «una mujer rompió un trozo de *punat*, le ató una pequeña cuerda de corteza de *uvan* y lo hizo girar. El objeto empezó a hablar. El marido, que lo quería para él, mató a la mujer y convocó la asamblea de los hombres, desvelando el secreto del espíritu celestial que hablaba a través del losange».

En todos estos relatos se descubre que en el sonido del losange se reconocía la extraordinaria propiedad de relacionar al poseedor del instrumento con los espíritus sometidos al poder del maestro.

Se encargaba de guardar los secretos de la tradición y, además, tenía el derecho de pronunciar sentencias de muerte y ejecutarlas.

Entre las prácticas efectuadas contra las brujas por las culturas arcaicas, hallamos las de la sociedad secreta africana Gelede, que, una vez al año, escenifica un singular espectáculo en el que se representa la revuelta de las brujas, que, al final, son vencidas y destruidas.

Naturalmente, los grupos secretos que operan en las culturas tradicionales son muchos y muy diversos, por lo que existe una gran cantidad de ritos, prácticas y valores sociales y culturales.

Estas sociedades tienen en común su posición «alternativa» con relación a la comunidad: sus miembros son respetados, a menudo temidos y vistos como privilegiados.

La complejidad del fenómeno ha sido subrayada por Evans-Pritchard, que ha demostrado el papel determinante de los grupos poseedores de secretos y conocimientos en las sociedades en que suelen estar ausentes los instrumentos para combatir el mal de ojo, los conflictos sociales y las fracturas. La intervención del exterior, casi siempre relacionada con lo sobrenatural, permite efectuar así un control de la colectividad redimensionando las angustias de los individuos que proceden del ámbito de la magia.[63]

Los samuráis

A través de la poesía de Akira Kurosawa, una gran parte de europeos ha podido aproximarse a la compleja y misteriosa experiencia de los samuráis, término que deriva del japonés *samura* («estar al servicio de»).

El código de estos individuos ha hallado una descripción poética en las obras y en la vida del escritor Yukio Mishima.

Los samuráis son la expresión de la clase guerrera en la que el arte del combate se combina con una importante serie de reglas atávicas, una parte de las cuales se basa en conocimientos esotéricos reservados exclusivamente al combatiente.

Según la versión más divulgada, los samuráis vieron la luz en 1192: ese año, el emperador confirió al guerrero Minamoto ho Yoritomo el título de *seutaishogun*, es decir, «alto general enviado para someter a los bárbaros». Más tarde, el término fue abreviado como *shogun*. Las victorias de Minamoto le garantizaron una importante cuota de poder y autonomía, lo cual determinó el nacimiento de una tradición feudal, con un ejército propio constituido por hombres seleccionados: los samuráis.

La estructura de gobierno japonés, basada en una jerarquía rígida, fue mantenida hasta 1853, cuando los americanos determinaron la caída de los feudos y abrieron las puertas de Japón al modernismo occidental. Cuando, con la restauración imperial, fueron restablecidas las tradiciones y las reglas anteriores, ya no había espacio para los samuráis en un nuevo mundo en el que aparecían como anacrónicos e inútiles.

Los samuráis utilizaban un código de comportamiento que se transmitía primero oralmente y luego fue transcrito, hasta asumir una forma definitiva en el Bushido, «Vía de los samuráis». Se trata de una obra compleja con claras influencias del sintoísmo, el confucionismo, el taoísmo y el budismo. Una suma de

---

63. E. E. Evans-Pritchard, *Sorcellerie, oracles et magie chez les Azandé*, 1937.

comportamientos en los que las reglas de combate se combinan con las morales y religiosas.

El Bushido pedía a los guerreros el respeto de estos valores fundamentales basados en los principios más elevados del hombre de honor, consciente de la necesidad de vivir en función de su propia realización interior y del amor por sus semejantes.

Antes de comenzar su recorrido, el samurái debía expresar cuatro votos fundamentales:

— respetar siempre el Bushido;
— poder ser útil al soberano;
— cultivar la piedad filial hacia los padres;
— autorrealizarse de cara al bienestar de los demás.

Los samuráis debían basar su comportamiento, ante todo, en la tradición, sabiendo que esta procede del conocimiento del que son depositarios los antepasados. El Bushido indica lo siguiente al respecto:

> Aprendemos los dichos y las acciones de los antiguos para remitirnos a su sabiduría, y para impedir que se imponga el egoísmo. Si abandonamos nuestros prejuicios, nos referimos a los dichos de los antiguos y consultamos a nuestro prójimo, no sufriremos ninguna contrariedad ni nos expondremos a las quejas.

El samurái no teme a la muerte, porque cree en la reencarnación de la fe budista. La idea de la muerte acompaña constantemente a este guerrero, en la búsqueda continua de símbolos esotéricos que puedan indicar el recorrido que debe seguir en la Tierra.

> La idea esencial para el samurái es la de la muerte. Frente al espíritu, esta idea debe estar presente día y noche, noche y día, desde el alba del primer día hasta el último minuto del último día del año. El samurái debe considerar cada día de su vida como si fuera el último.

Esto es lo que escribía, en el siglo XVII, el guerrero Daidoji Yran. En estas palabras podemos percibir el comportamiento mental del samurái con relación a la existencia, siempre vinculada a la certeza de vivir muy cerca de la muerte.

La capacidad del samurái para «estar más allá» procede de la gran autodisciplina que, desde su infancia, ha aprendido a respetar. La resistencia al calor y al frío, al hambre, a la sed y, sobre todo, al dolor constituye el patrimonio principal de esta casta de guerreros, dispuestos a inmolarse si se sienten culpables por haber fracasado en su misión o por haber faltado a los principios de la ética guerrera. El gesto extremo está constituido por el suicidio ritual denominado *seppuku*, que en Occidente se conoce también con el nombre de *haraquiri* y consiste en abrirse el vientre según un ritual complicado y severo.

El simbolismo de las armas desempeña un papel muy importante y tiene su expresión más elevada en la espada tradicional *(katana)*. También encontramos el arco *(daikqu)*, la lanza recta *(yari)* o la curvada *(naginata)* y la armadura *(yoroi)*, con un yelmo sobre el que reina el emblema familiar.

Forjar la catana constituía una operación en la que el dominio técnico y la ritualidad se unían de forma indisociable; además, el herrero que daba forma al arma era depositario de conocimientos reservados a unos pocos escogidos. Y es que tenía la extraordinaria capacidad de dar a la espada un aura que la hacía única, dotada de un poder fuera de lo común, destinado a expresar su fuerza en ósmosis con el samurái.

> **LA GLORIOSA MUERTE DE LOS KAMIKAZES**
>
> Actualmente, la palabra *kamikaze* está relacionada con el terrorismo islámico y sus atentados, entre estos la destrucción de las Torres Gemelas de Nueva York u otros muchos ejemplos menos espectaculares destinados, cuando menos, a causar muerte y destrucción. Pero, en realidad, el término *kamikaze* (que en japonés significa «viento divino») guarda relación con los pilotos suicidas japoneses que, durante la Segunda Guerra Mundial, se lanzaban, con sus aviones cargados de bombas, sobre los navíos americanos. Los pilotos kamikazes formaban parte de un cuerpo especial. Según los datos americanos, durante los combates sobre el océano Pacífico se contaron fácilmente 1.228 aviones suicidas que hundieron 34 navíos.
>
> El aspecto esotérico de los kamikazes viene determinado, sobre todo, por la dificultad, para los profanos, para comprender su código de honor, constituido por una mezcla compleja de fe, misticismo y simbolismo vinculado a la gloria de morir durante la batalla.
>
> La opción de cerrarse al exterior, la conciencia de llevar a cabo una misión sagrada y la certeza de una vida mejor en el más allá hacen de los kamikazes un grupo esotérico de combatientes por excelencia, cuyas prácticas dejan entrever la integridad típica de los grupos extremistas.

El guerrero que ha dejado una huella más profunda en la cultura occidental ha sido Miyamoto Musaski (1584-1645). Su vida puede leerse en *El libro de los cinco anillos*, manual de estrategia del propio Miyamoto, y en *Musaki*, novela de Eiji Yoshikawa. Estos textos, en particular el primero, se transforman en una especie de recorrido iniciático en que los principales valores de los samuráis constituyen los puntos cardinales de una existencia fiel al sogún y vivida en el respeto de las reglas, morales y militares, que convierten la casta de los guerreros en una categoría propia en el universo esotérico japonés.

LOS CABALLEROS DE LA ORDEN DEL TEMPLE

El lugar que ocupan los templarios, pero también los caballeros teutónicos, en el imaginario colectivo es un ejemplo significativo de la fascinación suscitada por el misterio romántico que todavía hoy envuelve a estas dos órdenes, en particular a la primera.

Los templarios eran los miembros de una orden religiosa militar nacida en 1119 en Jerusalén y creada por Hugo de Payens con el objetivo de proteger a los peregrinos que se aventuraban hasta Tierra Santa. Al principio se adoptó la regla de San Agustín, que, sin embargo, fue readaptada y transformada para armonizar mejor con las necesidades particulares de una orden militar. Al inicio, los caballeros fueron llamados *Christi Militia* y, luego, *Militia Templi*, de donde procede la derivación latina medieval *Templares*. En el año 1128, la orden fue confirmada con motivo del Concilio de Troyes y fue rigurosamente organizada. Estaba constituida por caballeros que vestían una capa blanca con una cruz roja y que estaban autorizados a poseer bienes de todo tipo. Eran asistidos por escuderos vestidos de oscuro. Los miembros de la orden podían ser indistintamente laicos o religiosos. Estructurados según una jerarquía piramidal, los templarios eran presididos por un *Magister Militia Templi*, que, para llevar a cabo las diferentes actividades, contaba con la ayuda de mariscales, gonfaloneros y limosneros.

La Orden del Temple, que recibió el apoyo de Bernardo de Clarivaux, se extendió rápidamente, inspirándose en el espíritu de la reforma cisterciense. Muy presentes en Europa, en particular en Francia, Inglaterra, Aragón y Portugal, los templarios fundaron numerosas iglesias en Occidente, a menudo estructuradas a partir del modelo del templo de Jerusalén.

Valerosos combatientes, estos caballeros participaron en numerosas batallas en diferentes regiones de Oriente Próximo y Egipto. Cuando los cristianos abandonaron Tierra Santa, los templarios se trasladaron a Chipre.

En Europa, aumentaron rápidamente sus bienes y se convirtieron en poco tiempo en una potencia económica muy fuerte, hasta llegar a ser una especie de banca que prestaba inmensas sumas de dinero a los nobles e, incluso, a algunos soberanos. Esta actividad alteró la imagen original de los templarios: como banqueros y especuladores ya no poseían los fundamentos religiosos y caballerescos del principio.

Muy pronto, por tanto, se opusieron al poder y a algunos soberanos; y fueron expulsados de Sicilia, primero por Federico II y luego por Urbano IV.

En Francia, Felipe el Hermoso obtuvo de Clemente V la supresión de la Orden del Temple y, entre 1307 y 1314, instituyó un gran proceso que desembocó en la captura y la condena del gran maestro Jacques de Molay, quemado en la hoguera en París junto a muchos otros caballeros. De este modo, el rey de Francia pudo apoderarse de todos sus bienes.

Otros países europeos, donde la presencia de los templarios era fuerte, siguieron el ejemplo de Francia, aunque sin alcanzar los niveles de violencia observados en París. La orden desapareció de todas partes, pero en algunos casos los caballeros entraron a formar parte de otras órdenes religiosas.

Con motivo de un falso proceso se propagó la «leyenda negra» de los templarios, destinada a transformar a estos monjes guerreros en un icono del esoterismo y del ocultismo. Algunas acusaciones tenían como objetivo satanizar a los caballeros y hacerlos pasar por agentes de la herejía y la brujería (adoración de ídolos paganos, práctica del sacrificio, acciones mágicas y blasfemia ante los símbolos cristianos). Otras, en cambio, estaban destinadas a poner en evidencia la infracción de reglas morales y éticas que en aquella época, particularmente para los hombres de la Iglesia, no podían ser burladas (libertad sexual, homosexualidad, simonía, etc.). Además, estaban las acusaciones relativas al ámbito esotérico, que condenaban los rituales y las prácticas de influencia «oriental», pero que en realidad no eran comprendidas por los propios acusadores. Se creía que los templarios practicaban la alquimia y habían aprendido sus secretos de los sabios árabes, en concreto de determinadas cofradías con las que habían creado un sincretismo cultural altamente esotérico.

Todas estas acusaciones se transformaron, sobre todo a partir del siglo XIX, en elementos destinados a alimentar el mito de los templarios, extrapolando los aspectos históricos hasta lo absurdo. Así fue como nacieron numerosas creencias y leyendas, sin ninguna base histórica sólida, que han convertido a los templarios en los guardianes del grial o de los secretos de la resurrección de Cristo.

Más prosaicamente, estos caballeros fueron monjes guerreros que se convirtieron en banqueros y que, a causa de ese papel insólito, se crearon muchos enemigos. Sin embargo, no puede negarse que su cultura estuvo impregnada de simbolismo procedente de diversos ámbitos en los que se hallaban elementos ajenos al dogmatismo cristiano, del que fueron en apariencia portadores.

Es probable, en efecto, que se sirvieran de lenguajes «alternativos», marcados por un simbolismo de tradición esotérica, incomprensible para quienes no formaban parte de la orden. Tenemos un ejemplo interesante en el grabado del muro del torreón de Coudray, en la fortaleza de Chinon, donde fueron encerrados los templarios cuando Felipe IV ordenó la gran persecución que comportó la muerte de numerosos miembros de la orden.

Grabado mural del torreón de Coudray, en la fortaleza de Chinon

El grabado propone varios signos, caracteres, dibujos toscos y cinco palabras en caracteres góticos *(Yo pido perdón a Dios)*. Además, aparecen algunas figuras que representan claramente un blasón y perfiles de personajes postrados. Uno de ellos lleva un uniforme de características eclesiásticas y militares: una larga túnica, el escudo y la espada.

Si bien es difícil demostrar cualquier tipo de intención esotérica como origen del grabado de Chinon, es evidente que su relación con los templarios y el complejo conjunto simbólico del que es portador fundamentan las hipótesis relativas a posibles significados esotéricos. La relación con los templarios, basada en criterios esotéricos, ha sido demostrada por varios especialistas:

> La tradición local que atribuye a los templarios encarcelados en 1308 un vínculo con el grabado que hay hoy en el torreón de Chinon puede ser aceptada razonablemente, y con mucha verosimilitud si observamos los elementos constitutivos de dicho grabado. Lo que podemos incluir entre los elementos principales de esta obra coincide con esta tradición; nada parece poderlo invalidar. La paleografía de los caracteres escritos indica, además, una fecha que se corresponde con la presencia de los líderes templarios en Chinon. Esto bastaría, más allá de la relación con los templarios, para permitir fechar el conjunto esculpido del siglo XIV.[64]

Sin embargo, el vínculo del grabado con los templarios no es la confirmación de una posible conexión con el universo esotérico. En efecto, como hemos podido ver, la mayoría de los dibujos presentes remite a la iconografía cristiana de tradición canónica.

Las únicas excepciones a la regla están representadas por la figura geométrica constituida por cinco cuadrados, cada uno de ellos dividido en ocho partes, y por el núcleo radiante que domina el cuadro central de la parte inferior.

Esta última es una huella visible del culto al Corazón de Jesús, sostenido por San Bernardo, y una imagen clave en la fundación de la Orden del Temple:

> El hierro ha tenido acceso a tu corazón para que de ahora en adelante sepa compadecerse de mis heridas. [...] Por las aperturas del cuerpo han sido abiertos los secretos del Corazón y el gran sacramento de la bondad.

En cambio, para otros intérpretes, se trataría de un símbolo alquímico, aparentemente oculto en la iconografía cristiana. Y es que para los alquimistas, el corazón es la imagen del sol en el hombre, así como el oro es el sol en la Tierra.[65]

> El corazón era la única víscera que los egipcios dejaban en el interior de la momia, como centro necesario del cuerpo para la eternidad (todo centro es símbolo de eternidad, dado que el tiempo representa el movimiento externo del ciclo de las cosas y, en el centro, se encuentra el motor inmóvil, según Aristóteles).

---

64. L. Charbonneau-Lassay, *Le pietre misteriose del Cristo*, Roma, 1997, p. 101.
65. C. G. Jung, *Psychologie et alchimie*, Bucher/Chastel, 2004.

En la doctrina tradicional, el corazón es la auténtica sede de la inteligencia, ya que el cerebro es sólo un instrumento de realización; por este motivo, en el sistema analógico antiguo que demuestra la profundidad de los conceptos y su persistencia, la luna corresponde al cerebro y el sol al corazón.[66]

La enigmática «FERT»

Cuando en el año 1363 el Papa lanzó una cruzada en Oriente para dar apoyo al emperador bizantino Juan V Paleólogo, amenazado por los turcos, el conde Amadeo VI de Saboya estaba demasiado ocupado en calmar las rebeliones subalpinas. Así no sólo tranquilizó al Papa acerca de sus intenciones, fijando la fecha de 1366 para una nueva expedición, sino que lanzó una llamada a los caballeros más valerosos para combatir a su lado. Eligió a catorce caballeros para formar una orden de valientes defensores de la fe. Una orden así habría tenido como símbolo un collar sostenido por tres cordoncillos, anudados con lo que se denomina hoy un nudo de Saboya, y la palabra *FERT*.

El término original procede del verbo latino *ferre*, es decir, «llevar» o «soportar». Se propuso que este término fuera adoptado para designar la fe dirigida a María. Los puntos aparecieron luego, transformando la palabra en un acróstico que ha asumido diversos significados a lo largo del tiempo. Una curiosidad: la inscripción FERT está presente en Spinazzola (Rávena), en la gran fuente Raica (llamada así por el nombre de un *condotiero* sarraceno). Para algunos quiere decir: *Frappez, entrez, rompez tout* («Golpead, entrad, rompedlo todo»); para otros: *Fortitudo ejus regnum tenuit* o *Fortitudo ejus Rhodum tenuit*, en referencia a una supuesta expedición de Amadeo VI a Rodas.

Existe una singular hipótesis según la cual «podría tratarse de una advertencia dirigida a Víctor Amadeo II, gran mujeriego, por parte de Sebastiano Valfrè, su confesor beatificado: *Foemina erit ruina tua*».[67] Más razonablemente, el acrónimo podría ocultar la frase *Foedere et religione tenmur*, que recuerda el espíritu caballeresco.

Los caballeros teutónicos

La relación entre los caballeros teutónicos y el universo esotérico es más matizada. Al no haber sufrido la devastadora suerte de los templarios, esta orden se liberó resueltamente del peso del mito y de la leyenda, que, en cambio, condicionó profundamente a la orden caballeresca fundada por Hugo de Payens.

El *Odo domus Sanctae Mariae Teutonicorum* se inició en 1190 en San Juan de Acre, entre los ciudadanos de Lübeck y Brème, y en pocos años se convirtió en una auténtica orden de caballería, que había hallado sus modelos de referencia

---

66. J. E. Cirlot, *Dictionnaire des symboles*, Seghers, 1981.
67. F. Cuomo, *Gli ordini cavallereschi*, Roma, 1992, p. 121.

en los templarios y en los hospitalarios. La orden fue aprobada en 1199 por Inocencio III, que reconoció su función y aceptó su jerarquía interna, estructurada en caballeros, sacerdotes, sargentos y cofrades. Los primeros eran los combatientes y se distinguían por el manto blanco con cruz negra que llevaban. En la cumbre había un cabildo general subordinado al gran maestre.

La orden de los caballeros teutónicos poseyó vastas extensiones en Palestina, Grecia, el sur de Italia y, sobre todo, Alemania. Su campo de acción fue, principalmente, la Europa del Este. Su ascenso estuvo fuertemente perturbado por los príncipes rusos y la resistencia de los grupos paganos, todavía muy extendidos. A partir de la primera mitad del siglo XV, la orden teutónica se restringió a Alemania, Austria y los Países Bajos. Finalmente, en 1834, fue suprimida por Napoleón y reconstruida en Austria por Francisco I.

A diferencia de las demás órdenes jerosolimitanas, que se basaban en un fuerte ecumenismo cristiano, los caballeros teutónicos se mostraron particularmente cercanos a una idea de nacionalismo germánico que los acompañó en todo momento en su experiencia cultural y religiosa. Sin duda, el aspecto místico que marcó su experiencia estuvo constituido por su profunda vocación de sacrificio, casi una angustia de búsqueda de la muerte en el combate, impregnada de una fuerte influencia pagana que caracterizaba todavía a cierto cristianismo nórdico. La descripción del paraíso tenía para los caballeros particularidades que conducían al Walhalla de Odín, reservado a los héroes y a los guerreros fallecidos en el campo de batalla.

Esta orden alimentó intensamente la mitología de tradición medieval que sirvió de base al nazismo. En efecto, la interpretación arraigada en una Edad Media legendaria, llena de mitos nórdicos, tuvo profundas influencias en el imaginario nazi, que creó relaciones entre los caballeros teutónicos y las SS, casi siempre privadas de base histórica, como veremos más adelante.

Algunos especialistas en esoterismo tienen la certeza, totalmente infundada, de que los caballeros teutónicos entraron en posesión del Santo Grial por intermediación directa de los sufíes, con los que mantuvieron intercambios culturales durante su actividad en Oriente Próximo. La reliquia habría pasado luego a manos del emperador Federico II Hohenstaufen, que habría mandado erigir la fortaleza de Castel del Monte para custodiarla.

El Santo Grial y Castel del Monte

Castel del Monte es un edificio situado en Bari y no presenta ninguna característica que lo convierta en una construcción de carácter defensivo. Ni puente levadizo, ni foso, ni aspilleras, ni cocinas, ni prisiones ni subterráneos; además, su posición no es estratégica, lo cual lo vuelve totalmente inútil para controlar el territorio. Para los historiadores, podía tratarse de la residencia de caza del emperador o, simplemente, de una edificación incompleta cuya función está destinada a seguir siendo un misterio.

Sin embargo, no faltan aspectos esotéricos: por ejemplo, la forma octogonal que encontramos tres veces. Además, es significativo que al sumar a los ocho lados en los que se apoyan las murallas los cuarenta y ocho lados de la torre se obtenga el número 56: la edad de Federico II cuando murió. Es muy probable que sea una coincidencia. El castillo carece por completo de elementos decorativos, lo cual también es un hecho extraño, ya que en aquella época las pinturas y las esculturas eran un factor importante del lenguaje simbólico para atestiguar el valor y el papel social del propietario.

Para los apasionados del esoterismo, Castel del Monte sería una especie de «laboratorio del pensamiento», enriquecido con toda una serie de particularidades simbólicas, matemáticas, geométricas, astronómicas y geográficas, en suma, un edificio «filosófico».

En el siglo XIX, fue demolida una gran bañera octogonal con asientos. Se hallaba en un lugar también octogonal en el exterior del castillo y se descubrió que esta estructura había sido concebida como un gran gnomón (poste del meridiano utilizado para medir el tiempo en función de la longitud de las sombras determinadas por el sol).

> En la fecha de Capricornio (diciembre, solsticio de invierno), la sombra teórica (al estar bloqueada por los altos muros) habría alcanzado el límite externo con Acuario y Sagitario (enero y noviembre), la sombra teórica coincide con la circunferencia en la que se inscribe el castillo, incluidas las torres y los basamentos, con Piscis y Escorpio (febrero y octubre), la sombra teórica traza el perímetro superior de las salas, con Aries y Libra (marzo y septiembre, equinoccios de primavera y otoño), la sombra (ahora visible) cae exactamente en la anchura de la cruz, con Tauro y Virgo (abril y agosto), la sombra tocaba probablemente el borde norte de la bañera octogonal desaparecida, con Géminis y Leo (mayo y julio), definía los asientos exteriores, con Cáncer (junio, solsticio de verano), la sombra alcanzaba al fin el borde sur de la bañera.[68]

El nazismo, entre el esoterismo y la magia

La marca dejada por el nazismo en la historia de la humanidad es imborrable, y los historiadores han ofrecidos numerosas interpretaciones de uno de los fenómenos más inquietantes e incomprensibles del siglo XX.

Podemos encontrar características ocultas pero no menos angustiosas en la cultura del Tercer Reich alemán: son las supuestas raíces esotéricas y mágicas de las numerosas experiencias ideológicas del nazismo.

El historiador Giorgio Galli ha visto en la asociación Die Telyn, surgida en 1867, que adoptó el nombre de un arpa celta tocada por los bardos, los orígenes del nazismo:

---

68. U. Cordier, *Guida ai luoghi misteriosi d'Italia*, Casale Monferrato, 1996, p. 388.

En esta asociación militaban los futuros fundadores de la socialdemocracia austriaca, pero también jóvenes entusiastas, admiradores de Nietzsche y de Wagner, que colaboraron unos años con Georg Ritter von Schönerer, fundador del movimiento pangermanista al que Hitler apelaría explícitamente en *Mein Kampf*.[69]

Cuando en 1933 Adolf Hitler se convirtió en canciller del Reich, era más necesario que nunca definir los puntos clave de la unidad nacional alemana, no sólo en el terreno político, sino también en los ámbitos ideológico y simbólico.

En estas condiciones, el recurso a modelos sagrados, arquetipos divinos y raíces esotéricas constituyó la piedra angular capaz de sostener la voluntad de hallar un sentido histórico o, aún mejor, divino o divinizable a las nuevas directrices políticas y culturales que fomentaban la búsqueda delirante de confirmaciones sobre la denominada superioridad racial, por ejemplo.

La satanización de todo ello es casi demasiado conocida y ha sido objeto de análisis en todas las direcciones. Quizás el psicólogo suizo C. G. Jung haya sido el intelectual que ha ofrecido una interpretación equilibrada, mirando hacia el interior de la persona y dejando a un lado los lugares comunes:

> Las religiones antiguas, con sus símbolos sublimes y ridículos, bonachones y crueles, no cayeron del cielo, sino que nacieron en esta misma alma humana que vive todavía hoy en nosotros. Todas las cosas, sus formas primordiales, viven en nosotros y pueden asaltarnos en cualquier momento con una fuerza destructora, es decir, en forma de una sujeción de masa, contra la cual el individuo está desarmado.

El arquetipo constituido por Wotan/Odín se convirtió para muchos alemanes en la expresión de lo sagrado que sabía unir esotéricamente en una sola estructura las instancias religiosas y guerreras. El pueblo-raza, que parecía descender de Odín, descubriría sus propias raíces en el lenguaje simbólico que estaba en el origen de los signos más sencillos de antiguas civilizaciones, como la esvástica.

O**DÍN**

Odín (Wotan, Wodan) era el dios principal de la mitología germánica y residía en Asgard. De su unión con Frija nacieron varios hijos: Balder, Höder, Braga, Hermodr, Thor y Tyr. Como Júpiter, tuvo numerosas relaciones extraconyugales de las que nacieron otros hijos.
Odín es el soberano del mundo creado por el desmembramiento del cadáver del gigante Ymir. Está considerado el inventor de la escritura rúnica. Sus moradas son Gladsheim, Walaskialf y Walhalla. Una leyenda, tal vez condicionada por el cristianismo, cuenta que Odín, para sacrificarse a sí mismo, permaneció colgado nueve noches en el fresno Yggdrasil.

---

69. G. Galli, *Hitler e il nazismo magico*, Milán, 1989, p. 27.

La referencia esotérica de los fundadores del nazismo se percibe claramente en la ideología que alentaba a los Völk, término que no se puede traducir y que designa a una comunidad constituida por miembros que se sienten unidos por vínculos de sangre, conscientes de saber captar en la naturaleza una fuerza trascendental designada de diferentes modos, pero siempre destinada a conferir a los adeptos una energía distinta, algo que los hace mejores: la raza escogida.

Basándose en las interpretaciones personales de los clásicos (*De bello gallico* de César y *Germania* de Tácito), hasta llegar a la filosofía de los rosacruz, el Reich, desde el punto de vista esotérico, se convirtió en un enorme caballo de Troya que albergó tesis y filosofías ocultas, a menudo contrapuestas, pero relacionadas con un supuesto diseño simbólico sin fundamento histórico.

La teosofía

Helena Petrovna Blavatsky (1831-1891) es una de las personalidades más misteriosas de la historia del esoterismo occidental. En 1875 fundó, junto con H. S. Olcott y W. Q. Judge, la Sociedad Teosófica, mediante la cual pudo desarrollar conocimientos ocultos procedentes, aparentemente, de misteriosos maestros espirituales.

Blavatsky escribió libros de una profunda espiritualidad, pero sostuvo que no era ella la autora, sino que simplemente había transferido sobre el papel lo que le había sido indicado a través de la telepatía. En una de sus obras más conocidas afirma: «Nuestra obra es una defensa del reconocimiento de la filosofía hermética, templo universal de sabiduría religiosa, como la única clave posible de lo Absoluto dentro de la ciencia y la teología». En otras palabras, Blavatsky creía en la existencia de un conocimiento cósmico y común en los orígenes, un periodo indefinido que es denominado edad de oro.

La elite cultural del partido nacionalsocialista también estuvo condicionada por la teosofía de Blavatsky, que escribió algunos libros marcados por una profunda espiritualidad, fundamentada en una fuerte creencia en la tradición espiritista y el sincretismo religioso. Una gran parte de su teoría alimentaba el deseo de búsqueda de los Völk: ciudades desaparecidas, manuscritos perdidos, símbolos y relecturas filológicas de textos antiguos..., todos los ingredientes necesarios para sostener las certezas casi escatológicas de la ideología nazi.

Eruditos, iniciados y visionarios como Adolf Josef Lanz o Dietrich Eckart, incluso Heinrich Himmler, elaboraron un conjunto de hipótesis en que la arqueología, el racismo y la historia de las religiones se transformaban en un universo magmático, cuyas galaxias más lejanas podían albergar la confirmación del origen, casi divino y sagrado, del imperio nazi.

La búsqueda del reino subterráneo de Agharta y de su capital Shamballa, de la energía secreta oculta en el arca de la alianza o de la inmortalidad contenida

> **LOS DOCE INICIADOS DE HIMMLER**
> Heinrich Himmler, supremo comandante de las SS, poseía una buena cultura esotérica y había estudiado los textos indios sagrados. Sin embargo, lo que más le fascinaba eran las tradiciones caballerescas medievales; quizá fuera su interés por ellas el motivo por el cual se rodeó de doce oficiales fieles e iniciados. Los encuentros esotéricos tenían lugar en el castillo de Wewelsburg en Westfalia, cuya cripta era escenario de ritos sincretistas protagonizados por Himmler y sus hombres: los encuentros coincidían probablemente con los solsticios y preveían prácticas en que se homenajeaba a los «caídos». Una amalgama singular en que el culto a los antepasados coincidía con el del fuego y la religión cristiana. El mapa del castillo de Wewelsburg tiene la significativa forma de la punta de una lanza: ¿una alusión a la lanza de Longin, tal vez?

en el Santo Grial es un *leitmotiv* de la mitología moderna que acompaña la imagen de un Hitler esoterista.

El deseo de captar el valor oculto de antiguos conocimientos, el poder de los símbolos atávicos y, sobre todo, la necesidad constante de trazar un vínculo entre la ideología del Reich y las religiones constituyen, sin duda, uno de los aspectos más ocultos e inquietantes del nazismo.

¿Qué significado podemos dar a los cuerpos de monjes tibetanos que se hallaron en el búnker de Berlín? Si no se trata de una leyenda urbana, es evidente que este hecho, como tantos otros, acompaña con fuerza la dimensión esotérica en la que numerosos nazis quisieron captar los signos ocultos del final de su misión.

Cenas esotéricas, iniciaciones, búsqueda de indicios de la edad de oro mítica en que la mitología nórdica se mezclaba con la oriental y apropiación del simbolismo masónico fueron algunos de los elementos que dominaron el nacionalsocialismo esotérico. Todo ello impregnado con símbolos guerreros, a veces violentos y destinados a hacer prevalecer un sentimiento de superioridad que degenera fácilmente en delirio de omnipotencia. Cuando el adepto cree ser el elegido, la *longa manu* de su dios, todo degenera en un deseo de poder desenfrenado que aliena la razón.

La lanza de Longin

La lanza de Longin fue, sin duda, un elemento que los nazis apreciaron en particular. Longin era el soldado romano que, según la tradición, hirió a Cristo en la Cruz, un símbolo guerrero en que lo sagrado y lo profano, la vida y la muerte conviven en una única realidad.

Cuando Cristo, ya muerto, colgaba de la Cruz, un soldado romano le atravesó el costado, del que brotó, según Juan, «sangre y agua» (19, 34). Tradicionalmente, este soldado es llamado Longin, como el centurión romano que tras la muerte de Cristo dijo: «Este hombre era verdaderamente hijo de Dios» (Marcos 15, 39).

Longin fue testigo del primer milagro de Cristo tras su muerte: unas gotas de la sangre procedentes de la última herida le cayeron en el rostro y lo curaron de inmediato de una enfermedad de los ojos que lo atormentaba desde hacía tiempo.

El nombre de Longin es desconocido en la tradición evangélica (tal vez proceda del griego *logké*, «lanza»), pero el personaje está muy presente en el culto popular, que lo venera como a un santo (15 de marzo). La motivación fundamental de su santificación fue la veneración del soldado romano por la lanza y por la sangre de Cristo, conservados con amor y llegados a Occidente, donde fueron reconocidos como reliquias. Según la tradición, la lanza fue hallada por Santa Elena y fue depositada en la basílica del Santo Sepulcro en Jerusalén; luego, tras numerosas peripecias, a veces arriesgadas, la reliquia llegó a manos del papa Inocente VIII (1492).

Durante varios siglos, la lanza estuvo en Roma, donde llevó a cabo milagros, convirtiéndose así en un elemento fundamental de la tradición local.

Más tarde fue depositada en París, con todos los honores, en la Sainte-Chapelle. En su nueva ubicación, también obró milagros, lo que provocó el nacimiento de una veneración general entre el pueblo. Con motivo de la Revolución Francesa la lanza de Longin desapareció, probablemente fue destruida, y ya no se supo nada más de ella. La de Austria sería un arma más reciente.

Se atribuyen a esta lanza poderes ocultos extraordinarios. Se cuenta que muchos hombres, desde Constantino, intentaron modificar el curso de la historia sirviéndose de ella.

Cuando Hitler entró en Austria, lo primero que hizo fue dirigirse a la Weltliche Schatzkammer de Viena para volver a ver la *Heilige Lance*, que había observado a menudo durante esos años de desesperación, en la pobreza y sin futuro, en los que había vivido en el país, movido por fuertes veleidades pictóricas. La noche que el jefe supremo de los nazis entró en la sala del tesoro, donde se encontraba la lanza y otras importantes reliquias, «Viena la recordará como la noche del terror y la venganza. Por orden personal de Hitler, empezó un terrible pogromo contra la comunidad judía, importante, rica e influyente, y en los días que siguieron fueron detenidos 70.000 judíos».[70]

Hitler afirmó haber sentido la inspiración, cuando estaba en trance, de que era necesario trasladar la lanza de Longin a la iglesia de Santa Catalina de Nuremberg, que, en la Edad Media, era el punto de referencia de los maestros cantores. Junto a la lanza había otros objetos de un notable valor simbólico, tanto en el aspecto religioso como por las desviaciones esotéricas que se les referían:

> Una custodia con una parte del mantel de la Última Cena; una parte del mandil de nuestro Señor; una astilla de la verdadera cruz; una caja de oro con tres eslabones de las cadenas de los apóstoles Pedro, Pablo y Juan; la bolsa de San Esteban, e incluso un diente de San Juan Bautista.[71]

---

70. T. Ravenscroft, *La lance du destin*, Albin Michel, 1973.
71. T. Ravenscroft, *op. cit.*

Tras la caída de Stalingrado, y por primera vez en la Alemania nazi, se vislumbró en el horizonte la posibilidad de una derrota. Entonces la lanza fue trasladada a un lugar seguro; el escondrijo elegido fue un antiguo subterráneo de Nuremberg que fue adaptado para la ocasión. Diez días después de la caída de la ciudad, el 30 de abril de 1945, los americanos devolvieron la lanza de Longin, que consideraban una reliquia más, pero no reconocían en ella las características que habían empujado al Führer a considerarla un instrumento divino imprescindible para su victoria final. Y es que Hitler sostenía que, según una antigua leyenda, la lanza garantizaba a su poseedor el poder absoluto sobre todos los hombres y lo hacía invencible. Los americanos no sabían, o no querían creer, más bien, en semejantes supersticiones:

> Patton fue el único general americano que comprendió el significado del hecho de que Estados Unidos fuera el poseedor oficial de la lanza del destino; y conocía también el significado terrible del inminente cumplimiento de su leyenda. Estados Unidos, en efecto, había descubierto el secreto de la fabricación de la bomba atómica y se preveía que el lanzamiento de estas terribles armas sobre Japón conduciría al fin inmediato de la guerra en Extremo Oriente.[72]

Una batalla sobre el tablero

Finalicemos este capítulo con un tema que presenta numerosos vínculos con el simbolismo del combate, si bien está expresado sobre un plano figurado y no sangriento. Nos referimos al juego del ajedrez, cuya historia es muy antigua y está basada en una evidente matriz bélica.

Los juegos, casi todos los juegos, tienen algo de esotérico, particularidad que procede del hecho de que para participar es necesario conocer unas reglas. Además, cuando se está dentro del perímetro lúdico, desaparecen las leyes cotidianas y emerge un mundo a menudo opuesto al real.

Algunos juegos son más «esotéricos» que otros, debido a su historia y, sobre todo, a los aspectos simbólicos que se les han atribuido.

Entre estos juegos, en cierto modo privilegiados, el ajedrez ocupa un lugar de lo más original. Estructurado en un tablero compuesto por sesenta y cuatro casillas, blancas y negras, sobre el que se desplazan dieciséis figurillas por jugador, el ajedrez responde a un mecanismo en que claros y oscuros chocan según unas reglas bien definidas y bien estructuradas, que dan la impresión de crear un juego difícil. Ahora bien, la dificultad no radica en las reglas, sino más bien en la estrategia, que se asemeja, en ocasiones, a la de una verdadera guerra. Por esta razón a menudo al jugador de ajedrez se le envuelve en un halo de misterio. Recordemos, por ejemplo, la emblemática partida de ajedrez que constituye el *leitmotiv* de la película *El séptimo sello* de Ingmar Bergman en la que un caballero se juega la vida contra un adversario invencible: la Muerte.

---

72. T. Ravenscroft, *op. cit.*, p. 369.

> **UNA HISTORIA MILENARIA**
> Los orígenes del ajedrez se remontan a la noche de los tiempos: las indicaciones proporcionadas por la arqueología nos permiten establecer que este juego, en sus formas más primitivas, data de hace cuatro mil años. Durante la cristianización del mundo árabe por los cruzados, el ajedrez asumió la forma definitiva que conocemos en la actualidad. Cabe saber que desde el siglo VI, antes del nacimiento del ajedrez tal como lo conocemos hoy, eran frecuentes los juegos de mesa, algunos de los cuales utilizaban trozos y peones que tal vez influyeran en la elaboración posterior de los modelos del ajedrez.
> Todos los expertos ubican el origen del ajedrez moderno en la India, donde se denominaba *chaturanga* (en sánscrito), que significa «las cuatro partes».
> Las piezas de ajedrez más antiguas con formas abstractas que se conocen son de origen islámico y proceden de Nishapur, en Asia central; han sido fechadas en el año 820 a. de C.
> Sin embargo, la codificación del movimiento de las piezas y las reglas, hoy universalmente adoptadas, se remontan al siglo XIX.

Uno de los aspectos esotéricos más significativos del ajedrez lo constituye la alternancia del blanco y el negro, como el suelo del templo masónico, que pone continuamente en contraste luz y oscuridad, bien y mal.

El simbolismo del ajedrez

Las 64 casillas del tablero de ajedrez son un múltiplo de 8; esta cifra no es casual, ya que en numerosas tradiciones el 8 se considera la cifra del equilibrio cósmico, la cifra de la rosa de los vientos, que expresa el aspecto simbólico, que se convierte en la expresión de Todo. En la tradición oriental, esta cifra ocupa un lugar importante: 8 es el número de brazos de Visnú y 8 son las formas bajo las cuales aparecía Shiva.

El octavo día es el de la Resurrección, el del retorno a la vida; y, de manera emblemática, el baptisterio posee 8 lados, signo claro del concepto de vida eterna que encuentra su origen en el bautizo.

También son 8 las *linga* de los templos de Angkor, los radios de las ruedas céltica y budista, los pétalos del loto y los ángeles portadores del trono celestial.

En la arquitectura religiosa cristiana, la cifra 8 no aparece sólo en los baptisterios, sino también en el trazado del plan octogonal del crucero de numerosas iglesias, donde expresa, una vez más, el papel simbólico atribuido al edificio dedicado al rito del bautismo.

Los 8 radios de la rueda, presentes en las tradiciones orientales, están también relacionados con la figura de la esvástica, que se acompaña de un significado simbólico propiciatorio de suma importancia y cuyo origen se encuentra en la antigua civilización del Indo. Allí era considerada un símbolo solar relacionado con el dios Visnú.

El 64, según el libro-oráculo, el *Yijing (Libro de las mutaciones)*, simboliza la totalidad; además, los 64 cuadros del *Vastu-Purusa-Mandala* eran el modelo básico de la construcción de las ciudades. En efecto, la retícula ortogonal, cuadrada o rectangular se halla en el origen de numerosos planos urbanos; sólo en las regiones mediterráneas, encontramos lugares estructurados según este modelo como, por ejemplo, Tell-el-Amarna (Egipto), Rodas y El Pireo; no podemos olvidar tampoco los centros urbanos surgidos del dominio militar romano *(castrum)* y los hallazgos renacentistas y barrocos destinados a otorgar una dimensión a la «ciudad ideal».

Los esoteristas modernos reconocen, en la pieza que representa al rey, el símbolo del espíritu; en la de la reina, el del alma; la razón y la deducción, en cambio, son prerrogativa de los alfiles; los caballos simbolizan la intuición; las torres, la voluntad, y los peones, los movimientos del pensamiento.

En realidad, jugar al ajedrez, incluso para el jugador menos experimentado, puede representar una operación que simbólicamente evoque el recurso a un universo todavía desconocido, donde siempre haya algo que no se ha dicho, algo desconocido e imponderable. Tal vez sea en ese halo «inquietante» donde residan los aspectos esotéricos del ajedrez. Este tablero

> [...] por su forma, presenta una reactivación del dinamismo de interpretación de dos elementos repetidos y opuestos que constituyen la trama dualista de todo tablero. Cabe destacar que la vestimenta de los Arlequines (divinidades ctónicas) coincide exactamente con los cuadros y los losanges, lo cual confirma, sin lugar a dudas, la relación con el tablero y las divinidades del destino.[73]

---

73. J. E. Cirlot, *Dictionnaire des symboles*, Seghers, 1981.

El rostro «violento» del esoterismo

La relación entre esoterismo y sociedades secretas dedicadas al crimen es más estrecha de lo que podríamos pensar a primera vista: algunos grupos criminales están estructurados y organizados como auténticas sectas, cerradas y gobernadas por reglas y leyes conocidas únicamente por los adeptos.

Además, el acceso a estos grupos presupone un recorrido iniciático salpicado de rituales dominados por el simbolismo y, en ocasiones, muy impregnados de elementos propios de la religión.

Incluso en los procedimientos normales que sostienen las actividades de estos grupos, todo se convierte en un mensaje que sólo quienes conocen el «secreto» de la organización criminal pueden interpretar.

Todo ello ha rodeado a estos grupos de un profundo halo mítico, confiriéndoles un aura en que verdad y leyenda se confunden.

El loto blanco

La sociedad secreta del Loto Blanco nació en 1280 en China y tenía objetivos principalmente patrióticos: por ejemplo, se alió en el siglo XVIII con la Tríada en la lucha contra los mongoles. Estuvo activa en la defensa de las fronteras asaltadas por numerosos invasores que, por lo general, deseaban convertirse en los nuevos señores de China. Luego, la situación se volvió más estable y el Loto Blanco, como otras sociedades secretas, perdió poco a poco su esencia, y los restos del grupo se transformaron en bandas de asaltantes. Los aspectos religiosos e ideológicos desaparecieron, y sólo sobrevivieron las particularidades simbólicas que hacían del Loto Blanco un grupo esotérico cerrado a los observadores exteriores, sobre todo occidentales.

> ## Los legendarios thug
> Normalmente, la mayor parte de nosotros ha oído hablar de los thug a través de las reconstrucciones imaginarias del escritor Emilio Salgari. Los thug son un grupo estrechamente vinculado con el mito que, en ocasiones, es difícil situar con precisión en la historia. ¿Se trata, acaso, de una simple invención?
> No cabe duda de que existe una base histórica. En efecto, los thug eran una secta esotérica de la que tenemos información desde hace mucho tiempo: Herodoto cuenta que los miembros del grupo tenían la costumbre de utilizar como arma, además del puñal, un lazo de cuero con el que estrangulaban a sus enemigos. Sabemos que los thug llegaron a la India en el siglo IX, después de la expansión musulmana. Aunque profesaban la religión de Mahoma, formaban un grupo que defendía cierta libertad religiosa y había creado una forma de culto marcada por un fuerte sincretismo.
> Su primer referente era la diosa Kali; se cuenta que fue esta divinidad, malvada y sanguinaria, quien creó la secta de los thug.
> Estructurado según los dogmas más típicos de una secta esotérica, este grupo desapareció de la India durante el dominio inglés, o eso es lo que se dice. Los thug inspiraron a numerosos grupos autóctonos que luchaban contra los extranjeros.

Para buscar las raíces esotéricas más ocultas de determinadas organizaciones criminales, es necesario remontarse a los orígenes de lo que puede ser entendido como arquetipo de la relación entre esoterismo y criminalidad: la mafia.

La mafia

La mafia es, sin duda, la expresión más viva de una sociedad secreta con objetivos ilícitos y, debido a sus particularidades, debe ocultar su propia estructura y a los miembros que la forman.

El término *mafia*, del italiano *mafia*, procede del árabe *meffiah*, que significa «lugar de refugio».

En cuanto a las raíces de esta asociación, conocida como «sociedad honrada», habría que descubrirlas en los milenios de mala administración que, desde los árabes hasta los vikingos, influenciaron a los españoles y a los Borbones napolitanos.

¿Una sociedad próxima al carbonarismo? No realmente, ya que la mafia obtiene su fuerza

> [...] en la estructura de la sociedad familiar, su doctrina se desarrolló porque el castigo de los daños sufridos por un miembro de la familia podía existir sólo fuera del gobierno oficial. Cuando nadie tenía confianza en la ley de los invasores, lo único que contaba era el mandato de la ley de la familia. Esta disciplina familiar, bajo numerosos aspectos cercana a

la de los clanes escoceses, respondía al nombre de «omerta» (ley del silencio) o virilidad. Preveía la negativa a divulgar cualquier dato a las autoridades tras un acto de violencia, porque la venganza era un deber de la familia y no del Estado ni de Dios. Asimismo, reivindicaba el «ojo por ojo» y el «proyectil por proyectil», hasta que todos los hombres de una familia hubieran muerto. Disciplinaba una aceptación estoica e indulgente de las afrentas del enemigo o del opresor hasta que llegara el momento oportuno para la venganza; se imponía la renuncia de por vida a perdonar, y el olvido era una ofensa grave. Además, exigía una obediencia ciega al cabeza de familia, cuya voluntad era la ley, así como la pasión por el secreto, ya que la ley oficial siempre era hostil a toda sociedad de pequeñas dimensiones en el seno de una sociedad mayor.[74]

Con la disgregación del poder feudal en Sicilia en el siglo XIX, las familias mafiosas se transformaron, y de ser bandas fuera de la ley pasaron a ser una organización articulada destinada a extenderse como una mancha de aceite, con una estructura piramidal rígidamente gobernada.

El primer documento oficial en el que se hace alusión a la mafia es una carta de 1838 escrita por el procurador general de Trapani, Pietro Ulloa, al ministro de Justicia italiano:

No hay un empleado en Sicilia que no se haya postrado ante la señal de un arrogante que no ha dudado en sacar beneficio de su oficio. Esta corrupción general ha llevado al pueblo a recurrir a remedios de otro modo extraños y peligrosos. En todos los pueblos hay especies de sectas que dicen ser partidos, sin reunión, sin otro vínculo que el de la dependencia ante un líder, que aquí es un propietario y allá un arzobispo. Una caja común satisface las necesidades, en un momento para hacer caer a un funcionario y en otro para comprarlo.

El poder de la mafia no ha dejado de aumentar, hasta desempeñar un papel de primer orden no sólo en los acontecimientos locales de Sicilia, sino también en asuntos nacionales italianos e internacionales.

La mafia fue «exportada» a otros países, y encontró en Estados Unidos un terreno particularmente fértil en el que implantarse. Además, parece que habría ocupado un papel de mediación determinante para el desembarco de los aliados en Sicilia, hasta convertirse en un verdadero «*holding* del crimen» a partir de la segunda mitad del siglo XX, con numerosas actividades ilícitas de envergadura internacional.

Dejemos a un lado las implicaciones históricas, sociales y jurídicas de la mafia, que superan los temas tratados en estas páginas, y concentrémonos en los aspectos de carácter esotérico y ritual que caracterizan a esta organización.

Examinemos la «ceremonia de afiliación». Se pinchaba la punta del dedo corazón de la mano derecha del futuro *picciotto* («mozo») y se dejaba caer una gota de la sangre de la herida sobre la imagen de la Virgen de la Anunciación.

Luego, la efigie marcada era quemada y la ceniza se volcaba en las manos del nuevo adepto, que entonces tenía que pronunciar la siguiente fórmula ritual:

---

74. A. Sinclair, *Storia del terrorismo*, Roma, 2003, pp. 126 y 127.

«Juro ser fiel a mis hermanos, no traicionarlos nunca y ayudarlos siempre. Si en algún momento dejo de hacerlo, que muera quemado y reducido a cenizas como esta imagen».

Una de las expresiones más significativas del comportamiento esotérico que caracteriza la cultura mafiosa está constituida por la omerta, la famosa ley del silencio. La etimología de la palabra es imprecisa; para algunos procede del español *hombredad*; para otros, del siciliano *omu*, o de *umertà*, «humildad». Y es que, en cierto sentido, respetar las reglas de la ley del silencio es un gesto de humildad y de sumisión a las reglas. Desvelar un secreto de la magia sería como no respetar una prohibición y, por tanto, según las reglas características de la sociedad esotérica, eso significa que uno se situaría en oposición directa a los principios fundadores de la asociación y, por consiguiente, que ya no se reconoce la función compartida por la colectividad.

> ### Castigar una inconveniencia
> A menudo, el asesinato de un individuo, culpable de haber cometido un error de cara a la mafia, se transforma en un «mensaje esotérico» descifrable únicamente por quienes están implicados, directa o indirectamente, en la organización. Por ejemplo, la mano cortada de un cadáver indica que la persona asesinada se había apropiado de bienes que pertenecían a la mafia o que estaban bajo su control. Los ojos arrancados y puestos dentro del puño cerrado indican que la víctima ha matado a una persona vinculada a la mafia. Una hoja de higuera sobre el torso marca la apropiación de bienes ajenos. Una piedra o una pequeña toalla en la boca simbolizan el hecho de que la víctima ha hablado demasiado. Si el muerto tiene los órganos genitales alrededor del cuello quiere decir que ha violentado a las esposas de los mafiosos que están en prisión. La exhibición del cadáver, por tanto, puede transformarse en un mensaje esotérico basado en un lenguaje hecho de comunicaciones transversales y descifrables sólo por un reducido número de personas.
> Además de los signos marcados sobre el cuerpo, el mafioso puede emplear un lenguaje constituido por maneras particulares de hablar y gestos conocidos únicamente por los adeptos. De este modo, es posible injuriar a las fuerzas del orden sin ser detenido, pero también proporcionar información a otros mafiosos sin ser comprendido por los demás.

La transgresión de las reglas de la omerta comporta la eliminación del culpable. Y, como en otros muchos casos, la eliminación no debe ser un hecho independiente y separado de todo contexto, sino un signo descifrable por toda la colectividad.

En la actualidad, la mafia es una organización conocida por la mayoría de personas y con una fisonomía que no siempre se corresponde con la realidad: los medios de comunicación y su falta de objetividad, la literatura, el cine y los numerosos mitos que rodean la *onorata società* (la honorable sociedad) han sido cómplices de esta transformación. Mitos que han tenido como resultado hacer todavía más oscuro e impenetrable el rostro de la sociedad secreta criminal más famosa del mundo.

«Dibujos» en el cuerpo

Otros signos esotéricos de la mafia (presentes también en otras asociaciones, no necesariamente del mismo carácter) los encontramos en los tatuajes: los más sig-

El tatuaje

¿Por qué hablar de tatuaje en un libro sobre esoterismo? La referencia es obligatoria por el simple motivo de que este tipo de dibujo en el cuerpo constituye, en todas las culturas, una especie de lenguaje «alternativo» mediante el cual se desea comunicar significados específicos a quienes saben interpretarlos. El tatuaje desempeñó en el pasado un papel emblemático dentro de grupos marginales (delincuentes, miembros de grupos secretos, etc.).
El lenguaje simbólico del tatuaje es complejo. Reúne experiencias distintas en las que se puede visualizar una intención que tiene su origen en la tradición tribal.
El término *tatuaje* procede del francés *tatouage* y parece que este, a su vez, de la palabra polinesia *ta tau*, que designa adornos y dibujos realizados en la piel mediante la introducción de sustancias coloreadas en la capa profunda de la epidermis.
Encontramos los primeros indicios históricos de la práctica del tatuaje en las momias egipcias y peruanas. El ejemplo más antiguo que se conoce es el tatuaje que se halló en el cuerpo de una sacerdotisa de Hathor de la XI dinastía, del año 2200 a. de C. aproximadamente. En la tumba escita de Pazryk, en Siberia, que se remonta al siglo IV, se encontró el cuerpo congelado de un hombre con los brazos y las piernas cubiertos de tatuajes.
Según la tradición, el tatuaje generalmente determina un grupo de pertenencia, obedece a una estimulación primaria relacionada con la voluntad de autoidentificación, afirmada con el uso de un símbolo iconográfico preciso. Y es que se saben muchas cosas acerca del uso de tatuajes o de pinturas corporales en las culturas primitivas, en que la decoración efectuada según modelos tradicionales (presentes no sólo en los cuerpos, sino también en objetos relacionados con los contextos rituales) desempeñaba un papel cultural importante. En este contexto, la decoración corporal se vincula con frecuencia a la práctica ritual e indica que el individuo ha alcanzado un estado social particular. En muchas culturas de África y Oceanía, la entrada en el grupo de los adultos sexualmente maduros es indicada por tatuajes y pinturas corporales: un signo visible del acceso a un contexto más elevado. Cuando un hombre lleva a cabo cierto tipo de acción también es «marcado» para ser designado de forma emblemática como el que ha alcanzado un nivel destinado a ser temido y, por tanto, a no ser subestimado.

nificativos están constituidos por pequeños signos destinados a indicar el grado alcanzado por la persona que forma parte de la sociedad criminal.

Cesare Lombroso, padre de la antropología criminal, aproximaba el tatuaje al atavismo interpretando esta expresión

> [...] como reproducción de una costumbre muy extendida entre las poblaciones primitivas y entre los salvajes, con la que los criminales presentan tantas afinidades, como se ha hecho alusión, con la violencia de las pasiones y porque encontramos en ella la misma sensibilidad atormentada, la misma vanidad pueril y la larga ociosidad; y también el atavismo histórico como sustitución de una escritura marcada por símbolos y jeroglíficos que poseen un alfabeto común.[75]

Lombroso, que tuvo la posibilidad de evaluar a «10.234 individuos, entre los que había 3.986 soldados honestos y 6.348 criminales, prostitutas o soldados delincuentes», fue el primero en poner en evidencia la existencia de una temática del tatuaje, referida generalmente al amor, a la guerra, al oficio, «huellas eternas de las ideas y de las pasiones predominantes en el hombre del pueblo».

En general, la observación de los tatuajes en los prisioneros llevó a los criminólogos de finales del siglo XIX a aislar una serie de temas recurrentes: imitación (32 %), aburrimiento y juego (29 %), recuerdo (8 %), encanto del tatuaje (7 %), orden o insistencia del tatuador (6 %), lascivia (5 %), inmadurez (5 %), estupidez o ignorancia (4 %), intoxicación alcohólica (2 %), sin motivación específica (2 %). En lo que respecta a la localización de los tatuajes de los prisioneros, Lombroso subrayaba que el 95 % estaban situados en las zonas superiores, un 3 % en el torso, un 0,7 % en otras partes del torso, un 0,9 % en las partes inferiores y el 0,4 % en la cara.

El Ku Klux Klan

El Ku Klux Klan es una asociación secreta en todos los sentidos, cuya evidente matriz esotérica se expresa por el anonimato de los miembros y por el fuerte sincretismo característico de algunos de los ritos que practican.

El nombre podría proceder de la unión de la palabra griega *kyklos* («círculo») con el término anglosajón *clan* («grupo»).

El origen de esta sociedad secreta estadounidense se remonta a finales de la guerra de Secesión; durante esos inquietantes años, el Ku Klux Klan se opuso, junto con otras sociedades secretas, a la política de reconstrucción impuesta por el Congreso. La abolición de la esclavitud de la minoría negra fue uno de los aspectos más combatidos por los miembros del misterioso grupo.

Al principio, en Tennessee, algunos hombres cubiertos con una sábana blanca y sin ninguna organización se divertían asustando a los negros, haciéndose pasar por fantasmas de personas muertas durante la guerra. Luego las cosas cambiaron y los «fantasmas» se organizaron a través de la fuerte personalidad de N. B. Fo-

---

75. C. Lombroso, *L'uomo delinquente studiato in rapporto alla antropologia, alla medicina legale e alle discipline carcerarie*, Milán, 1876, p. 178.

rest, un ex general del ejército sudista; hallaron un eco importante entre las clases populares.

Ocultando su identidad (como se sabe, los miembros del Ku Klux Klan llevaban una túnica blanca y una capucha del mismo color) y recurriendo a rituales misteriosos, la asociación racista constituyó, entre los años 1868 y 1870, una fuerte oposición contra el Norte decidida a luchar contra la población negra.

Esta primera fase del Ku Klux Klan no duró demasiado tiempo, sólo se prolongó unos años, pero tuvo un fuerte recrudecimiento en 1915, cuando la asociación se reconstruyó inspirándose en las reglas de Forest, adhiriéndose a las angustias y los problemas generados principalmente por la fuerte emigración procedente de Europa.

La jerarquía del Ku Klux Klan

La dimensión esotérica del Ku Klux Klan aparece ya en su estructura jerárquica: en la época de su nacimiento, el grupo era designado por su fundador como «imperio invisible» y Forest se definía con el calificativo de «gran brujo». Cada estado del país era un reino, y cada uno de ellos era comandado por un «gran dragón», que disponía de ocho «hidras»; cada distrito era nombrado «dominio» y era dirigido por un «gran titán», que tenía seis «furias» a su servicio. El grupo operaba en total secreto y, a causa de esta particularidad, no es posible conocer con precisión el número de personas que estaban realmente vinculadas al Ku Klux Klan; se habla de unos 4 millones de asociados, una gran cifra, de la que sólo una parte ha actuado realmente bajo una capucha y blandiendo una cruz en llamas. La ceremonia, en particular durante la segunda fase de la historia del Ku Klux Klan, se servía de símbolos adoptados de la francmasonería y los rosacruz, y se apropiaba de manera desviada de algunos símbolos de la religión. Además, los miembros utilizaban un lenguaje secreto para comunicarse entre sí fuera de las reuniones reservadas.

El Ku Klux Klan asumió hasta la década de 1930 un papel nacionalista radical, no sólo contra la población negra, sino también contra las minorías religiosas y políticas que, según los defensores de la «raza» blanca y de determinados valores tradicionales, amenazaban la autonomía y la moral autóctonas. El grupo operó por todos los medios (homicidios y actos de violencia), lo cual condujo a la condena de numerosos adeptos.

Si bien hasta los años anteriores a la Segunda Guerra Mundial desempeñó un papel nada desdeñable, incluso en política, el Ku Klux Klan ha perdido toda su fuerza en la sociedad y sobrevive hoy gracias a la contribución de algunos defensores conocidos y controlados por las fuerzas del orden.

A pesar de ello, el aura esotérica de esta asociación no ha disminuido. Todo lo contrario: no ha dejado de aumentar; conserva aspectos muy inquietantes, como las interpretaciones anticientíficas de la superioridad de la «raza» blanca basadas en un simbolismo religioso fuertemente alterado y desviado de su vocación inicial.

LOS BERSERKS

Los primeros datos sobre los berserks, «guerreros salvajes», de la tradición nórdica provienen de las sagas escandinavas, muy abundantes en creencias en la transformación del hombre en animal feroz. En la saga irlandesa de los *Volsung* (siglo XIII, aunque tal vez anterior) y en la de los *Egill*, se describe claramente la transformación de hombres en lobos mediante un catalizador mágico constituido por la piel del animal.

En la tradición de los berserks, una gran parte de los rituales de origen germánico, típicos de la ideología de numerosos pueblos indoeuropeos, se centraban en el simbolismo del disfraz a base de pelos de animales (oso o lobo). Con el revestimiento de la piel ritual se determinaba un cambio radical del comportamiento que permitía a los adeptos vivir según unas reglas totalmente contrarias a las del grupo civil. La piel llevada por el combatiente se convertía así en una forma de transformarse en animal salvaje para adquirir, en virtud de las potencialidades mágicas inherentes al médium, la energía bestial del animal encarnado.

Las características principales de los berserks, las que se traslucen, en todo caso, con mayor claridad en las fuentes de que disponemos, consistían en la certeza que tenían de haberse transformado en animal, en la exaltación, a menudo en el éxtasis, y siempre en una violencia desenfrenada.

> En la mitología y en las narraciones que hacen referencia a las transformaciones de hombres en animales, vestirse con la piel del animal equivale a menudo a provocar la transformación. De ahí deriva la hipótesis, a veces exacta, según la cual los mitos de metamorfosis podrían haber sido provocados por determinadas interpretaciones de comportamientos rituales y de culto (sobre todo, cazadores y pastores), durante los cuales, los operantes, llevando pieles de animales, son identificados con estos mismos animales. Por citar algunos ejemplos, según Bonifacio de Maguncia (siglo VIII a. de C.), los germanos se transformaban en lobos cuando llevaban pieles de lobo, o un cinturón de piel humana. Así, en la antigua tradición latina, los Hirpi Sorani, probablemente sacerdotes del monte Soratte, aparecían como «lobos de Soratte», con relación a una leyenda según la cual asumían las pieles y los comportamientos de los lobos para liberar a su país de las miasmas que quedaban después de que manadas de lobos asaltaran los altares de sacrificios de *Dis Pater* (el rey de los muertos) y se hubieran llevado trozos de carne. En China, en el ritual de expulsión anual *(no)* de los demonios, los exorcistas *(fang-siang shi)* se disfrazaban con pieles de oso y celebraban una danza de los osos para atemorizar a los espectros. Uno de los poderes que se atribuía a estos operantes rituales y a los brujos de este tipo era la capacidad de asumir la apariencia de los animales cuya piel llevaban.[76]

Según la tradición, uno se convertía en berserk tras llevar a cabo un rito iniciático basado en pruebas de carácter eminentemente guerrero. Por ejemplo, Tácito dice que entre los chatti, que estaban en condiciones de entrar en la secta esotérica de los berserks, uno no podía afeitarse la barba ni el cabello antes de haber matado a un enemigo. Además:

---
76. A. di Nola, prólogo de E. Petoia, *Vampiri e lupi mannari*, Roma, 1991, p. 16.

Los anioto u hombres leopardo

Veamos un ejemplo particularmente interesante de sociedad secreta dentro de una cultura tradicional: los hombres leopardo. La existencia de este grupo fue conocida por los europeos en 1926, cuando en el antiguo Congo belga algunos crímenes fueron calificados por los autóctonos como la obra de una secta secreta, los anioto (nombre dado por los bantús al leopardo). El fenómeno fue adoptando mayores dimensiones, hasta extenderse a otros países de África y los investigadores se interesaron cada vez más por estos grupos esotéricos.

Se descubrieron así determinadas prácticas iniciáticas que preveían, entre otras cosas, el consumo de drogas a base de diferentes vegetales y de carne humana que los jóvenes tomaban durante su iniciación.

Varias hipótesis pretenden explicar las motivaciones de la formación de la sociedad de hombres leopardo. La primera es de orden mágico-esotérico y ve en estos grupos la unión de personas dedicadas a la magia y que operan según las particularidades propias de la secta. Asimismo, puede haber razones de tipo práctico, desvinculadas de cualquier justificación simbólica; por tanto, hay que considerar la posibilidad de que la actividad de los anioto derive de la lucha entre clanes rivales por un territorio.

Los hombres leopardo utilizaban un disfraz adecuado que los «transformaba» en su animal de referencia. Como arma empleaban dos garras de hierro de extremos cortantes y poseían un bastón en el que estaba tallada una pata de leopardo. Cubrían su rostro con una máscara de corteza de árbol coloreada con manchas negras y embadurnaban su cuerpo con arcilla amarilla.

Quizá bajo el efecto de sustancias psicoactivas, los miembros de esta sociedad secreta se entregaban a prácticas antropófagas; llegaban incluso a exhumar cadáveres y a alimentarse de los cuerpos en descomposición para aumentar su fuerza.

Para los hombres blancos, la sociedad Anioto constituía un peligro para la seguridad colectiva, por lo que hicieron todo lo posible por frenar la cadena de asesinatos. Los miembros detenidos, a veces condenados a muerte, sostuvieron hasta el final que podían transformarse realmente en animales y dar rienda suelta, en dicho estado, a su frenesí asesino, como movidos por una fuerza superior de la que no lograban (o tal vez no querían) liberarse.

[...] entre los Taifa, el joven debía matar un jabalí o un oso, mientras que entre los Heruli debía participar en un combate sin armas a su disposición. Con estas pruebas, el adepto aspirante podía apropiarse de la forma de ser de un animal salvaje: se convertía en un guerrero temible en la medida en que se comportaba como una fiera. Se transformaba así en superhombre al haber conseguido asimilar el poder mágico-religioso que compartía con los propios carnívoros.[77]

---

77. M. Eliade, *Initiation, rites, societés secrètes*, Gallimard, 1976.

Recordemos, además, que la transformación simbólica en lobo desempeñaba también un papel importante en los ritos iniciáticos de determinados grupos indígenas de América del Norte, en que la mutación daba un sentido a las reglas tribales de la sociedad y, al mismo tiempo, contribuía a la búsqueda de una identidad por parte del futuro iniciado.

Una parte de la tradición nórdica fue absorbida por otras regiones y se divulgó entre las poblaciones de guerreros y cazadores, entre cuyos cultos y símbolos pudo encontrar una resonancia.

El caso de los dacios, llamados «lobos», quizá sea el ejemplo que mejor nos permita descubrir las huellas evidentes de la penetración del mito en las leyendas sobre el origen de una etnia:

> El hecho de que un pueblo deba su apelación étnica al nombre de un animal siempre ha tenido un significado religioso. Más exactamente, este hecho sólo se puede comprender como expresión de una concepción religiosa arcaica. En el caso que nos ocupa, podemos plantearnos varias hipótesis. En primer lugar, podemos suponer que el pueblo saca su nombre de un dios o de un antepasado mítico licomorfos o que se han manifestado bajo la forma de un lobo. En Asia central existe, en distintas variantes, el mito de la unión entre un lobo sobrenatural y una princesa, unión que dio nacimiento a un pueblo o a una dinastía.[78]

El concepto de transformación en animal, aunque no sólo en esto, tal vez sea el tema más recurrente dentro de las sectas esotéricas de las civilizaciones arcaicas. Y es que la metamorfosis fue objeto de discusión desde la Antigüedad; no obstante, fue en la Edad Media cuando esta improbable fenomenología se relacionó con las prácticas demoniacas. Había en ello un sustrato folclórico formado por seres mixtos, híbridos, que estaban llenos de *mirabilia*, pero, sobre todo, de *superstitiones* y de *sortilegia*, que con su maravilloso contenido proponían experiencias fuera de la realidad. Experiencias en las que a menudo Dios era considerado en el mismo nivel que las divinidades paganas.

Según Santo Tomás, la animalidad estaba vinculada al pecado: quienes se entregaban al mal eran *homines animales (Epístola I)*. La metamorfosis, por tanto, no era física, sino moral; cuando la persona repudiaba su estado superior para seguir al diablo se convertía en animal. Por consiguiente, pensar que una persona podía transformarse físicamente en animal era como reconocer el abandono de su estado de gracia para seguir un camino dominado por el diablo.

San Agustín observaba:

> Estos hechos [la transformación en animal] son falsos o bien tan extraordinarios que hacemos bien en no creer en ellos. Sin embargo, lo que hay que creer muy firmemente es que Dios todopoderoso puede hacer todo lo que quiera, ya sea para castigar, ya sea para ayudar a la persona; y que los demonios, estas criaturas angelicales pero pervertidas por un vicio voluntario, no pueden ejecutar nada por el poder de su naturaleza, salvo lo que

78. M. Eliade, *De Zalmoxis à Gengis-Khan*, Payor, 1970, p. 15.

permite Dios, de quien muchos juicios son ocultos, pero ninguno de ellos es injusto. Sin duda, los demonios no crean en absoluto naturalezas realizando prodigios como de los que es cuestión; pero transforman en su apariencia las que Dios ha creado, de manera que parezcan ser lo que no son. Por ello no acepto en absoluto que los artificios o el poder de los demonios puedan realmente metamorfosear el alma, ¿qué digo?, ni siquiera el cuerpo del ser humano en miembros y figuras de animales. Lo que yo creo es que el fantasma del hombre, que en el pensamiento o el sueño se transforma según la infinita diversidad de los objetos y, aunque incorpórea, reviste con una sorprendente rapidez formas parecidas a las de los cuerpos, una vez los sentidos corporales relajados o inhibidos, puede ser ofrecido, desconozco cómo, a los sentidos de otros bajo una forma corporal. Por consiguiente, si el propio cuerpo de la persona yace en algún lugar, vivo sin duda, pero en un bloqueo de los sentidos más vigoroso y más acentuado que en el sueño, este fantasma se mostrará a los sentidos de otros como incorporado a alguna figura de animal, y el propio hombre podrá creerse tal como aparece, como en la ilusión de un sueño [...].

La creencia en la metamorfosis es, en cualquier caso, muy antigua y común a varios pueblos; una transformación así estaba considerada un efecto de magia, pero, a veces, podía ser el indicador de una infracción contra la divinidad.

LA INQUIETANTE YAKUZA

El origen de la yakuza, el equivalente japonés del crimen organizado, se remonta a la Edad Media, y su nombre deriva de la serie de tres cifras (8-9-3) que se pronuncia *ya-ku-za*. Estas cifras constituían el resultado mínimo de un juego de cartas llamado *hanafuda*.

Los antepasados de los yakuza eran jugadores, pero también vendedores ambulantes, que frecuentaban las casas de juego; todavía hoy, numerosas personas reclutadas por esta asociación provienen del mundo del juego y de los sectores más marginales de la sociedad.

Según otra tradición, la yakuza habría nacido tras la caída del sistema feudal japonés: muchos samuráis se habrían transformado en forajidos, robando a los ricos y dando a los pobres su botín.

Más tarde, la yakuza se transformó en una organización criminal muy extensa con fines muy distintos a los que alentaban a los primeros grupos de ex samuráis.

Igual que la mafia, la yakuza también oculta un lenguaje y unos comportamientos de tradición esotérica, originariamente estructurados a partir de valores nobles como la justicia, la fraternidad o el código de honor. En realidad, actualmente los objetivos primitivos han desaparecido y lo que queda es

[...] el carácter violento y la estructura piramidal al servicio de la eficacia criminal. Cada grupo yakuza está compuesto por varias decenas de miembros; cada organización es independiente y tiene un líder a la cabeza. Su segundo suele ser el líder de una organización de nivel inferior.[79]

---

79. P. Cusano y P. Innocenti, *Le organizzazioni criminali nel mondo*, Roma, 1996, p. 69.

Con el tiempo, la sociedad secreta ha ido perdiendo la solidez y la clandestinidad que la habían caracterizado desde el principio.

Y es que:

> Era un signo de orgullo personal colgar la insignia en la chaqueta, y las diferentes organizaciones tenían las oficinas con el emblema de la banda en la puerta, como las asociaciones normales de otro tipo. Publicaban incluso sus periódicos para afiliados, con consejos legales y noticias sobre los miembros encarcelados o liberados. En una ocasión se llegó incluso a organizar una conferencia de prensa que anunciaba el fin de la guerra entre bandas, con disculpas por las molestias ocasionadas a los ciudadanos. Este hecho proporcionó la prueba del consentimiento, si no del respeto, de que gozaban las bandas yakuza en la sociedad japonesa, cuando menos hasta la primavera de 1991, cuando una ley anticrimen contribuyó a aclarar el equívoco que las hacía parecer asociaciones con objetivos de solidaridad y forzó a las organizaciones a recurrir a actividades de encubrimiento (sobre todo sociedades comerciales).[80]

Entre las duras reglas que compartían los miembros de la yakuza, cabe recordar la relativa a la pena que debía autoinfligirse quien había cometido algún error que pudiera haber ofendido al líder. En este caso, el culpable se cortaba la falange del dedo meñique, que era ofrecida al jefe supremo. En general, particularmente en el pasado, la ausencia de falange, así como la presencia de grandes tatuajes que representaban a dragones y samuráis, eran signos distintivos de los miembros de la yakuza. En la actualidad, el rito de iniciación todavía existe y se sirve de algunos signos simbólicos (el juramento y el intercambio de vasos de sake entre el líder y el nuevo adepto), pero el valor sagrado resulta muy acentuado por el hecho de que el rito se desarrolla ante un templo sintoísta. Además, la afiliación sólo está permitida a los japoneses.

Los Beati Paoli

Los Beati Paoli, también denominados vendicosi («vengadores»), constituían una asociación secreta que actuaba en Sicilia y que se convirtió en una leyenda de la que es difícil distanciarse para permitir a la historia expresarse sin el énfasis del mito.

La primera fuente que poseemos es muy antigua; se remonta a 1185, y está contenida en la *Breve Cronaca di un Anonimo Monaco Cassinese* (Breve crónica de un monje anónimo de Cassina): «Un nuevo tipo de hombres, que eran llamados "vengadores", nació en un lugar del reino, que el rey Guillermo mandó en parte detener y castigar con diferentes penas».

Por tanto, podemos estar seguros de que desde principios del siglo XIII los Beati Paoli formaron parte integrante de la historia local siciliana, aunque sin perder su relación con el universo del esoterismo y la leyenda.

---

80. P. Cusano y P. Innocenti, *op. cit.*, pp. 70 y 71.

Habría que esperar al siglo XIX para que suscitaran cierta atención por parte de los eruditos; sólo entonces historiadores y cronistas intentaron superar las imágenes tradicionales y las reconstrucciones fantásticas, en beneficio de la historia y la filología.

Con Gabriele Quattromani (1835), un oficial napolitano que servía en las tropas borbónicas en Sicilia, los Beati Paoli fueron observados bajo un punto de vista nuevo y salieron de una perspectiva histórica exclusivamente siciliana: «Durante los años que siguieron al siglo XV, surgió una secta que llevaba tiempo siendo ignorada y cuyo objetivo era castigar a los culpables que las leyes o la fortuna dejaban sin castigo».

Por otra parte, la idea del «otro tribunal» se descubre en otros lugares fuera de Italia, por ejemplo en algunas páginas de Engels, en las que se hace referencia a «comités secretos» que se activaban contra quienes no hacían huelga y contra las fábricas: acciones de represión e incluso asesinatos marcaban con sangre las luchas obreras inglesas.

Es evidente que, en lo relativo a los Beati Paoli, todavía hoy forman parte de la tradición siciliana: sus acciones ocupan un lugar destacado en el imaginario colectivo, alimentando leyendas y nuevos mitos.

Sin embargo, la investigación histórica requiere fuentes objetivas que puedan ofrecer las garantías necesarias para una reconstrucción concreta de los hechos.

La topología nos sitúa claramente en el camino: en Palermo se encuentra la calle y la plaza dedicadas a los Beati Paoli. Allí está la casa en la que, según una tradición que se remonta a finales del siglo XVIII, había una gruta en la que los miembros del tribunal se reunían para celebrar sus procesos. El Palermo subterráneo, de hecho, es rico en leyendas sobre los Beati Paoli: se trata de un conjunto de lugares en el interior de un amplio banco de caliza cuaternaria, donde se encuentran las denominadas «estancias de siroco», que en el siglo XVI eran utilizadas como refugios contra el calor estival. Según la leyenda, una de estas estancias del barrio Capo, en el interior de un sector utilizado como cementerio cristiano, fue la sede del tribunal de los vendicosi.

ANEXO

LOS GRANDES NOMBRES DEL ESOTERISMO

Agrippa von Nettesheim, Heinrich Cornelius (1486-1535)
Célebre alquimista, médico, mago, teólogo y filósofo, después de estudiar en la Universidad de Colonia, fundó en esta ciudad, en 1506, una sociedad secreta dedicada a las ciencias ocultas. En 1510, en Francia, donde enseñaba, fue públicamente acusado de herejía. Salió del país y se instaló en Inglaterra, donde pudo completar su obra principal, *De la philosophie occulte*, que se nutría de los estudios sobre la cábala. A partir de 1512, impartió clases en la Universidad de Pavía. Llevó a cabo estudios muy completos sobre la figura de Hermes Trimegisto. Al obtener su diploma de medicina, ejerció como curandero dotado de poderes milagrosos. Bajo la protección de numerosos soberanos y príncipes, pudo seguir con su actividad de alquimista realizando numerosas experiencias. Pasó la última parte de su vida en la pobreza y a su muerte empezaron a circular múltiples leyendas sobre su figura.

Apolonio de Tiana (principios de la era cristiana-97)
Apolonio es conocido como uno de los hombres más hermosos de la Antigüedad. La tradición cuenta que cuando nació, su madre fue rodeada de cisnes, indicador divino de la pertenencia del niño al universo místico. Según la leyenda más divulgada, tuvo una iluminación en el templo de Apolo, no lejos de Antioquía, y descubrió así los secretos de la mística hermética; tras este episodio elaboró una forma de esoterismo que unía el saber indio al de Pitágoras. Muchos dudan, sin embargo, de la existencia de este misterioso personaje.

Apuleyo (año 125-170)
Los datos sobre este escritor de origen argelino son pocos y, en general, provienen de sus propias obras.

Entre sus escritos filosóficos, cabe recordar *De mundo, De Platone et eius dogmate* y *De deo Socratis*. Muchos otros textos se han perdido. Su relación con el universo del esoterismo se descubre en el libro *De magia*, en el que describe el acontecimiento que hizo que le acusaran de haber utilizado las artes mágicas. Sin embargo, es sobre todo su novela *Metamorfosis* (o *El asno de oro*) la que guarda relación con la dimensión esotérica debido a su atención por el significado de las cosas ocultas detrás de las apariencias.

Araña negra (siglo XVI)

Se designa con este nombre a un misterioso monje que tenía la costumbre de firmar sus escritos con una pequeña araña negra. Ha dejado una serie de profecías apocalípticas en las que se anuncian diferentes acontecimientos catastróficos, muchos de los cuales desgraciadamente se han hecho realidad.

Bacon, Roger (h. 1220-1292)

Monje y teólogo inglés, estudió ciertos manuscritos árabes que contenían secretos alquímicos y nociones científicas consideradas muy avanzadas para la época. Sin embargo, no se sabe nada sobre dichos manuscritos, por lo que podría tratarse de obras inexistentes nacidas de la imaginación del religioso.

Bacon es famoso por haber propuesto la reforma del calendario juliano. Sus estudios de óptica, muy precisos, que pueden considerarse precursores del trabajo de Galileo y Newton, se basan en antiguos libros desconocidos por la mayoría de personas. En los escritos de Bacon se encuentra, entre otras cosas, la fórmula de la pólvora de cañón.

Bacon era un alquimista en su interpretación del problema de la transmutación de los metales, pero, al mismo tiempo, era un químico moderno experimental en su método de búsqueda de la solución del problema de la transformación del plomo en oro. Fue perseguido por ser considerado demasiado cercano a la brujería.

Cuando murió, los monjes de su convento emparedaron todos sus escritos, entre los que podemos recordar: *Opus majus*, *Opus minus* y *Opus tertium*, partes de una obra enciclopédica destinada a abarcar todo el saber.

Böhme, Jakob (1575-1624)

Böhme se dedicaba a una actividad modesta: era zapatero. Un buen día, en el año 1600, quedó asombrado por el reflejo del sol en un plato metálico, lo cual le procuró una especie de iluminación que lo llevó a una existencia totalmente distinta, dirigida hacia la meditación y la reflexión filosófico-esotérica. Tras esta experiencia, Böhme poseyó el singular poder de ver la esencia de cualquier ser viviente, lo que se conoce como aura. Se dedicó también a la alquimia, que, para él, era parecida a la mística. La amplia reflexión filosófica de Böhme tuvo una importante repercusión en la cultura de finales del siglo XVI y durante los veinte primeros años del siglo siguiente. La vertiente esotérica de sus investigaciones deriva de la simbología numerológica de ascendencia pitagórica y cabalística; además, se detecta una notable influencia religiosa de la educación luterana. También encontramos referencias y metáforas de tradición alquímica.

Entre sus escritos, podemos recordar: *Los tres principios de la esencia divina* (1619), *Psicología verdadera* (1620), *Mysterium magnum* (1623), *Clodoveo* (1624) y *Cristosofía o la vía de Cristo* (1624).

Cagliostro (1743-1795)

Giuseppe Balsamo, conde de Cagliostro, nacido en Palermo, es un personaje tan misterioso como controvertido. Fue iniciado muy joven en la capilla de San Juan, y se convirtió así en caballero templario, de la Orden de Malta y de la Rosacruz.

Se casó con Lorenza Feliciani, pero como no soportaba vivir con sus suegros, pronto abandonó Roma junto con su esposa. Permanecieron un tiempo en Loreto, cerca de Ancona, y luego emprendieron una especie de peregrinaje místico a Santiago de Compostela, de donde partieron hacia Barcelona, Madrid y Lisboa. En aquella época, Cagliostro quedó fascinado por la francmasonería.

En 1772, los esposos se dirigieron a Francia y luego, en julio de 1777, Cagliostro llegó a Inglaterra, donde se unió a la francmasonería inglesa en la logia Esperanza de Londres. La leyenda apunta que entró no como aprendiz, sino directamente con el grado de maestro, oponiéndose enseguida a las maniobras políticas de los francmasones ingleses. Entonces empezó una nueva época de viajes, durante la cual los Cagliostro visitaron Holanda, Bélgica, Alemania y Curlandia; en esta última región Cagliostro fundó una francmasonería llamada «egipcia», enseñó ciencias ocultas y puso a prueba su talento como taumaturgo, practicando curaciones extraordinarias con pociones que confeccionaba él mismo a base de hierbas.

Pero Cagliostro no sólo era apreciado por su talento en medicina, sino también como adivino. Por ejemplo, profetizó la muerte de la emperatriz de Austria María Teresa, que murió ocho días después de formular la profecía. Predijo la Revolución Francesa de 1789, la muerte del rey y la reina, el nacimiento de la efímera república y la llegada de un nuevo emperador. Su actividad mágico-esotérica hizo que se granjeara numerosos enemigos, y por ello fue detenido y condenado en varias ocasiones. Su *Rito de la masonería egipcia*, el manuscrito que contenía las teorías y las tesis masónicas, fue sometido al examen atento de la Inquisición: el resultado fue su condena a muerte por herejía. Pío VI conmutó la condena por una pena de prisión de por vida que tenía que cumplir en la fortaleza papal de San Leo, a la que fue trasladado el 20 de abril de 1791. Cagliostro murió en la noche del 25 de agosto de 1795. Al término de su larga vida, fue aureolado con un aroma de leyenda que no lo dejó tranquilo ni en el sueño eterno: muchas personas sostienen que no murió, sino que consiguió huir de la fortaleza y vivió para la eternidad, gracias al «elixir de la vida» que había descubierto en sus experimentos alquímicos...

Cardano, Gerolamo (1501-1576)

Cardano estudió en Pavía y Padua, donde se doctoró en medicina en 1524. A partir de 1534, enseñó matemáticas en Milán, mientras seguía ejerciendo como médico. De 1547 a 1551, enseñó medicina en Pavía y a partir de 1562 en Bolonia; luego se dirigió a Roma, donde vivió los últimos años de su vida y donde también fue perseguido por herejía.

Su vida no fue fácil, entre otras cosas a causa de las acusaciones que sufrió por parte de quienes veían en su interés por la alquimia un ataque a la fe. El testimonio de la lucha infatigable que tuvo que llevar a cabo para salvar su autonomía se encuentra en su autobiografía *De vita propria*, publicada después de su muerte, en el año 1643.

Además de su producción matemática, escribió volúmenes más filosóficos, como *De subtilitate* (1550) y *De rerum varietate* (1557), que reúnen sus observaciones empíricas e interpretaciones esotéricas.

Gerolamo es considerado, generalmente, como el estereotipo de mago del Renacimiento, versado en astrología, magia natural, matemáticas, derecho y medicina. Aunque muy atraído por las ciencias ocultas, contribuyó a desarrollar diferentes aspectos de la ciencia moderna y a divulgar el método experimental.

Crowley, Edward Alexander (1875-1947)
Se le considera, ante todo, un gran mago y defensor de una especie de satanismo basado en la magia sexual. Su lenguaje es marcadamente esotérico, anclado en signos y símbolos accesibles únicamente para algunos elegidos. Se dice que a través de una forma de iluminación se dio cuenta de que había sido escogido como gran maestro de magia.

Cambió su nombre por el de Aleister, de origen celta. Adoptó la fórmula mágica «Resistiré» y se inició en la Golden Dawn, donde pudo efectuar sus primeros experimentos de magia ceremonial, yoga y uso de drogas. Una vez finalizada su experiencia en la Golden Dawn, sociedad derivada de la francmasonería, Crowley creó un sistema filosófico independiente. En su búsqueda de la iluminación, viajó casi por todo el mundo.

En 1898, Crowley empezó a leer *El libro de magia sagrada* de Abramelin el Mago y quedó fascinado por las evocaciones que había en él; compró la abadía de Boleskine, cerca del lago Ness, se instaló en ella y se dedicó por completo a la creación de su propio sistema mágico-filosófico para ampliar la conciencia con el fin de controlar los secretos de la naturaleza mediante los rituales del libro de Abramelin.

Su mensaje esotérico más potente radica en el hecho de haber aliado el acto sexual con el acto mágico, sosteniendo que la energía sexual puede ser utilizada mágicamente para adquirir un poder sobrehumano.

Y es que, según Crowley, el mago, a través del acto sexual, invoca una fuerza interior que es canalizada hacia una figura (es decir, un deseo visualizado) formada en el plano astral.

Las abundantes obras literarias de Crowley, con excepción de *El libro de la ley*, que todavía es utilizado por los ocultistas que practican la magia sexual, han caído totalmente en el olvido. En cambio, el recuerdo de sus acciones y sus teorías ha influenciado a muchos grupos satánicos de nuestro tiempo y a algunas estrellas del rock.

Dee, John (1527-1608)
Matemático, mago y astrólogo, tras una serie de experiencias, Dee se dedicó principalmente a la astrología, la astronomía, la alquimia, las matemáticas, el ocultismo y la magia blanca. Sostenido por una sólida renta, transformó su casa en un santuario de la magia y el esoterismo; recogió cuatro mil volúmenes y setecientos manuscritos, además de objetos raros y extraños. A partir de 1581 empezó a interrogar cada vez de manera más asidua el mundo de lo sobrenatural, con un interés especial por los ángeles, primero mediante experimentos de videncia (adoptaba una técnica adivinatoria que empleaba bolas de cristal o barreños de agua) y, en sesiones de adivinación mucho más inquietantes, mediante la necromancia.

Se dice que en Praga el alquimista judío Jacob Eliezer, conocido como el Rabino Negro, dio a Dee un libro de magia negra y necromancia titulado *Necronomicon*, cuya lectura impresionó enormemente al mago. Parece que a partir de ese momento Dee se lanzó en busca de la piedra filosofal, una búsqueda que, según muchos, llegó a dar fruto, si bien no poseemos ninguna prueba concreta de ello.

De todos modos, siguió hasta el final con su búsqueda desesperada, dilapidando todas las rentas y acabando su vida en una extrema pobreza. Escribió muchos libros; cabe recordar, entre los propiamente esotéricos, *La mónada jeroglífica* (1564), un texto sobre el hermetismo, la cábala y la alquimia.

DELLA PORTA, GIAMBATTISTA (1535-1615)

Della Porta representa todavía hoy una figura a medio camino entre el mago, el sabio y el hombre de letras. Su formación fue científica, pero, además de ciencias naturales, estudió filosofía.

En 1579 fundó la Academia de los Secretos, que se distinguía de las demás academias literarias de la época por el intento de estudiar la naturaleza con métodos experimentales.

Su obra más famosa es *Magiae naturalis*, cuya primera edición apareció en 1558 en cuatro volúmenes que fueron ampliados posteriormente, de manera que la obra definitiva, aparecida veinte años más tarde, contaba con veinte volúmenes. El tratado contiene información de carácter técnico, mezclada con nociones que se inspiran en la magia y la práctica hermética.

Della Porta también efectuó investigaciones sobre fisiognomía, considerada una especie de lenguaje esotérico a través del cual se pueden conocer los movimientos del alma y los aspectos ocultos del carácter.

EVOLA, JULIUS (1898-1974)

Fue un gran conocedor de las obras de Nietzsche, Michelstaedter y Weininger. Interesado por la actividad artística, se le vinculó con el futurismo y el dadaísmo. En el terreno filosófico, exploró la dimensión esotérica con una serie de estudios emblemáticos: *Ensayos sobre el idealismo mágico* (1925), *Teoría del individuo absoluto* (1927), *Fenomenología del indiviudo absoluto* (1930). Muy atento a las doctrinas orientales, dirigió una versión italiana del *Tao-töking* (el *Libro de la vía y la virtud*, 1923) y publicó *El hombre como potencia* (1926), un texto impregnado de filosofía tántrica. Colaboró con algunas de las principales revistas herméticas de la época *(Ignis, Atanòr, Bilychnis)*. Publicó los cuadernos mensuales de *Ur et Krur*. Estuvo muy próximo a la tradición alquímica y se dedicó a analizar numerosos documentos mitológicos medievales, teniendo siempre en cuenta el valor esotérico (*El misterio del grial*, 1937).

En 1930, Evola fundó el bimestral *La torre* y en 1934 publicó su obra principal: *Revuelta contra el hombre moderno*. Entre 1937 y 1941, se dedicó a los estudios relativos a la «raza»: escribió *El mito de la sangre* en 1937 y *Síntesis de una doctrina de la raza* en 1941, obras teóricas del «racismo espiritual» diferente de la ideología nazi. Sus ensayos y libros han sido publicados en numerosos países.

Tras su muerte en Roma, sus cenizas fueron dispersadas sobre el monte Rosa.

Flamel, Nicolas (1330-1418)
Flamel fue un alquimista famoso por sus buenas acciones: al parecer, con los beneficios de su actividad, financió varios hospitales e iglesias de París. Pasó una gran parte de su vida traduciendo libros cabalistas y alquímicos. Se cuenta que, a través del análisis de estos textos, obtuvo el conocimiento necesario para crear la piedra filosofal y, con ayuda de este misterioso medio, tan anhelado, pudo aumentar su propia riqueza.

Algo más seguro es que Flamel descubrió un mapa que le enseñaba el escondrijo de un tesoro constituido por los bienes de los judíos franceses que habían sido escondidos cuando fueron expulsados de Francia por el rey Felipe el Hermoso.

Justo después de su muerte, se divulgó la leyenda de su inmortalidad, según la cual nunca dejó este mundo, sino que se marchó a otro país con el propósito de continuar con su vida fuera de lo común; dicen que fue visto en numerosos países europeos. De todos modos, es posible que esta leyenda estuviera influenciada por la del judío errante. Hay quien sostiene que Flamel asumió nuevas identidades a lo largo de los siglos, como la del conde de Saint-Germain y la del misterioso Fulcanelli.

Fludd, Robert (1574-1637)
Robert Fludd, médico y filósofo inglés, nos ha dejado una obra esotérica, *Utriusque, majoris scilicet et minoris, metaphysica, physica atque technica historia*, considerada uno de los textos herméticos más significativos del siglo XVII. Entre otras cosas, hallamos en ella una ilustración que representa la visión de la triple alma en el cuerpo. La alegoría está constituida por un hombre con un ojo luminoso, una gran oreja, los dedos de la mano extendidos y los labios resaltados. Los sentidos irradian en una serie de círculos concéntricos, uniéndose a la constelación del alma, en el interior de la cabeza; a la izquierda, se halla el alma sensible, que se une al alma imaginativa, mientras que una especie de puente conduce al *mundus imaginabilis*, constituido, según el modelo platónico, por sombras. Fludd se interesó también por el simbolismo esotérico de los colores. Fue miembro de la Rosacruz y estuvo muy influenciado por el teólogo visionario Böhme. Intentó relacionar el conocimiento esotérico-mágico con la ciencia experimental. Su saber y los resultados que obtuvo después de años de estudios de la alquimia se reúnen en el tratado *Clavis philosophiae et alchymiae*.

Fulcanelli (1839-?)
Fulcanelli es un personaje detrás del cual se oculta «alguien» cuya identidad se desconoce. Muy famoso entre los esoteristas, es autor de dos volúmenes considerados fundamentales en el estudio de las ciencias esotéricas: *El misterio de las catedrales* y *Las moradas filosofales*.

Se dice que Fulcanelli fue uno de los últimos esoteristas que conoció el secreto de la piedra filosofal y que en 1922, en Sarcelles, obró una auténtica transmutación alquímica, con la que obtuvo oro a partir de plomo.

Se desconoce la fecha de su muerte, y se cuenta que superó con facilidad un siglo de vida.

Existe también la posibilidad de que detrás de este hombre se ocultara un impostor y, por tanto, que todos sus escritos sean una simple colección de tonterías. Algunos afirman que Fulcanelli podría ser un nombre inventado por un grupo de esoteristas que utilizaron este recurso para comunicar sus saberes más allá del círculo limitado de los adeptos a sus trabajos.

Guénon, René (1886-1951)
Guénon está considerado uno de los mayores expertos en esoterismo del siglo XX. Publicó sus primeras investigaciones con sólo veintitrés años, y desde entonces su producción no se interrumpió, estructurada siempre alrededor de una bibliografía vasta y diversificada que constituye uno de los más serios testimonios de la historia del esoterismo.

En 1912 recibió la iniciación islámica con el nombre de Abdel Wahed Yahia, que significa «servidor del Único». Luego prosiguió sus estudios filosóficos y se concentró principalmente en la cultura oriental. En 1917 se instaló en Sétif, en Argelia, para enseñar, pero en 1919 abandonó esta actividad para dedicarse a su investigación sobre esoterismo. En 1923 publicó un texto esencial para la época, *El error del espíritu*, en el que intentaba rechazar el espiritismo.

Tras la muerte de su amada esposa, se marchó a Egipto, a El Cairo, donde se dedicó al estudio del sufismo. En 1934, se casó con Fatma, la hija del jeque Mohammad Ibrahim, con la que tuvo cuatro hijos.

Entre las numerosas obras que tratan el tema del esoterismo, cabe recordar algunos textos fundamentales: *Oriente y Occidente* (1924), *El esoterismo de Dante* (1925), *El simbolismo de la cruz* (1931), *Estados múltiples del ser* (1932), *La metafísica oriental* (1939), *El reino de la cantidad y los signos de los tiempos* (1945), *La gran tríada* (1946), *Consideraciones sobre la iniciación* (1946), *Iniciación y realización espiritual* (1952), *Esoterismo cristiano* (1946), *Símbolos fundamentales de la ciencia sagrada* (1962), *Estudios sobre la francmasonería y el compañerazgo* (1964) y *Esoterismo islámico y taoísmo* (1973).

Gurdjieff, Georges Ivanovitch (1877?-1949)
Gurdjieff pasó su infancia y su juventud en el Cáucaso, donde se mezclaban rusos, griegos, iraníes, tártaros y armenios. Este cruce de civilizaciones y de costumbres diferentes influyó notablemente en su formación. Desde entonces, creyó en una existencia pasada en un conocimiento real del ser humano y de la naturaleza, cuya huella había terminado desapareciendo con el tiempo, pero todavía podía ser recuperada detrás del lenguaje simbólico del esoterismo.

Toda su vida actuó movido por este convencimiento, intentando combinar el conocimiento esotérico con la vida cotidiana. Siempre en busca de la verdad y del saber más antiguo ocultos, según él, en las culturas arcaicas, viajó mucho y pudo observar a comunidades primitivas de África, Oriente Medio y Asia Central. Cuando consideró que había viajado y aprendido suficiente, regresó a Europa, donde, primero en Moscú y luego en San Petersburgo, consagró su vida a una serie de grupos esotéricos deseosos de recomponer el saber del pasado.

Luego se instaló en el priorato de Avon, cerca de Fontainebleau, donde se rodeó de muchos alumnos, que se convirtieron, en realidad, en su memoria y en los instrumentos para continuar una obra rica en descubrimientos y llena de la voluntad de superar la apariencia de las cosas para conocer la verdad que se oculta detrás de la máscara del esoterismo.

Entre sus obras más famosas podemos recordar: *La vida es real sólo cuando yo soy*, *Perspectivas desde el mundo real* y *El mensajero del bien venidero*.

HERMES TRIMEGISTO («TRES VECES EL MÁS GRANDE»)

Parece ser el autor de la obra alquímica *La tabla de esmeralda*, un texto esotérico aparecido en la Edad Media y atribuido por la tradición al gran sacerdote que llevó la ciencia iniciática a Egipto. Según el gran filósofo y hermético Marsilio Ficino, Trimegisto *Hermes Triplex* era rey, filósofo y profeta. Ficino escribió de Hermes: «Se dice que es el primer autor de teología; Orfeo le sucedió entre los teólogos de la Antigüedad, y si llegamos más lejos en la línea de sus discípulos encontraremos a Platón. Así pues, hay una antigua teología que toma su origen en Mercurio y culmina en el divino Platón».

También se atribuyen a Hermes otros textos herméticos que circularon mucho en el Renacimiento. Los escritos herméticos, término que proviene del nombre de Hermes Trismegisto, fueron realizados en la época helenística: es posible que haya que buscar las fuentes de estos escritos en los antiguos textos egipcios sagrados. Algunos especialistas en esoterismo afirman que Moisés debía una parte de su saber a los escritos de Hermes Trimegisto.

LÉVI, ÉLIPHAS (1810-1875)

Seudónimo de Alphonse Louis Constant, Éliphas Lévi es conocido por haber intentado liberar la magia y su historia del peso de la ignorancia de las supersticiones y las creencias. En efecto, intentó transformar la magia en ciencia, restableciendo un conocimiento antiguo y, sólo en apariencia, perdido.

Entre sus escritos podemos recordar: *Dogma y ritual de la alta magia* (1854-1856), *La clave de los grandes misterios* (1860), *Curso de filosofía oculta* (1862) y *La ciencia de los espíritus* (1865).

LLULL, RAMON (1235-1315)

El catalán Ramon Llull fue teólogo, escritor y filósofo. En un momento determinado de su vida decidió dedicarse a la conversión de los musulmanes y estudió árabe y la filosofía de los sabios formados en la escuela de Mahoma. Viajó mucho con la intención de llevar a la práctica la conversión y, al mismo tiempo, aumentar sus conocimientos históricos y religiosos. Poco comprendido por los hombres de Iglesia de su tiempo, fue acusado de ejercer actividades mágicas y de oponerse directamente a la teología oficial. Según su principio de base, las ciencias están estrechamente vinculadas a la idea de la divinidad, de la que no pueden abstraerse. Entre sus escritos, cabe recordar: *Ars compendiosa inveniendi veritatem* (h. 1273), *Ars magna* (1273) y *Ars inventiva* (1289).

NOTRE-DAME, MICHEL DE (1503-1566)

Conocido con el nombre latinizado de Nostradamus, fue un brillante médico, dotado de una enorme cultura, y alcanzó notoriedad gracias a sus cuidados contra la peste. Parece que solía pasar la noche en su gabinete, en el que se dedicaba a realizar búsquedas profundas sobre astrología empleando una forma singular de adivinación: escrutaba el futuro en un barreño lleno de agua. En este reducido espacio, aparecían a los ojos del médico astrólogo visiones e imágenes sobre los años y los siglos futuros. *Flashes* funestos que Nostradamus tal vez quiso hacer públicos antes de su realización (la publicación del primer almanaque data de 1550). Eso no ocurrió, probablemente a causa del miedo que tales visiones habrían podido desencadenar entre sus contemporáneos. No hay que olvidar que Nostradamus utilizó un lenguaje sibilino para salvar sus escritos del control de los inquisidores, siempre en busca de posibles adeptos del demonio.

Los resultados de sus observaciones se recogen en las *Centurias astrológicas* y los *Presagios*, cuya interpretación todavía hoy es objeto de múltiples discusiones y debates. Queda el hecho de que este gran profeta, sin duda, puede ser considerado uno de los personajes más interesantes de la historia del esoterismo, no sólo por sus predicciones, a menudo dramáticas, sino también porque supo fundar su manera de escrutar el futuro en un método en que la filosofía, la astronomía y la astrología se mezclaban, haciendo cualquier comprensión extremadamente difícil.

Papus (1865-1916)

Papus, seudónimo de Gérard Encausse, fue alumno de Éliphas Lévi y estudioso del esoterismo de alto nivel; halló en la francmasonería el lugar del que obtener beneficio para sus investigaciones. Además, intentó demostrar que la francmasonería podría ser el origen de otras ciencias y grupos esotéricos.

Se concentró en el ocultismo, estudió sus múltiples particularidades y escribió varios ensayos sobre el tema. Su vínculo con el mundo de lo oculto le llevó a escribir, entre otros, dos libros convertidos en auténticas piedras angulares de este terreno: *La reencarnación* y *Metempsicosis*.

Paracelso (1493-1541)

Philippus Aureolus Theophrastus Bombastus von Hohenheim, conocido como Paracelso, fue un mago, en la acepción más amplia del término, pero un mago que se anticipó al método científico.

En la línea esotérica, hablaba del *fiat* divino como del magma del que ha tomado forma la materia original constituida por los tres elementos de base: el azufre (el principio combustible), la sal (el principio volátil) y el mercurio (el principio de resistencia al fuego). El ser humano podía remitirse a la energía del *fiat* para conocer la verdad y apropiarse del poder energético, bien expresado en el concepto de «quintaesencia», que, en realidad, es la clave para descifrar el mayor de los secretos.

Por otro lado, Paracelso se dedicó al estudio de la medicina, que según él se basaba en la teología, la astronomía, la filosofía y la alquimia, a través de métodos esotéricos. Para Paracelso la creación de la vida fue un tema esencial que se concretó en el mito del homúnculo, producido in vitro tras un extenso proceso químico-biológico impregnado de símbolos esotéricos. En general, se atribuía a Arnaud de Villeneuve una primera reflexión teórica sobre el homúnculo, si bien fue Paracelso quien afrontó el tema de manera racional hasta elaborar los métodos científicos para la creación del misterioso ser. Muchos estudiosos están convencidos de que Paracelso realmente fue capaz de crear el homúnculo; otros, en cambio, piensan que se trataba de una alegoría alquímica sin relación alguna con la realidad.

Pico de la Mirándola, Juan (1463-1494)

Desde su infancia, Pico de la Mirándola demostró una gran pasión por los estudios. Estudió derecho canónico, y, en 1484, se instaló en Florencia, donde se hizo amigo de Lorenzo de Médicis, Poliziano y Marsilio Ficino (con este último descubrió la filosofía neoplatónica). Se dedicó al estudio de la filosofía antigua, dedicando una atención particular a los egipcios, en armonía con los principios humanistas de la época. Entre sus numerosas obras, muchas de las cuales se publicaron después de su muerte, el *Heptaplus* (1489) es la más próxima a la dimensión esotérica; en ella el filósofo intenta interpretar el libro del Génesis a través de los instrumentos que ofrece la tradición cabalística. Se desmarcó de la cultura de su tiempo al oponerse al reconocimiento de la astrología como ciencia y rechazar su papel y credibilidad en su *De astrologia*.

Pitágoras (h. 570-h. 480 a. de C.)

Pitágoras fundó una escuela de filosofía en Crotona, donde llevó a cabo diferentes estudios en varios ámbitos del saber. Se dice que vivió un tiempo en Egipto, donde pudo conocer los secretos de la filosofía oculta de Hermes Trimegisto, pero, sin duda, se trata de una creencia mítica relacionada con la importancia histórica del personaje.

Pitágoras fue un defensor de la metempsicosis y apoyaba la tesis de que el cuerpo constituye una especie de «prisión del alma». Sin embargo, la reflexión filosófica no fue en absoluto un límite para este eminente científico: como se sabe, se dedicó con éxito al estudio de las matemáticas y la geometría. Combinando conocimiento científico y humanista, se concentró en el papel esotérico de los números y estudió sus particularidades simbólicas.

Religiosa de Dresde (finales del siglo XVII-principios del XVIII)

Las fuentes seguras sobre esta figura son muy pocas. Aunque era analfabeta, al parecer durante sus éxtasis místicos esta religiosa era capaz de hablar en griego y en latín. A través de estas experiencias, recibió comunicaciones sobrenaturales en forma de profecías; los textos obtenidos, siempre turbadores, fueron enviados a los personajes más poderosos de la época. Sus visiones presentaban un futuro desastroso y apocalíptico.

Rosencreutz, Christian (1378?-1484)

Considerado el fundador de la cofradía de la Rosacruz, Rosencreutz estuvo aureolado por el misterio, y, después de su muerte, fue el centro de numerosas leyendas. Una gran parte de este misterio se debe al hecho de que nunca se hallara su tumba. Se cuenta que en la cripta en que fue enterrado había una lámpara inextinguible y una inscripción esotérica singular: «Estoy vivo; de esta tumba he hecho un compendio del universo». Además, parece ser que su cuerpo quedó indemne en su sepultura durante mucho tiempo.

Su propio nombre es un ejemplo claro de su relación íntima con el universo del mito y la leyenda, un universo que forma parte integrante de su biografía.

Saint-Germain, Claude Louis, conde de (1707-1778)

Personaje misterioso y conocido por poseer una personalidad muy fuerte, Saint-Germain viajó por Europa y llamó la atención de soberanos y nobles. Afirmaba, por ejemplo, ser inmortal y poseer la fórmula del elixir de la vida. Se le atribuye el tratado *La santísima trinosofía*.

Aventurero, alquimista, pero sobre todo taumaturgo, el conde de Saint-Germain curó, con sus métodos empíricos, a numerosos enfermos; sin embargo, sobre los resultados de sus prácticas existen opiniones muy diversas.

Según una famosa leyenda, Saint-Germain habría conservado un aspecto indemne, es decir, el de un hombre de unos cincuenta años, durante mucho tiempo. Según Voltaire, era una persona «que sabía todo y no moría nunca».

Al parecer, perteneció a la francmasonería de París y alcanzó los más altos niveles de la jerarquía. Asimismo, se cuenta que enseñó sus misterios alquímicos a numerosos nobles franceses.

Steiner, Rudolf (1861-1925)

Fundador de la antroposofía, Steiner, a partir de 1902, desempeñó un papel de relieve en la Sociedad Teosófica y luego en la Sociedad Antroposófica. Nos ha dejado una treintena de libros sobre sus investigaciones y alrededor de seis mil textos de conferencias sobre los diferentes ámbitos del saber. Su personal visión esotérica del mundo se basaba en una voluntad de conferir una dimensión cósmica a la teosofía y, por tanto, de redibujar sus contornos antropológicos; de ahí la creación de la antroposofía.

Al final acabó creándose una verdadera «escuela» alrededor de Steiner, una escuela que encontró su centro propulsor en el Goetheanum, un teatro que creó él mismo en Dornach, en Suiza.

Todavía hoy, el pensamiento de Steiner, que incluye prácticamente todo el saber humano, tiene muchos seguidores en todo el mundo.

Swedenborg, Emmanuel (1688-1772)

Científico y filósofo sueco, Swedenborg se dedicó sobre todo a las disciplinas humanas, pero también a las ciencias y, en particular, a la astronomía. Fundó algunas sociedades secretas en Inglaterra y América. Además, sus ideas ejercieron una notable influencia en las reformas de los ritos masónicos. Conocedor de numerosas lenguas antiguas, imaginó una nueva religión que mezclara conceptos teológicos del pasado con la filosofía de la francmasonería. Sus tesis, basadas en una especulación esotérica muy complicada, forman parte integrante del hermetismo masónico.

Recordemos algunos de sus escritos: *Arcanos celestes* (1747-1758), *De nova Hierosolyma* (1758) o *Diari*, donde se recogen sus alucinaciones y experiencias extrasensoriales.

Valentin, Basile (siglos XIV-XV)

Figura emblemática del esoterismo medieval, el alemán Basile Valentin es considerado uno de los grandes maestros de la alquimia. Se cuenta que fue miembro de la cofradía de San Benito y que todos sus escritos fueron descubiertos tras su muerte, cuando un rayo destruyó una columna de la iglesia de Erfurt, donde los había escondido. Su cuerpo habría sido enterrado en la catedral de esta ciudad, pero el lugar de la sepultura sigue siendo un misterio.

Las obras que se le atribuyen, la mayoría de las cuales están marcadas por un carácter esotérico, tratan temas que van desde la alquimia hasta la metafísica. En su tratado sobre el antimonio descubrimos la alquimia tanto desde el punto de vista práctico (químico y operativo) como simbólico, y, en este caso, la transmutación de la materia es una metáfora de la evolución interior del ser humano.

Villeneuve, Arnaud de (h. 1235-1313)

Médico, alquimista, filósofo, astrólogo, teólogo y hombre de letras, tras seguir sus estudios en Montpellier y París, y obtener un diploma de medicina, Villeneuve viajó a numerosos países de Europa, donde acrecentó sus conocimientos, no sólo científicos, sino también esotéricos y, sobre todo, alquímicos. Fue el médico personal de cuatro papas (Inocente V, Bonifacio VIII, Benedicto XI y Clemente V). Inspirándose en la tradición escatológica y de acuerdo con varias de las hipótesis religiosas propuestas por Giochino da Fiore, escribió *Expositio Apocalypsis* y *De adventu antichristi*. Sus intereses por la magia y el esoterismo le valieron una denuncia al tribunal de la Inquisición.

BIBLIOGRAFÍA

ABBAGNANO, N., *Dizionario di filosofia*, Turín, 1971.
ABRAHAM, F., *Sogno e mito: uno studio di psicologia dei popoli*, Turín, 1973. (Trad. esp.: *Sueño y mito: un estudio sobre psicología de los pueblos*, Jaén, Ediciones del Lunar, 2000).
ALESSANDRINI, M., *Dante Fedele d'amore*, Roma, 1960.
ALEXANDRIAN, S., *Storia della filosofia oculta*, Milán, 1984. (Trad. esp.: *Historia de la filosofía oculta*, Madrid, Valdemar, 2003).
ALLENDY, R., *Paracelse. Le médecin maudit*, Dervy-Livres, 1987.
AMBESI, C. A., *Europa misteriosa*, Milán, 1983.
— *Scienze, Arti e Alchimia*, Milán, 1991.
ANATI, E., *Gli elementi fondamentali della cultura*, Milán, 1983.
APPIANO, A., *Forme dell'immateriale. Semiotica, iconología e psicologia dell'arte*, Turín, 1996.
BALTRUŎAITIS, J., *Medioevo fantastico*, Milán, 1973.
BASSO, A., *L'invenzione della gioia. Musica e Massoneria nell'età dei Lumi*, Milán, 1994.
BASTIDE, R., *Sociologia del misticismo*, Roma, 1975.
BATTISTI, G., *L'antirinascimento*, Milán, 1962.
BENDER, H., *La realtà nascosta*, Roma, 1990.
BENEDETTI, M. T., *I preraffaelliti*, Florencia, 1986.
BENEDICT, R., *Modelli di cultura*, Milán, 1960.
BENELLI, G. C., *Il mito e l'uomo*, Milán, 1992.
BIANCHI, M. L., *Signatura rerum: segni, magia e conoscenza da Paracelso a Leibniz*, Roma, 1985.
BLOCH, R., *Prodigi e divinazione nel mondo antico*, Roma, 1981.
BLUMENBERG, H., *Elaborazione del mito*, Bolonia, 1991.
BOYER, R., *Approccio antropologico al sacro*, Milán, 1992.
BRASCHI, L., *La massoneria. Società segreta a carattere iniziatico*, Florencia, 1983.
BROWN, P., *Il culto dei santi. L'origine e la diffusione di una nuova religiosità*, Turín, 1983.
CALVESI, M., *La malinconia di Albrecht Dürer*, Turín, 1993.
— «La "morte di bacio". Saggio sull'ermetismo di Giorgione», en *Storia dell'arte*, n.º 7/8, 1970, p. 202.

CANETTI, E., *Il gioco degli occhi*, Milán, 1993. (Trad. esp.: *El juego de los ojos*, Barcelona, El Aleph Editores, 1985).
CARDONA, G. C., *Antropologia della scrittura*, Turín, 1981. (Trad. esp.: *Antropología de la escritura*, Barcelona, Gedisa, 1994).
CAROTENUTO, A., *Il fascino discreto dell'onore. Psicologia dell'arte e della letteratura*, Milán, 1977.
CASSIER, E., *Lingua e mito*, Milán, 1961.
— *Simbolo, mito e cultura*, Bari, 1985.
CAZENEUVE, J., *Sociologie du rite*, PUF, 1971.
CENTINI, M., *I Re Magi*, Milán, 1992.
— *Segni, parole, magia. Il linguaggio magico*, Roma, 1997.
— *Le symbolisme ésotérique*, Milán, 2000. (Trad. esp.: *El simbolismo esotérico*, Barcelona, De Vecchi, 2004).
CHARBONNEAU-LASSAY, L., *Le pietre misteriose del Cristo*, Roma, 1997.
CHARPENTIER, L., *Les mystères de la cathédrale de Chartres*, Robert Laffont, 1995.
CHEVALIER, J. y A.GHEERBRANT, *Dictionnaire des symboles*, Robert Laffont, 1994.
CIRLOT, J. E., *Dictionnaie des symboles*, Seghers, 1981. (Trad. esp.: *Diccionario de símbolos*, Madrid, Ediciones Siruela, 2005).
CLÉBERT, J. P., *Bestiaire fantastique*, Albin Michel, 1971.
COMANCINI, G., *Il figino*, Mantua, 1591.
CORDIER, U., *Guida ai luoghi misteriosi d'Italia*, Casale Monferrato, 1996.
CORTESI, P., *Manoscritti segreti*, Roma, 2003.
CUOMO, F., *Gli ordini cavallereschi*, Roma, 1992.
CUSANO, P. y P. INNOCENTI, *Le organizzazioni criminali nel mondo*, Roma, 1996.
DI NOLA, A., *Antropologia religiosa*, Florencia, 1974. Prefacio de E. Petoia, *Vampiri e lupi mannari*, Roma, 1991.
DURAND, G., *Les Structures anthropologiques de l'imaginaire*, Bordas, 1960. (Trad. esp.: *Las estructuras antropológicas del imaginario*, Madrid, Fondo de Cultura Económica de España, 2005).
EINSTEIN, A., *Mozart*, Gallimard, 1991.
ELIADE, M., *De Zalmoxis à Gengis Khan*, Payot, 1970. (Trad. esp.: *De Zalmoxis a Gengis Khan*, Madrid, Ediciones Cristiandad, 1985).
— *Initiation, rites, sociétés secrètes*, Gallimard, 1976.
— *Le Sacré et le profane*, Gallimard, 1988. (Trad. esp.: *Lo sagrado y lo profano*, Barcelona, Ediciones Paidós Ibérica, 1998).
— *Histoire des croyances et des idées religieuses*, Payot, 1989. (Trad. esp.: *Historia de las creencias y de las ideas religiosas*, Barcelona, Ediciones Paidós Ibérica, 1999).
— *Mythes, rêves et mystères*, Gallimard, 1989. (Trad. esp.: *Mitos, sueños y misterios*, Barcelona, Kairós, 2005).
— *Forgerons et alchimistes*, Flammarion, 1990. (Trad. esp.: *Herreros y alquimistas*, Madrid, Alianza Editorial, 2004).
— *Occultisme, sorcellerie et modes culturelles*, Gallimard, 1992. (Trad. esp.: *Ocultismo, brujería y modas culturales*, Barcelona, Ediciones Paidós Ibérica, 1997).
— *Traité d'histoire des religions*, Payot, 2004. (Trad. esp.: *Tratado de historia de las religiones*, Barcelona, Círculo de Lectores, 1990).

EVANS-PRITCHARD, E. E., *Sorcellerie, oracles et magie chez les Azandé*, 1937. (Trad. esp.: *Brujería, oráculos y magia entre los azande*, Barcelona, Anagrama, 1997).
EVOLA, J., *La Tradizione Ermetica*, Roma, 1971. (Trad. esp.: *La tradición hermética*, Madrid, Ediciones Martínez Roca, 1984).
FAIVRE, A., *L'ésotérisme*, PUF, 2002.
FESTA, G., *Misteri di scienza e luci di fede*, Roma, 1949.
FIGUIER, L., *L'alchimia svelata*, Roma, 1988.
FORGIONE, A., *Scienza, mistica e alchimia dei cerchi nel grano*, Roma, 2003.
FOUCAULT, M., *L'archéologie du savoir*, Gallimard, 1996.
FRAENGER, W., *The millennium of Hieronymus Bosch*, Chicago, 1951.
FRAZER, J., *Le Rameau d'or*, Robert Laffont, 1998. (Trad. esp.: *La rama dorada*, Madrid, Fondo de Cultura Económica de España, 2005).
FREEDBERG, S., *Parmigianino. His work in painting*, Cambridge, 1950.
FROMM, E., *Il linguaggio dimenticato*, Milán, 1962.
FULCANELLI, *Le dimore filosofali*, Roma, 1973. (Trad. esp.: *Las moradas filosofales*, Barcelona, Ediciones Indigo, 2000).
— *Il mistero delle catedrali*, Roma, 1972. (Trad. esp.: *El misterio de las catedrales*, Barcelona, Plaza & Janés Editores, 2000).
GAIGNEBET, C. y J. D. LAJOUX, *Art profane et religion populaire au Moyen Âge*, PUF, 1985.
GALLI, G., *Occidente misterioso*, Milán, 1987.
— *Hitler e il nazismo magico*, Milán, 1989.
GARIN, E., *Le Zodiaque de la vie*, Belles-Lettres, 1991.
GATTO TROCCHI, C., *Il Risorgimento esoterico*, Milán, 1996.
GEYMONAT, L., *Lineamenti di filosofia della scienza*, Milán, 1985.
GIACOBINI, A., *Il libro dei segni sulle pietre*, Carmagnola, 2001.
GILCHRIST, C., *L'alchimia. Una scienza segreta*, Milán, 1990.
GINBUTAS, M. *Il linguaggio della dea*, Milán, 1990.
GINZBURG, *Mythe, emblème, trace*, Flammarion, 1989.
GRA, A. D., *Le Golem et la connaissance*, Saint-Jean-de-Braye, 1978.
— *Iniziazione alla Kabbala ebraica*, Padua, 1986.
GUÉNON, R., *L'ésoterisme de Dante*, Gallimard, 1957.
— *Symboles de la science sacrée*, Gallimard, 1962. (Trad. esp.: *Símbolos fundamentales de la ciencia sagrada*, Barcelona, Ediciones Paidós Ibérica, 1995).
HANI, J., *Il Simbolismo del tempio cristiano*, Roma, 1996. (Trad. esp.: *El simbolismo del templo cristiano,* Palma de Mallorca, José J. de Olañeta, 1997).
HARRIS, M., *Antropologia culturale*, Bolonia, 1990. (Trad. esp.: *Antropología cultural,* Madrid, Alianza Editorial, 1998).
IZZI, M., *I mostri e l'immaginario,* Roma, 1982.
— *Il dizionario illustrato dei mostri*, Roma, 1989. (Trad. esp.: *Diccionario ilustrado de los monstruos,* Palma de Mallorca, José J. de Olañeta, 2001).
JACOBSON, R., *Magia della parola,* Bari, 1980.
JESI, F., *Letteratura e mito*, Turín, 1968. (Trad. esp.: *Literatura y mito,* Barcelona, Barral Editores, 1972).
JUNG, C. G., *L'Homme et ses symboles*, Robert Laffont, 1964. (Trad. esp.: *El hombre y sus símbolos,* Barcelona, Caralt Editores, 2002).

— *Simboli della trasformazione,* Turín, 1970. (Trad. esp.: *Símbolos de transformación,* Barcelona, Ediciones Paidós Ibérica, 1998).
— *Ma vie, souvenirs, rêves et pensées,* Gallimard, 1973. (Trad. esp.: *Recuerdos, sueños, pensamientos,* Barcelona, Seix Barral, 2002).
— *Dialectique du moi et de l'inconscient,* Gallimard, 1986.
— *Psychologie et alchimie,* Buchet/Chastel, 2004. (Trad. esp.: *Psicología y alquimia,* Barcelona, Plaza & Janés, 1989).
JUNG, C. G. y K. KERENY, *Prolegomeni allo studio scientifico della mitologia,* Turín, 1972.
KAPPLER, C., *Demoni, mostri e meraviglie alla fine del medioevo,* Florencia, 1983. (Trad. esp.: *Monstruos, demonios y maravillas a fines de la Edad Media,* Tres Cantos, Akal, 1986).
KERÉNYI, K., *Gli dei e gli eroi della Grecia,* Milán, 1963.
KETTER, P., *Cristo e la donna,* Casale Monferrato, 1953.
KILANI, M., *Antropologia,* Bari, 1994.
KLIBANSKY, R., PANOFSKY, E. y F. SAXL, *Saturno e la melanconia. Studi di storia della filosofia naturale, religione e arte,* Turín, 1983. (Trad. esp.: *Saturno y la melancolía: Estudios de historia de la filosofía de la naturaleza, la religión y el arte,* Madrid, Alianza Editorial, 1991).
KRIS, E. y O. KURZ, *La leggenda dell'artista,* Turín, 1980. (Trad. esp.: *La leyenda del artista,* Madrid, Cátedra, 1982).
LANZA, D. y LONGO, O., *Il meraviglioso e il verosimile,* Florencia, 1989.
LAPUCCI, C., *Dizionario delle figure fantastiche,* Milán, 1991.
LASCAULT, G., *Le Monstre dans l'art occidental,* París, 1972.
LAURANT, J. P., *L'esoterismo,* Milán, 1995.
LE GOFF, J., *Il meraviglioso e il quotidiano nell'Occidente medievale,* Roma-Bari, 1983. (Trad. esp.: *Lo maravilloso y lo cotidiano en el Occidente medieval,* Barcelona, Ediciones Altaya, 1999).
— *L'imaginaire médiéval,* Gallimard, 1992.
LENSI ORLANDI CARDINI, G. C., *Giorgione. Tre capolavori alchemici,* Carmagnola, 1986. LEROI-GOURHAN, A., *Les Religions de la préhistoire,* PUF, 2001. (Trad. esp.: *Las religiones de la Prehistoria,* Barcelona, Laertes, 1994).
LEUBA, J. H., *La psicologia del misticismo religioso,* Milán, 1960.
LÉVI-STRAUSS, C., *Anthropologie structurale,* Pocket, 2003. (Trad. esp.: *Antropología estructural,* Barcelona, Ediciones Altaya, 1994).
LOMBROSO, C., *L'uomo delinquente studiato in rapporto alla antropologia, alla medicina legale e alle discipline carcerarie,* Milán, 1876.
LUTHI, M., *La fiaba popolare europea. Forma e natura,* Milán, 1979.
MILA, M., *Lettura del Flauto magico,* Turín, 1989.
MORIN, E., *La Méthode,* 5 vol., Le Seuil. (Trad. esp.: *El método,* 5 vol., Madrid, Cátedra).
MUMFORD, L., *Tecnica e cultura,* Milán, 1962. (Trad. esp.: *Técnica y civilización,* Madrid, Alianza Editorial, 1998).
NATAF, A., *I maestri dell'occulto,* Roma, 1989. (Trad. esp.: *Los maestros del ocultismo,* Madrid, Alianza Editorial, 1994).
PANCALDI, A., *Alchimia pratica,* Catane, 1991.

PARINETTO, L., *Magia e ragione,* Florencia, 1975.
PARMIGGIANI, C., *Alfabeto in sogno. Dal carme figurativo alla poesia concreta,* Milán, 2002.
PASCOLI, G., *Sotto il velame,* Mesina, 1900.
PETOIA, E., *Vampiri e lupi mannari,* Roma, 1991. (Trad. esp.: *Vampiros y hombres lobo,* Barcelona, Galaxia Gutemberg, 1995).
PIOBB, F., *Formulario di alta magia,* Catane, 1991. (Trad. esp.: *Formulario de alta magia,* Madrid, Edaf, 1980).
POPPER, K. R., *Epistemologia, razionalità* e *libertà,* Roma, 1972.
POWELL, N., *Il fascino dell'alchimia,* Milán, 1977.
PUECH, H. C., *Esoterismo, spiritismo, massoneria,* Bari, 1990.
RAUSIS, P. E., *L'Initiation,* Le Cerf, 1997.
RAVENSCROFT, T., *La lance du destin,* Albin Michel, 1973.
ROVERSI MONACO, A., *Les secrets des catedrales,* Éditions De Vecchi, 2000. (Trad. esp.: *Los secretos de las catedrales,* Barcelona, De Vecchi, 2005).
SCHOLEM, G., *La Kabbale,* Gallimard, 2003. (Trad. esp.: *La Cábala y su simbolismo,* Madrid, Siglo XXI de España Editores, 1985).
SEPPILLI, A., *Poesia e magia,* Turín, 1971.
SINCLAIR, A., *Storia del terrorismo,* Roma, 2003.
SINI, G., *Immagini di verità. Dal segno al simbolo,* Milán, 1985.
SPERBER, D., *Per una teoria del simbolismo,* Turín, 1981.
STEFAM, P., *Die Zauberflöte,* Viena, 1937.
TESTA, G., *Tra i misteri della scienza e della fede,* Roma, 1933.
VARNEDOE, K., *Esplorazioni contemporanee,* en Rubin, W., *Primitivismonell'arte del XX secolo,* Milán, 1985.
VASOLI, C., *Magia e scienza nella civiltà umanistica,* Bolonia, 1976.
VV. AA., *Le grandi Madri,* Milán, 1989.
WEBSTER, C., *Magia e scienza da Paracelso a Newton,* Bolonia, 1984.
WIRTH, O., *Il simbolismo ermetico,* Roma, 1978.
WITTKOWER, R. M., *Nati sotto Saturno,* Turín, 1968. (Trad. esp.: *Nacidos bajo el signo de Saturno: genio y temperamento de los artistas desde la Antigüedad hasta la Revolución Francesa,* Madrid, Cátedra, 1968).
ZOLLA, E., *Storia del fantasticare,* Milán, 1964.
— *Uscite dal mondo,* Milán, 1992.

ÍNDICE

Prólogo	5
Definición de esoterismo	7
La superación del materialismo	8
El secreto de la iniciación	9
Los múltiples rostros del esoterismo	10
El conocimiento «oculto»	12
El misterioso *Mutus Liber*	13
Un sentido por descubrir	14
Saber perdido	25
El esoterismo en la naturaleza	27
Los «misterios» de los elementos naturales	28
Agua	28
Aire	29
Tierra	30
Fuego	31
Los «chamanes» del fuego	31
El simbolismo de la gruta	34
La montaña, arquetipo de la ascensión	36
El árbol, unión entre cielo y tierra	38
El jardín esotérico	40
La ambigüedad de la androginia	41
Paracelso y la «magia» de la creación	44
El homúnculo	46
Criaturas «imposibles»	48
El dragón	48
La serpiente	49
El basilisco	51
El unicornio	52
El ave fénix	54
La esfinge	55
Los círculos de los sembrados	55

LUGARES ESOTÉRICOS 59
Los espacios «sagrados» 60
    El gabinete de trabajo 61
    La fundación de la ciudad 62
    El bosque sagrado de Bomarzo 63
El secreto de las catedrales 64
    La catedral gótica 66
    Un valioso manual 67
El «SATOR» y la construcción sagrada 68
    La Puerta mágica de Roma 70
Rennes-le-Château, entre la historia y la leyenda . . 71
La arquitectura esotérica de Gaudí 77
El mandala, símbolo de «otro» espacio 78

ESOTERISMO Y LITERATURA 81
El mundo de las fábulas y las leyendas 84
El lenguaje alquímico de *Pinocho* 86
El complejo universo de *La divina comedia* 88
Rimbaud, poeta atormentado 92
El esteticismo hermético de Oscar Wilde 94
Misticismo, cábala y símbolo en Kafka 95
    Le grand verre de Duchamp 98
Las páginas esotéricas de Pessoa 98

ESOTERISMO Y ARTE 101
El artista mago 101
La *Melancolía I* de Durero 107
Giorgione y la cuestión del «tres» 109
    Los tres filósofos 110
El secreto alquímico de El Parmigianino 114
    El misterioso número 72 119
    La ciencia sagrada 120
André Breton y los surrealistas 121
Los misteriosos retratos de Arcimboldo 123

ESOTERISMO, MÚSICA Y TEATRO 125
Las nueve etapas iniciáticas de Beethoven 125
Música y francmasonería 126
Mozart da vida a *La flauta mágica* 129
El saber oscuro del doctor Fausto 130
El mundo pagano de Stravinski 132
Debussy, Satie y el simbolismo 133
El teatro alquímico de Artaud 134

GRUPOS Y COFRADÍAS ESOTÉRICOS 135
Los Fieles de Amor 137

Las cofradías del Libre Espíritu 138
Los francmasones 140
    La misteriosa Golden Dawn. 146
¿Carbonarios esoteristas? 146
Los prerrafaelistas. 148

COMBATIENTES ESOTÉRICOS. 151
Sociedades secretas y culturas arcaicas 151
Los samuráis 154
Los caballeros de la Orden del Temple 156
    La enigmática «FERT». 160
Los caballeros teutónicos 160
El Santo Grial y Castel del Monte 161
El nazismo, entre el esoterismo y la magia 162
    La lanza de Longin 165
Una batalla sobre el tablero. 167
    El simbolismo del ajedrez 168

EL ROSTRO «VIOLENTO» DEL ESOTERISMO. 171
La mafia 172
    «Dibujos» en el cuerpo. 175
El Ku Klux Klan 176
Los berserks. 178
La inquietante yakuza 181
Los Beati Paoli 182

ANEXO. LOS GRANDES NOMBRES DEL ESOTERISMO 185

BIBLIOGRAFÍA 199

www.ingramcontent.com/pod-product-compliance
Lightning Source LLC
Chambersburg PA
CBHW081002180426
43192CB00041B/2744